FRANCOPHONIES
D'AMÉRIQUE

FRANCOPHONIES
D'AMÉRIQUE

Automne 2003   Numéro 16

Les Presses de l'Université d'Ottawa

FRANCOPHONIES
D'AMÉRIQUE
Automne 2003   Numéro 16

Directeur :

PAUL DUBÉ
Université de l'Alberta, Edmonton

Conseil d'administration :

GRATIEN ALLAIRE, président
Université Laurentienne, Sudbury

JAMES DE FINNEY
Université de Moncton

PIERRE-YVES MOCQUAIS
Université de Calgary

JEAN-PIERRE WALLOT
CRCCF, Université d'Ottawa

Secrétariat de rédaction :

Centre de recherche en civilisation
canadienne-française
Université d'Ottawa
FRANCE BEAUREGARD
MONIQUE PARISIEN-LÉGARÉ

Révision linguistique :
ANDRÉ LAROSE

Francophonies d'Amérique est indexée dans :

Klapp, *Bibliographie d'histoire littéraire française* (Stuttgart, Allemagne)

International Bibliography of Periodical Literature (IBZ) et *International Bibliography of Book Reviews (IBR)* (Osnabrück, Allemagne)

International Bibliography of the Social Sciences (IBSS), The London School of Economics and Political Science (Londres, Grande-Bretagne)

MLA International Bibliography (New York)

Cette revue est publiée grâce à la contribution financière des universités suivantes :

UNIVERSITÉ D'OTTAWA

UNIVERSITÉ LAURENTIENNE DE SUDBURY

UNIVERSITÉ DE MONCTON

UNIVERSITÉ DE L'ALBERTA — FACULTÉ SAINT-JEAN

UNIVERSITÉ DE CALGARY

Ce numéro a été réalisé grâce au généreux soutien du Regroupement des universités de la francophonie hors Quebec.

Pour tout renseignement concernant l'abonnement, veuillez consulter la page 171 en fin d'ouvrage.

ISBN 2-7603-0575-9

TABLE DES MATIÈRES

LES ENJEUX DE LA FRANCOPHONIE EN MILIEU URBAIN

Actes du colloque du Réseau de la recherche sur la francophonie canadienne,
Congrès de l'Association francophone pour le savoir (ACFAS),
Université Laval (mai 2002)

PRÉSENTATION

Phyllis Dalley
Faculté Saint-Jean
Université de l'Alberta

En mai 2002, au Congrès de l'ACFAS, le Colloque du Réseau de la recherche sur la francophonie canadienne s'est déroulé sous le thème « Les enjeux de la francophonie canadienne en milieu urbain ». Au moment de l'appel des communications, le comité s'attendait de recevoir des propositions portant sur la situation actuelle des institutions mises en place pour atténuer l'assimilation rampante des communautés minoritaires urbaines, l'hétérogénéité des petites et grandes villes à majorité francophone, l'immigration internationale et la vie communautaire francophone et, finalement, l'évolution de l'identité française au Canada. Plusieurs communications ont en fait touché aux questions pressenties. D'autres ont proposé de nouvelles questions fort intéressantes. Deux textes hors thème ont également été retenus.

Deux conférences d'ouverture ont permis de tisser la toile de fond de nos discussions. En premier lieu, Angeline Martel propose une analyse originale des considérations théoriques émanant d'un croisement des domaines de recherche que sont l'urbanité, en son sens large, et les minorités en cette ère de mondialisation. En fin de texte, elle propose la pédagogie constructiviste comme point de départ pour le développement de la communauté francophone en milieu urbain. Moins théorique, le texte de Dyane Adam, Commissaire aux langues officielles, soulève trois enjeux qui devront faire l'objet d'une réflexion plus poussée, tant au sein des communautés francophones et du gouvernement que du milieu universitaire. Plus spécifiquement, elle invite les chercheurs et chercheures à se pencher sur l'insertion économique des nouveaux arrivants, l'accès aux services en français, les migrations interprovinciales et le transfert des connaissances (en matière d'intégration) d'une communauté à l'autre.

Angéline Martel préconise une vision de l'urbanité qui englobe deux perspectives : l'une descriptive et l'autre interprétative. Dans cette présentation, je me limiterai à la description, d'est en ouest, des enjeux soulevés dans ce numéro de *Francophonies d'Amérique*. Je laisse le soin aux divers auteurs et auteures d'articles de mener l'interprétation de l'urbain francophone.

Parmi les onze communications publiées dans ce numéro, quatre font état de recherches menées dans des communautés urbaines du Sud du Nouveau-Brunswick et un autre traite des communautés rurales ou semi-rurales du Nord de la province. Un sixième livre les réflexions d'un artiste sur l'importance de Moncton pour le développement de la culture acadienne. Dans « Les études de communautés en milieu francophone urbain minoritaire », Greg Allain propose une analyse comparative du cheminement des communautés francophones de Fredericton et de Saint-Jean. Ces communautés sont différentes du point de vue socio-économique, et l'auteur s'attendait d'y trouver des différences aussi marquées sur d'autres plans. Or l'analyse suggère plutôt une grande similarité dans les stratégies déployées pour assurer leur épanouissement (luttes scolaires et religieuses, ouverture de centres scolaires communautaires et établissement d'un réseau associatif). À Fredericton comme à Saint-Jean, la première de ces stratégies était l'ouverture d'écoles et de centres scolaires communautaires. À ce titre, Annie Pilote reprend là où Allain termine : d'un regard sur la mise en place de l'institution, nous passons à une étude du sentiment d'appartenance des jeunes élèves du centre scolaire communautaire de Fredericton. Le texte de Pilote dépasse la description et propose un cadre théorique pour l'analyse de la construction du sentiment d'appartenance et de l'identité. Du Sud-Ouest, nous passons au Sud-Est du Nouveau-Brunswick avec le texte de Guy Vincent, « Le paradoxe du français à Moncton ». Celui-ci dresse un portrait des changements démographiques, sociaux et économiques survenus dans un quartier de Moncton depuis 1960. En fin d'analyse, Vincent conclut que les francophones de la région de Moncton ont tendance à créer des îlots francophones et se demande s'il ne s'agit pas là d'une stratégie qui affaiblit la force de leur présence dans cette ville bilingue. Pour leur part, Donald, Norma et Sébastien Poirier se penchent sur la question du rapport à la religion qu'entretiennent des jeunes adultes et aînés de la région de Moncton. Ici sont documentées des différences entre générations et entre francophones et anglophones. Quant à Pier Bouchard et Sylvain Vézina, ils nous emmènent dans un autre espace géographique par une réflexion sur la relation entre Acadiens et Micmacs au Nouveau-Brunswick. Alors que ces deux communautés sont distinctes, elles se ressemblent à plusieurs égards. Cet article dresse un tableau de ces ressemblances et propose un projet de gouvernance favorisant le rapprochement des deux communautés et, par conséquent, leur influence sur les politiques publiques qui les concernent. Finalement, Herménégilde Chiasson offre un texte plus narratif sur la difficile dialectique entre le développement artistique acadien et celui de la ville de Moncton.

L'article de Louise Marmen et de Jean-Pierre Corbeil nous entraîne un peu plus vers l'ouest avec une comparaison statistique des populations francophones du Nouveau-Brunswick et de l'Ontario. Plus spécifiquement, ces auteurs touchent aux questions du vieillissement et de la scolarisation de ces populations. En plus d'une comparaison interprovinciale, les données permettent de constater certaines différences entre les milieux ruraux et urbains de chaque province. De leur côté, Linda Cardinal et Caroline Andrew invitent les francophones et surtout les femmes francophones – puisque, dans la réalité quotidienne, les responsabilités sociales sont des préoccupations féminines – à se lancer en politique municipale. Alors qu'au regard de la décentralisation, plusieurs groupes de femmes prévoient des conséquences négatives pour la vie des femmes, Cardinal et Andrew incitent plutôt les femmes francophones à profiter de l'occasion pour influencer la décentralisation en leur faveur et en celle de leurs communautés. Pour ce faire, elles doivent occuper des postes de décision en politique municipale. Les francophones de l'Ontario sont également interpellés par la dynamique de l'immigration. Diane Farmer, Adrienne Chambon et Normand Labrie permettent une compréhension plus approfondie de cet enjeu dans la communauté urbaine francophone de Toronto. Ces auteurs mènent une réflexion sur le rapport entre nouveaux immigrants francophones et le milieu associatif de la francophonie torontoise. Ils démontrent d'abord l'importance de ce milieu pour le processus d'intégration. Suit la présentation de données ethnographiques qui permettent de comprendre l'impact de l'immigration, et surtout des politiques entourant celle-ci, sur le fonctionnement du réseau institutionnel franco-torontois : d'institutions à vocation communautaire, elles sont devenues des bailleurs de services. On retrouve également l'enjeu de l'immigration en Alberta, et, comme le souligne Phyllis Dalley, l'interculturel n'est pas un fait accompli. En fait, dans cette communauté urbaine francophone et multiculturelle, la pratique de l'accueil est source de tensions.

Finalement, Michel Marchildon fait le voyage contraire de celui parcouru dans ce texte de présentation : auteur, compositeur, interprète fransaskois, Marchildon raconte comment et pourquoi il se retrouve aujourd'hui à Montréal, comme tant d'artistes « hors Québec ». Plus que la description d'une carrière, cet article est une réflexion sur l'identité.

À la fin de l'écriture du présent texte, un parallèle avec celui de Marchildon s'impose. Dans le domaine de la musique, plusieurs voix ne sont pas entendues par manque de réseaux de diffusion dans les régions fortement minoritaires. Ce survol des communications présentées dans le cadre du colloque du Réseau de la recherche sur la francophonie canadienne semble indiquer le même silence dans les domaines de recherche qu'englobent les sciences humaines et sociales. En guise de conclusion, j'invite donc les chercheurs et chercheures des milieux fortement minoritaires à communiquer avec le Réseau – nous avons besoins de vos voix – et les chercheurs et chercheures déjà « réseautés » à approfondir le dialogue sur les moyens à prendre pour favoriser une plus grande inclusion de l'ensemble de la francophonie canadienne dans la production de notre savoir.

Finalement, je m'en voudrais de ne pas souligner le travail des autres membres du comité de rédaction de ce numéro, Greg Allain de l'Université de Moncton et Dean Louder de l'Université Laval. Je me joins à eux pour remercier très chaleureusement Paul Dubé, directeur de la revue *Francophonies d'Amérique*, de son précieux soutien et de ses multiples conseils tout au long du processus de sélection et de publication des communications. Nous avons également profité des services de deux lecteurs anonymes et les remercions pour leur travail. De sincères remerciements sont adressés également à l'équipe du secrétariat au CRCCF à l'Université d'Ottawa, à France Beauregard en particulier, notre secrétaire de rédaction, qui joue toujours un rôle majeur dans la production de tous les numéros de la revue. Finalement, le comité ne peut passer sous silence l'important apport financier du Regroupement des universités de la francophonie hors Québec. Sans eux, ce numéro n'aurait pas vu le jour.

Bonne lecture!

NOUS N'AVONS JAMAIS ÉTÉ URBAINS MAIS NOUS LE SOMMES. DES SOLIDARITÉS POUR MIEUX-VIVRE PAR UNE FRANCOPHONIE CANADIENNE INTERCULTURELLE ET MONDIALISÉE

Angéline Martel
Télé-université

Le thème du colloque « Enjeux de la francophonie en milieu urbain », tenu dans le cadre du Congrès de l'Association francophone pour le savoir (ACFAS) les 16 et 17 mai 2002, invite à une réflexion sur les multiples facettes de la francophonie canadienne dans son contexte urbain et, par contraste, dans son contexte rural. Il conduit ainsi à placer bien en vue dans les analyses la dimension géographique et matérielle qui, par diverses méthodologies, décrivent cette réalité contemporaine ou son histoire. Ce thème invite également à une réflexion sur le sens que construit, et peut construire, une communauté minoritaire avec l'espace géographique comme horizon. C'est alors le mouvement inverse : des analyses descriptives vers l'interprétation de ces descriptions. Les questions deviennent alors : les communautés francophones urbaines construisent-elles leurs cultures différemment des francophonies rurales ? Quels sont les rouages de construction d'une identité communautaire francophone et multiple en milieu urbain ? Et ces questions se posent aussi comparativement aux milieux ruraux. Comment ces constructions sociales contribuent-elles au développement linguistique et communautaire francophone ou l'empêchent-elles ? Quelles ressources trouve-t-on en milieu urbain à l'avantage du développement linguistique ?

Sur le plan éthique, en creux sous ce thème pour ainsi dire, et dans le cadre d'un double mouvement de description-compréhension, se profile encore une interrogation très actuelle sur la maîtrise que les communautés linguistiques exercent sur leur environnement, comme collectivités et comme individus. Et, en l'occurrence, sur la maîtrise qu'elles peuvent exercer sur leur environnement urbain, souvent moins propice à la libre construction individuelle et communautaire que l'environnement rural. Quelles sont alors les possibilités, pour les communautés francophones urbaines (mais aussi rurales), de construire leur propre avenir et, conséquemment, de se construire linguistiquement dans le maintien et le développement de leur « linguisticité » ?

Ces questionnements comportent trois facettes :

- *Le pouvoir—non-pouvoir dans un espace urbain :* l'urbanité comme environnement de participation aux rouages politiques et économiques, une région urbaine étant, par définition, un espace collectivement construit ; mais aussi l'urbanité comme source de dépossession, de marginalisation et de pauvreté linguistique. En somme, cette facette touche l'urbanité comme condition de vivre et, dans sa portée éthique, de mieux-vivre politique et démocratique dans une société mondialisée, urbaine et francophone minoritaire. Ces caractéristiques sont étroitement liées les unes aux autres.
- *L'importance de la construction linguistique dans le vivre et le mieux-vivre des individus et des collectivités, notamment en milieu urbain :* comment le bien-être linguistique, concept individuel et subjectif, mais nécessairement collectif, peut-il être favorisé dans le milieu urbain ?
- *Les conditions de développement culturel d'une francophonie urbanisée, réseautée et multiculturelle* qui, au-delà des conditions actuelles, lui permettent de se construire dans l'avenir : à l'ère des communications instantanées et de la mondialisation, comment l'espace urbain peut-il être constitutif de communautés francophones ?

Dans cette optique, le titre de ce texte s'explique comme un résumé de l'hypothèse qui en parcourt la construction : au cours de l'histoire des développements humains, l'urbanité a graduellement été une condition d'organisation de l'environnement en relation avec la nature et la matière dans un cadre culturel de plus en plus fort. En ce sens, l'urbanité n'est pas nouvelle ; les humains ont toujours trouvé des formes d'aménagement collectif des milieux de vie. Mais aujourd'hui, le paradigme planétaire de la solidarité apporte une nouvelle dimension culturelle et linguistique à l'aménagement urbain. Les courants de pensée comme l'écologie, les démocraties, les bonnes gouvernances, en sont des manifestations à libre circulation. Ainsi, cette solidarité grandissante est également interculturelle dans son sens fort (culture et matière) et dans son sens social (entre communautés linguistiques, ethniques, etc.) dans un monde planétarisé. Aujourd'hui, c'est nécessairement au confluent de la solidarité avec la matière comme espace géographique et avec la culture, dont la langue est un élément majeur, que se situe le développement des communautés linguistiques. Ainsi, l'enjeu principal de la francophonie en milieu urbain est la possibilité d'agir sur son environnement matériel autant que sur sa culture pour développer et maintenir l'identité et la solidarité entre communautés francophones. Dans cette optique, il est intéressant de comptabiliser les atouts des communautés francophones minoritaires vivant en milieu urbain au Canada.

Après une première partie méthodologique où nous expliquons pourquoi nous privilégions la description et la compréhension pour traiter de l'urbanité de la francophonie canadienne minoritaire, nous décrivons, en deuxième partie, la francophonie canadienne vivant à l'extérieur du Québec en statistiques au moyen de trois indicateurs (francité, bilingualité et bilinguisme) (mouvement de description). En troisième partie, nous insérons cette réalité francophone canadienne dans les études scientifiques sur l'urbanité pour en mieux comprendre l'adaptabilité et les lacunes (mouvement de compréhension comme sujet d'étude). Puis, en quatrième partie, nous insérons la francophonie canadienne dans un contexte idéologique contemporain en cernant les deux grands systèmes d'influences actuels : la concurrence et la solidarité (mouvement de compréhension comme dynamique sociale). Nous proposons enfin, en dernière partie, des atouts de développement à partir des ressources urbaines, planétaires, interculturelles et technologiques qui sont toutes des composantes dérivées de la dynamique contemporaine de solidarité à l'avantage des minorités et de la francophonie canadienne (mouvement de compréhension comme champ d'action).

Méthodologie : description et compréhension

Les deux dimensions (description de la réalité urbaine et compréhension de cette réalité) et les trois facettes (pouvoir et non-pouvoir des communautés linguistiques en milieu urbain, importance du linguistique dans le mieux-vivre urbain et conditions de développement collectif dans un mieux vivre par le linguistique) citées en introduction constituent les leitmotiv de ce texte. Par sa distinction entre la description de la réalité urbaine et la compréhension de cette réalité, celui-ci s'insère dans un courant de complémentarité entre les sciences physiques (de la matière) et les sciences humaines, complémentarité qu'Habermas (1972) et autres théoriciens des sciences (Luckmann, 1978 ; Dallmayer et McCarthy, 1977 ; Borgman, 1992 ; Latour, 1991) ont décrite par les concepts de « connaissance et compréhension », « *knowledge and understanding* », « construction et déconstruction » ou encore « *Erscheinende und Vehstehen* ». Comme le souligne Habermas (1972, p. 144), l'observation en sciences naturelles conduit à la construction de lois qui peuvent être contrôlées par expériences alors que les sciences « culturelles » conduisent à la transposition d'expériences qui pénètrent dans des terrains inconnus dans la globalité de l'expérience individuelle. Ainsi, si notre mouvement de connaissance vers la réalité matérielle ou physique (ou naturelle diront d'autres), comme l'urbanité, peut être une appréhension descriptive, elle peut aussi être une réflexion sur des intentions que notre environnement nous transmet. C'est la distinction plus ou moins explicite que font les théoriciens entre la description, qui appréhende le matériel et le décrit, et la compréhension, qui porte sur le culturel et l'idéologique.

Les théoriciens ont introduit dans le concept de compréhension, par l'intermédiaire du concept d'idéologie, la notion d'intérêt humain qui s'avère une projection vers l'avenir, de manière instrumentale ou non, par la réalité matérielle ou culturelle. Ainsi des approches comme la phénoménologie, l'herméneutique, l'ethnométhodologie, la théorie critique (*critical theory*) ont pour objectif de décrire ces intentions. Ce que ces courants de pensée ont fait ressortir dans la compréhension, c'est donc la dimension éthique (au sens large de valeurs), particulièrement celle du désir, de la vision, de l'objectif, que l'idéologie confirme comme étant tenue pour acquise (*taken for granted*).

Ainsi fonctionne, par exemple, le concept de « démocratie » : comme un idéal constamment en construction contextualisée qui sert d'aune pour juger la réalité observée.

Les théoriciens ont encore ajouté un double mouvement de prise de conscience de cette projection vers l'éthique et, en même temps, une évaluation-appréciation de cette même projection en une critique réflexive. Dans ce cadre théorique, les découpages en introduction servent à asseoir le débat sur ce qui pourrait être la portée éthique de toute science et, en particulier, d'une science de l'urbanité des communautés francophones minoritaires. L'intention principale est de mettre en évidence des pratiques et des situations dont pourront décider les acteurs et les actrices concernés pour choisir leur avenir, avec leurs propres intentions et objectifs, individuellement et collectivement : « *that would help us chart the passage from the present to the future* » (Borgmann, 1992, p. 2). Cela est d'importance déterminante pour les minoritaires souvent démunis en matière d'autogestion.

Notre orientation vise aussi le décloisonnement des disciplines et la remise en question des stratégies et moyens « à tiroirs », afin de miser sur une étude d'un mieux-être humain par le linguistique. Autrement, les actions et les études scientifiques n'ont pas de sens ni de valeur. Elles peuvent même être dangereuses lorsqu'elles contribuent, bien inconsciemment, au contraire du mieux-être. On comprendra aussi que ce type de questionnement est plus engagé socialement que les habituelles questions disciplinaires, comme « La sociolinguistique est-elle par définition urbaine ? » Il n'occulte cependant en rien le libre choix des individus concernés. Au contraire, il vise à le favoriser.

La description de la francophonie canadienne dans son urbanité

Contexte d'urbanisation mondiale

- Pour mieux situer le contexte de l'urbanité, notons, dans un premier mouvement descriptif, qu'à l'échelle planétaire, les proportions d'urbanité et de ruralité sont en mutations profondes ; une croissance urbaine sans précédent est en train de modifier profondément les configurations de la population mondiale, tout particulièrement dans les pays en développement. Plus de la moitié de la population totale de la planète vit en milieu urbain depuis l'an 2000. Au cours des années 1990, quelque 600 millions d'humains sont venus vivre en ville ; cela représente les deux tiers de l'accroissement prévu de la population mondiale. Alors que la population urbaine des pays en développement croît d'environ 4 % par an dans l'ensemble, les taux de croissance régionaux varient de manière importante, en Amérique latine, en Afrique, en Asie.

Pourtant, au Canada, cet exode vers les régions métropolitaines ne s'est pas concrétisé de la même manière. Selon Statistique Canada, « entre 1991 et 1996, les régions métropolitaines de recensement ont subi un solde migratoire négatif (156 400) au profit des plus petites régions du pays. Le total des pertes nettes enregistrées était de deux fois supérieur à celui observé au cours de la période quinquennale précédente[1] ». Une région métropolitaine de recensement (RMR), selon Statistique Canada « est composée d'une très grande région urbaine (appelée noyau urbain) ainsi que de régions urbaines et rurales adjacentes dont le degré d'intégration économique et sociale avec le noyau urbain est élevé. La population d'une RMR compte au moins 100 000 habitants, d'après les résultats du recensement précédent[2] ». En 1996, Statistique Canada recensait 25 régions métropolitaines au Canada, dont cinq au Québec en plus d'Ottawa/Gatineau qui regroupe une RMR interfrontières.

Urbanité de la francophonie canadienne

Dans la présente section, nous décrivons la francophonie canadienne au moyen de statistiques, c'est-à-dire à l'aide de trois indices établis en fonction du niveau de compétence et d'utilisation de la langue française : un indice fort, l'*indice de francité* ; un indice médian, l'*indice de bilingualité* ; enfin, un indice faible, l'*indice de bilinguisme*. Ces indices sont appliqués aux 20 RMR situées à l'extérieur du Québec, ce qui exclut donc Montréal, Québec, Chicoutimi-Jonquière, Sherbrooke et Trois-Rivières, mais inclut Ottawa/Gatineau.

L'*indice de francité* repose sur l'utilisation du français à la maison. L'utilisation constante du français dans la famille constitue une dimension importante du développement du français par sa transmission intergénérationnelle en bas âge et par son maintien dans l'équilibre linguistique d'un individu, soit sur le plan du vocabulaire, soit sur le plan de l'accès à un deuxième mode de pensée. On complète l'indice de francité en ajoutant la dimension unilingue francophone.

Pour constituer l'*indice de bilingualité*, le concept et les statistiques de « langue maternelle » « comme première langue apprise et encore comprise » constituent des informations précieuses. On entend habituellement par « bilingualité » « l'état psychologique d'accessibilité à deux codes linguistiques et leurs corrélats langagiers » (Hamers et Blanc, 1983, p. 446) qui renvoit à l'accès à deux types de pensée tels qu'ils sont codés dans les langues, au-delà des distinctions habituelles entre diverses dimensions selon l'acquisition et l'apprentissage (l'âge : enfance, adolescence, âge adulte) ; selon le mode (précoce, précoce simultanée, précoce consécutive) ; selon le résultat (additive, soustractive, équilibré, dominante, composée, coordonnée). La grande majorité (87,16 %) de la population de langue maternelle française à l'extérieur du Québec était bilingue en 1996. Nous constatons donc que les francophones minoritaires apprennent, par osmose, en très grandes proportions, la langue de la majorité, soit l'anglais au Canada, et sont bilingues avec deux modes de pensée – que ces deux modes de pensée fonctionnent de manière intégrée ou non dans la vie de tous les jours. L'indice de bilingualité des communautés francophones dans les régions métropolitaines a également trait à son contraire : l'unilinguisme francophone (francité) qui, en 1996, était de 127 375 personnes, soit 12,82 % de la population de langue maternelle française[3].

L'indice de bilinguisme repose, pour sa part, sur la connaissance de deux codes linguistiques. L'accent n'est pas ici mis sur la connaissance probable de deux modes de pensée, mais sur la fonctionnalité d'une langue et son utilisation comme moyen de communication. Ainsi, par bilinguisme, nous entendons « le statut de coexistence de deux ou plusieurs codes ». Cela peut être le cas sur le plan collectif de la reconnaissance « à l'intérieur d'une aire géographique (région bilingue) ou de coexistence de deux ou plusieurs aires unilingues dans une même structure politique (régions unilingues dans un pays bi- ou multilingue) » (Hamers et Blanc, 1982, p. 448). Et cela peut encore être le cas sur le plan individuel : « présence simultanée de deux langues ». Or, au concept de bilinguisme tel que le définit Statistique Canada, soit la capacité de soutenir une conversation, nous ne pouvons assigner une connaissance suffisamment approfondie du français pour assurer la dimension d'intégration du mode de pensée francophone. L'indice de bilinguisme est donc surtout fonctionnel et instrumental ; il peut être considéré comme un indice faible d'appartenance à une communauté francophone.

Le tableau 1 présente, en trois parties, les statistiques relatives à chacun de ces indices pour le Canada à l'extérieur du Québec et pour les RMR y compris Ottawa/Gatineau. L'inclusion d'Ottawa/Gatineau est intéressante pour montrer le fonctionnement d'une région urbaine qui chevauche deux provinces, l'Ontario et le Québec.

En ce qui concerne l'urbanité des communautés francophones réparties dans 20 RMR à l'extérieur du Québec, mais aussi en partie dans l'Outaouais québécois, ces trois indices permettent de constater, pour l'essentiel :

- que pour le total de la population francophone de l'extérieur du Québec incluant Ottawa-Gatineau, l'indice de bilinguisme (10,74 %) est plus élevé que l'indice de bilingualité (4,64 %) et que l'indice de francité (3,02 %) ;
- qu'en milieu urbain, l'indice de bilinguisme (11,62 %) est plus élevé que dans la population francophone en général, milieu rural compris (10,74 %) ;
- que l'indice de bilingualité est lui aussi plus élevé en milieu urbain (4,76 %) qui dans la population francophone en général (4,64 %).

Profil de régions métropolitaines et francophonie

Pour préciser ce premier tableau, nos statistiques illustrent ces trois indices dans les 20 RMR[5]. Pour l'essentiel, nous pouvons porter les constats suivants sur l'indice de bilingualité :

- à l'exception d'Ottawa-Gatineau (34,44 %) et de Sudbury (30,28 %), les régions métropolitaines de l'extérieur du Québec ont un indice de bilingualité de moins de 5 % ;
- un groupe de régions métropolitaines ont un indice de bilingualité d'environ 4 ou 5 % : Windsor (5,16 %), Winnipeg (4,91 %), Saint John (4,57 %), St. Catherines/Niagara (4,24 %), St. John's (3,98 %) et Halifax (3,25 %) ;

Tableau 1
Indices linguistiques de la francophonie canadienne
Recensement de 1996

	A Population totale (N)	Indice de bilingualité Langue maternelle		Indice de francité Langue parlée à la maison		Indice de bilinguisme Connaissance français et français/anglais	
		B Population LMF (N)	C B sur A (%)	D Population LPM (N)	E *D sur A **D sur B (%)	F Population CF (N)	G *F sur A (%)
Canada : 28 528 125							
Canada à l'extérieur du Québec	21 483 045	(75,30 % du Canada)					
Total français à l'extérieur du Québec		997 335	4,64	649 670	3,02* 65,14**	2 308 105	10,74*
1. Français unique		936 510	93,90 (1 sur B)	588 585	90,60 (1 sur D)	127 375	5,52 (1 sur F) 12,77 (1 sur A)
2. Français double		57 360	5,75 (2 sur B)	54 450	8,38 (2 sur D)	2 180 730	94,48 (2 sur F)

3. Français+autres et français-anglais+ autre	3 465	0,35 (3 sur B)	6 635	1,02 (3 sur D)		
Total urbain extérieur du Québec incluant Ottawa/Gatineau[4]	13 471 980 17 864 645 (total RMR Canada) moins 4 392 665 (Montréal, Québec, Chicoutimi-Jonquière, Sherbrooke) **Urbanité à l'extérieur du Québec**					
Total français urbain extérieur du Québec mais incluant Ottawa/Gatineau	641 290	4,76 (1 sur B)	440 550	3,27** 68,70**	1 565 760	11,62*
1. Français unique	594 855	92,76 (1 sur B)	398 690	90,50 (1 sur D)	102 115	6,52 (1 sur F) 17,17 (1 sur A)
2. Français double	36 400	5,68 (2 sur B)	34 860	7,91 (2 sur D)	1 463 645	93,48 (2 sur F)
3. Français+autres et français-anglais+ autre	10 035	1,57 (3 sur B)	7 000	1,59 (3 sur D)		
Total urbain français extérieur du Québec mais excluant l'Outaouais québécois	13 164 535 (13 471 980 – 307 445) 61,28 % de la population totale de l'extérieur du Québec					

En ce qui a trait à l'indice de francité, nous portons les constats suivants :

- à Ottawa-Gatineau, l'indice de francité est de 26,05% ;
- le taux d'unilinguisme en français est presque inexistant dans toutes les régions métropolitaines, sauf pour Toronto (5,58 %), Thunder Bay (5,18 %), Sudbury (5,07 %), St. Catherines/Niagara (5,01 %), Hamilton (4,39 %), Vancouver (4,09 %) ;
- c'est à Ottawa-Gatineau que le plus grand pourcentage de la population utilise le français à la maison (31,15 %) ; vient ensuite Sudbury avec 20,03 % des personnes ;
- ailleurs, les pourcentages d'utilisation du français à la maison sont inférieurs à 2 %.

Pour l'essentiel de l'indice de bilinguisme, nous constatons que :

- entre 5 et 11 % de la population des RMR canadiennes est bilingue fonctionnelle ;
- la ville qui comporte le plus haut taux de bilinguisme fonctionnel est Ottawa-Gatineau avec 53,01 % de la population ; viennent ensuite Sudbury avec 41,62 %, Saint John avec 12,40 %, Winnipeg avec 11,02 %, Halifax avec 10,82 % et Windsor avec 10,68 % ;

Ainsi donc, les conditions de vie linguistique en milieu urbain sont extrêmement variées dans la francophonie canadienne.

Compréhension de la francophonie canadienne dans son urbanité : urbanité et identité

En harmonie avec l'orientation interdisciplinaire annoncée et pour contribuer à une vision graduellement compréhensive de l'urbanité, nous faisons ici état des études spécialisées dans les questions d'urbanisme et d'urbanité ; la francophonie canadienne urbaine ne peut faire abstraction des problématiques plus larges, qu'elles soient minoritaires ou majoritaires. Nous proposons ensuite dans cette section une analyse de la notion d'identité dans une perspective d'écologie urbaine, en compréhension du monde matériel. Cette perspective permet de distinguer, dans la vie quotidienne, les différences entre la vie urbaine et la vie rurale et d'en tirer, ultérieurement, des conclusions pour construire un mieux-être urbain, linguistiquement minoritaire ou majoritaire.

Problématiques en urbanité

Un résumé interdisciplinaire des problématiques en urbanité en fonction du thème des enjeux de la francophonie en milieu urbain et des questions posées en introduction permet d'inspirer les études sur la vie urbaine francophone minoritaire dans son contexte de globalité.

Les sciences appuient leurs études sur des définitions plus ou moins opératoires et sur un découpage plus ou moins précis de l'objet d'étude. Dans les études sur l'urbanité, Richard Stren (1992) définit l'urbanisation comme la proportion de la population totale d'un pays fixée dans les secteurs désignés à caractère urbain. En se référant à la « désignation », il fait ainsi ressortir l'aspect contextuel et interprétatif (donc culturel) de l'urbanisation. Ainsi, au

Canada, selon Statistique Canada, ce qui est désigné « urbain » (une RMR, comptant au moins 100 000 habitants) est symptomatique d'un pays industrialisé aux moyens de transport rapides et variés avec 62,70 % de la population dans des régions de plus de 100 000 personnes. D'autres pays considèrent des agglomérations beaucoup plus petites comme étant des régions urbaines. Au Botswana, par exemple, une agglomération de 5 000 habitants ou davantage, dont 75 % poursuivent des activités économiques à caractère non agricole, est considérée comme une région urbaine. Toutefois, la définition la plus courante est celle utilisée, entre autres, par la Guadeloupe (et la France), soit « les localités ayant 2 000 habitants ou plus » (ACDI, 1993).

Stren (1992) ajoute une autre dimension à sa définition d'« urbanisation » : celle d'un processus continu de transformation sociale et économique parce que la région urbaine est définie comme un lieu de développement économique et social en contraste avec la campagne, dont la vie est axée sur des valeurs moins économiques, plus familiales et plus traditionnelles. Cela est un biais idéologique qui valorise la vie urbaine par rapport à la vie rurale, qui prend un air « peu moderne », tout comme les pratiques des sociétés autochtones et indigènes, dont le milieu de vie est beaucoup plus rural et, s'il est urbain, est urbain de manière rurale.

Pour lier ces constats à notre orientation, « urbanisme » se réfère donc aux méthodes permettant d'adapter le milieu naturel à la vie communautaire alors que l'« urbanité » se réfère à la compréhension de la vie en espace urbain. Ainsi, l'urbanité prend son point de départ dans l'urbanisme et inclut celui-ci. L'urbanisme correspond au palier descriptif des études et des pratiques. Cette distinction s'appuie sur les définitions conventionnelles et fait ressortir les dimensions de relations avec la matière et l'environnement ; l'urbanisme étant le processus (et son étude) par lequel les humains planifient, pour eux-mêmes, mais le plus souvent pour les autres, avec ou sans représentativité, l'ergonomie géographique.

Sont donc à l'ordre du jour des sciences en urbanisme et en urbanité les préoccupations et les objets de descriptions suivants, selon deux facteurs : spatial (un quartier, une ville, une région, un pays, un continent, la planète) et temporel (une tranche historique plus ou moins grande, de l'antiquité à nos jours). Ces objets sont décrits selon diverses perspectives, dont celles de la sociologie, de l'économie, de l'histoire et de la linguistique, pour ne nommer que celles-là.

Par ailleurs, les problématiques de compréhension s'appuient sur les descriptions qui posent des questions à portée éthique. Elles reposent donc habituellement sur une dimension humaine ou humanisante de l'urbanité, sur des intentions d'amélioration de la condition de vie en milieu urbain. Est alors en cause une capacité d'analyser le milieu urbain dans une problématique plus large d'une industrie de l'urbanité, par des recherches, la mise en œuvre de politiques, des programmes d'apprentissages-services et des services-conseils. Sont d'intérêt les questions en regard du multiculturalisme, de l'industrialisation, du développement social, de la culture, de l'écologie et de l'anthropologie, des services publics, de la démographie et de la linguistique.

À ces études pour la compréhension et ultérieurement l'amélioration de la vie urbaine, on peut ajouter celles portant sur les analyses de la répartition des pouvoirs, que ce soit par la documentation d'études de cas contemporains ou historiques comme celles de Hambling sur les castes sociales dans la ville de Moenjo-Daro (vallée de l'Indus), avec ses égouts sophistiqués, son confort et son haut standard de vie (cité par Cobarrubias, 1999, p. 7).

Ces études sur le pouvoir ou le non-pouvoir ne se trouvent pas seulement en sciences politiques, dans la mesure où l'étude du pouvoir est interdisciplinaire. On les trouve également :

- *en administration et en gouvernance :* la centralisation des pouvoirs s'est faite à partir des villes ; la répartition des pouvoirs dans les systèmes démocratiques des villes[6] ;
- *en histoire :* les États se sont développés à partir de villes ; la relation de pouvoir entre l'État et la ville ;
- *dans la démarche interdisciplinaire :* le thème de la répartition des ressources en systèmes égalitaires ou inégalitaires.

Dans son livre *Law, Space, and the Geographies of Power,* Nicholas Blomley (1994, p. viii) note à quel point les études sur le politique et le géographique sont peu nombreuses. Celles-ci sont d'ailleurs souvent perçues comme suspectes, parce qu'elles remettent en question les pouvoirs établis. Blomley montre aussi comment l'espace, dans sa dimension politique, est pris comme immuable même si les frontières n'ont rien d'immuables et sont constitutives d'identités. Son analyse fait encore ressortir l'urbanité comme centres économiques en mutation avec la part libéraliste de la mondialisation (1994, p. 190-192).

Urbanité et langue

Sur l'importance de la langue en milieu urbain, il existe de plus en plus d'études de « sociolinguistique urbaine », thème qui a d'ailleurs fait l'objet de plusieurs colloques publiés sous forme de livres ou de numéros spéciaux de revue : Polomé (1982), Dittmar et Schlobinski (1988), Herberts et Turi (1999), Calvet et Moussirou-Mouyama (2000), Bulot, Bauvois et Blanchet (2001), Santacroce (2002). Pourtant, il y a quelques années, la démolinguistique des langues minoritaires passait rapidement sur la question sans la problématiser, sans que l'urbanité ne soit explicitée comme variable. Aujourd'hui, la variable de l'urbanité est devenue prédominante, tout comme celle de la mondialisation. Les études de sociolinguistique urbaine portent sur quatre dimensions :

- *l'analyse des changements dans la distribution des langues :* distribution du plurilinguisme, vitalité des langues, véhicularisation, koinè, variations régionales, langue des migrants, etc.

- *les effets du milieu urbain sur le corpus des langues* : mode de structuration des parlers urbains ;
- *la mise en mots de l'identité urbaine* : représentations des langues en milieux urbains ;
- *la langue et la banlieue* : effets de « beigne » ; conditions linguistiques des groupes souvent marginalisés : adolescents, raps, etc.

On y remarque un fort désir de décloisonnement de disciplines pour apporter quelques éléments de réponse aux questions d'aménagement linguistique (Bulot, Bauvois et Blanchet, 2001). Les études font habituellement appel à des méthodes ethnographiques (entretiens avec ou sans questionnaires).

Dans le contexte qui nous intéresse, la question principale demeure l'impact de l'urbanisation et de l'urbanité sur la vitalité des langues et le mieux-vivre de leurs locuteurs. Certaines études précisent le rôle standardisateur du milieu urbain sur les langues, alors que d'autres en montrent le dynamisme nouveau pour les langues (régionales ou minoritaires) et le plurilinguisme (Rispail, 2000). Dans son analyse-synthèse de la dynamique des langues, William Mackey (2000) place l'interaction entre langue et développement-maintien au croisement de deux séries de dimensions : les forces de solidarité et les domaines d'utilisation d'une langue. Ainsi, en général, à l'instar de Joshua Fishman (1989), il constate que les milieux urbains sont des vecteurs d'efforts de propagation d'une langue, de résistance à l'assimilation, parce qu'ils permettent la mise en place d'institutions dans divers domaines de développement linguistique. Mais d'autres soulignent également l'inverse, soit les difficultés de maintenir une langue minoritaire en milieu urbain (Cobarrubias, 1999).

Urbanité et identité : perspective écologique

Afin de mieux comprendre le moteur et le processus de formation de noyaux communautaires par le linguistique en milieu urbain, il est important de considérer comment peut se former une identité urbaine libre et solidaire. Commençons donc par une interprétation large de l'identité comme « sentiment d'appartenance ». Ce faisant, nous écartons immédiatement le sens d'identité provenant de l'association à ce qui est « identique », puisque l'identité est une construction sociale et naturelle dans l'individualité et la contextualité. À un premier niveau de l'identité donc, un niveau primordial pour ainsi dire, notre appartenance est double : elle est matérielle et sociale. Cette approche permet de transcender le débat « nature versus culture ». L'urbanité n'est ainsi qu'une dimension plus sociale et socialisante sur un continuum de cette double appartenance entre la vie matérielle dans la nature et la vie matérielle dans l'environnement culturellement aménagé des milieux urbains.

Les sciences, tout comme dans les modèles d'organisations sociales, ont scindé les deux. Certains en appellent à une réconciliation, comme Richard Falk (1995), qui, au terme d'une longue analyse sur la *humane governance* pour le World Order Models Project (cinq groupes d'étude des Nations Unies), encourage la planification dans un contexte de compréhension globale qui inclut non seulement le social et le culturel, mais également l'environnement matériel et la nature : « *At the same time, the enjoyment of the beauty of nature is the foundation of spirituality and creativity, and thus stewardship cannot be conceived of merely in materialist terms* » (p. 253).

Cette perspective sur l'identité conduit à une prise en compte des mouvements d'inspiration environnementaliste – l'anthropocentrisme de toutes actions et structures – et celles d'inspiration écologique – le biocentrisme et la dynamique de respect et de complémentarité de toute vie. Le débat entre les deux est plus que linguistique ou, plutôt, il est linguistique parce qu'il est aussi idéologique. Le premier instaure un régime d'autorité sur la nature et le matériel ; le second démocratise la vie incluant le matériel et la nature (Blanke, 1996, p. 201). Les milieux urbains, particulièrement, ont été porteurs de la vision environnementaliste qui perd la nature de son horizon de réflexion, et cela très souvent au nom du « développement et des progrès modernes ». Par exemple, sur le plan des technologies, on peut comprendre que la fission nucléaire, science qui émane des cultures urbaines, n'est pas une façon de travailler en collaboration avec la nature dans son élément le plus minimal ; cela constitue une violence envers la nature que dénoncent, entre autres, les philosophes et les activistes de l'écologie[7]. La fission nucléaire a de plus servi comme outil d'élimination massive de citadins dans des conflits armés. Cette technologie est donc elle-même violence tout comme l'utilisation que l'on en a fait.

Historiquement, les milieux urbains ont servi de lieux de séparation entre la nature et la culture, particulièrement par les sciences. Bruno Latour, au terme d'une analyse des sciences et de leur appréhension de la réalité, lançait un appel à une réconciliation avec ce qu'il nommait le « monde des objets », par opposition aux « quasi-objets » des sciences (1993, p. 142). Et en interprétant de manière large l'identité comme « sentiment d'appartenance », on ne peut éviter l'identité primordiale à la matière. Dans la vie de tous les jours et dans l'urbanité, cette appartenance à la matière se manifeste en contact avec l'environnement physique et social préconstruit avec lequel il faut souvent composer sans pouvoir le modifier en apparence. De cette perspective, l'identité à la nature vient compléter l'identité à des groupes culturels, mais on ne peut différencier l'une de l'autre, comme si l'appartenance était le propre des êtres vivants. Manuel Castells, auteur de *La société en réseaux* (1996), ajoute : « La construction de la vie, des institutions et de la politique autour d'identités culturelles collectives est historiquement la règle, et non l'exception. L'exception, en fait, ce sont les sociétés forgées à partir des États-nations qui ont surgi à la faveur du capitalisme et de l'étatisme à l'époque industrielle et qui se sont étendus à toute la planète dans leur expression coloniale » (1998, p. 34).

Si l'identité est double et si l'identité culturelle est souvent construite de l'extérieur, par l'État-nation par exemple, par consentement ou non, comment alors comprendre l'identité urbaine pour qu'elle soit souple, contextualisée et, surtout, dynamique d'un mieux-vivre linguistique en urbanité ? Et comment appréhender scientifiquement ce contexte ? Pour répondre à ces questions, les approches socio-critiques théorisent ainsi l'identité[8] dans la foulée du courant anti-essentialisme : « *Such internal complexities in our understandings of others reflect (and help us create) the internal tensions in the identities that claim us. One conclusion we may draw [...] is that we need to attend more to the negotiation of identities by their possessors, recalling always that each identity, however central it is to our self-conception, may in some situations simply not be the one we need* » (Appiah, 1992, p. 625).

Nous sommes donc conviés à réfléchir à l'identité du point de vue de l'individu choisissant sa collectivité, plutôt que du point de vue de l'individu au service d'une collectivité. Pour mieux comprendre ce que cela signifie, il est intéressant de considérer le contexte d'une identité plus problématique que la francophone. Sur le sujet de l'identité islamique, par exemple, Bilgrami en présente trois dimensions : sa contextualité (y compris son historicité), sa fonctionnalité et la nécessité d'une approche critique par rapport aux deux premières dimensions. Cette analyse propose que :

- dans sa contextualité, l'identité est individuelle. Elle est contextualisée sous diverses dimensions de généralité : famille, région, ville, pays, groupe linguistique, race, classe sociale, niveau économique, etc. Elle est le fruit d'une histoire particulière ;
- dans sa fonctionnalité, l'identité fait partie de la vie de tous les jours où elle est occasionnellement fonctionnelle. Elle est inévitablement multiple ;
- dans sa réflexivité, elle doit faire l'objet de réflexion pour l'individu, parce qu'elle est très souvent politisée ; elle est aussi l'objet de pression externe. Elle doit donc être l'objet d'un libre choix.

Lorsqu'on a posé ces éléments de l'identité, la question qui guide ces analyses ressort plus facilement : qu'advient-il à une collectivité si les individus n'y adhèrent pas ? La réponse à cette question est simple : si les individus n'y adhèrent pas librement, c'est qu'elle n'a pas lieu d'être.

Dans le cas de l'identité linguistique, le marqueur principal est l'utilisation ou la connaissance d'une langue, ce que nous avons conceptualisé comme des indices de francité (position d'appartenance plus forte), de bilingualité (position d'appartenance médiane) et de bilinguisme (position d'appartenance instrumentale). Cela se manifeste plus clairement dans des territoires multiethniques et plurilingues où l'usage d'une langue donnée depuis la tendre enfance permet à ceux qui l'entendent et la reconnaissent d'inférer l'affiliation ethnique du locuteur (Mufwene, 1997, p. 160). Ainsi, c'est la solidarité qui est l'aspect essentiel de l'identité, qu'elle soit linguistique ou autre. Mais en ce qui concerne le linguistique, elle se manifeste de manière descriptive par l'utilisation ou la connaissance de la langue. Et cette identité linguistique est double : à la fois comme être de langage et comme être d'une langue particulière (Taylor, 1997, p. 241). Dans ce contexte, on peut interpréter les données statistiques sur la francophonie canadienne à l'extérieur du Québec comme un noyau d'adhésion à la collectivité. À partir de ce constat, il est important d'en établir les forces et les faiblesses. La prochaine section propose quelques-unes de ces forces.

Conditions de développement pour mieux vivre par le linguistique

Quels sont donc les avantages des communautés francophones vivant en milieu urbain et comment celles-ci peuvent-elles améliorer leurs conditions de vie, à la fois comme minorité linguistique et comme membres de milieux urbains ? Comment aussi peuvent-elles faire profiter les autres communautés de leurs richesses et de leurs acquis ? Quatre conditions sont importantes dans la conjoncture contemporaine : l'ascension d'idéologies de la solidarité qui permettent une participation accrue des individus à des communautés de partage ; l'abondance croissante de ressources interculturelles ; le réseautage dans la mondialisation ; enfin, les approches constructivistes en enseignement qui permettent l'éducation d'individus plus conscients d'eux-mêmes, de leur identité et, en même temps, de leur appartenance, dans une dynamique de réflexion critique. Ces quatre conditions sont particulièrement présentes en milieu urbain, puisqu'elles se sont même développées à partir de la ville, au même titre que les « progrès » économiques, technologiques et scientifiques.

Idéologies de solidarité

Au début du XXIe siècle, deux paradigmes idéologiques à portée éthique s'affrontent à l'échelle planétaire, tant dans les discours que dans les pratiques sociales. Par idéologie, entendons, dans un sens large réfutant la vision marxiste de « fausse conscience » (Bouton et Bourricaud, 1989, p. 207), des cultures d'influences, des cadres premiers d'actions, d'idées et de cultures. À portée éthique, les idéologies s'affrontent, tant dans les discours que dans les pratiques sociales. Les idéologies sont formées de multiples variantes, selon les cultures et selon les époques. Inégalement positionnées, certaines sont acquises comme irréfutables. Les idéologies s'opposent ; mais elles s'influencent l'une l'autre aussi, s'interpénètrent, parfois se travestissent et se masquent de sorte que l'une ressemble à l'autre. Elles ne sont donc pas pures, ni dans leurs constructions, ni dans leurs institutions, ni dans leurs effets (Martel, 1995 ; 1998 ; Tollefson, 1991).

Or les idéologies de la concurrence sont aujourd'hui très largement majoritaires, alors que celles de la solidarité sont minoritaires mais ascendantes. Pourtant, l'émergence de ces idéologies de la solidarité vient concrétiser les mouvements identitaires et leur donner une théorisation qui est à la fois contextualisée, fonctionnelle et critique, selon les trois dimensions décrites antérieurement pour l'identité. Ces idéologies de la solidarité démystifient la concurrence constante entre communautés et établissent des conditions de naturalisation et de soutien de la différence. Sur un axe égalitaire (horizontal), donc, des constellations d'idéologies fondées sur la solidarité et la complémentarité[9] tentent d'effectuer un retournement de l'axe du pouvoir, tentent de résister aux organisations et aux relations socio-politiques parasitaires et prédatrices que favorise la compétitivité, voire de les contrer. Le paradigme qu'elles forment est aussi aujourd'hui le fruit de l'Occident par métissages de communications interculturelles et d'échanges intercivilisationnels. Ce paradigme de la solidarité repose lui aussi sur (au moins) quatre fondements épistémologiques :

- il réfute la notion de survie du plus fort et y substitue celle de *responsabilité* des plus forts envers les plus faibles[10] ;
- il préconise la *complémentarité avec l'Autre* comme outil de développement humain ;
- il met en scène de *nouveaux acteurs* (individus activistes ou intellectuels, organisations non gouvernementales, communautés ethniques, linguistiques, etc.) qui résistent aux pouvoirs, à l'autorité et à la domination ;
- le Bien reposerait sur le *bien-être individuel* atteint par le développement collectif.

Cette constellation d'idéologies légitime et valorise la diversité en tant que diversité (et non comme stratégie), tant linguistique que culturelle, raciale, sexuelle, géographique. Ce faisant, elle reconnaît l'égalité des peuples, des communautés, des individus et favorise un *ethos* de non-violence en politique et dans les interactions humaines. La diversité n'y est donc pas marginale. Au contraire, la diversité est composée d'une diversité d'individus, d'« interactants » qui, au fil des ans, ont aussi acquis un vécu de minoritaire dans son sens de dominé (Tollefson, 1991, p. 15-16). La généralisation de ce paradigme pourrait peut-être être le « vrai progrès de l'humanité » tout comme le fait se rendre compte que les écologies qui fonctionnent sont celles « *that are characterized by predominantly mutually beneficial links and only to a small degree by competitive relationships* » (Mühlhäusler, 2000).

Par ailleurs, sur un axe hiérarchique (vertical, pour ainsi dire), les idéologies dominantes s'agglutinent autour de la notion – et de pratiques – de concurrence. La mondialisation des échanges et des sociétés permet l'intensification de ce courant en compétitivité, alors que la concurrence cesse d'être un moyen pour devenir aussi une fin en soi, un mode de vie (Petrella, 2002). Ces idéologies reposent sur (au moins) quatre piliers épistémologiques :

- inspirées par les théories de la soi-disant « loi de la sélection naturelle », elles concluent, à l'instar de Darwin[11], que la *survie est accordée aux plus forts*[12] ;
- la notion de *liberté* y est perçue comme un instrument de développement humain ;
- l'idée que le *profit*, extension du cadre économique, est une légitime et désirable récompense de l'activité humaine. Le profit représenterait le Bien ;
- l'argent, comme *instrument d'universalité*, gouverne les nécessités de positionnement.

Le positionnement dans les rapports de pouvoir est donc fonction du degré de profits obtenus. L'objectif de l'action y est instrumental. La technique et la raison sont des moyens efficaces pour atteindre des objectifs impersonnels.

Avec l'ascension des idéologies de la solidarité, les communautés minoritaires trouvent une raison sociale et un contexte favorable à leur développement distinct par l'acquiescement général de toute la société. La concurrence entre les groupes en est réduite.

L'abondance de ressources interculturelles

Les milieux urbains sont des lieux de concentration de ressources culturelles. Cet avantage n'a pas à être longuement étayé, comme celui du réseautage dans la mondialisation ; il fait partie de nos connaissances journalières. Les milieux urbains sont, et de tous temps ont été, des espaces de brassages interculturels, de sorte que les pratiques et les interprétations culturelles de tous les groupes sont à la disposition des autres individus et groupes qui souhaitent s'en prévaloir. Dans ce partage repose une valorisation intrinsèque de la différence et de ses manifestations, tant dans ses liens avec la nature et l'environnement que dans ses créations institutionnelles et sociales. L'interculturalité est donc l'une des forces positives qui peut aider actuellement à mieux harmoniser collectivités et environnements. Beaucoup de sociétés ont des liens privilégiés avec la nature et le monde matériel. Et c'est un chaînon inspirant pour nos analyses scientifiques, qu'elles portent sur l'identité, la gouvernance ou d'autres aspects de la vie.

Mais la plus grande abondance culturelle que possèdent les minorités, c'est justement leur condition de minoritaire. Pour apprendre véritablement à être solidaire, il est important d'avoir vécu le non-pouvoir ; cela permet un partage plus attentif aux prérogatives et aux besoins des autres. Dans un effort de solidarité donc, les minorités francophones, surtout celles des milieux urbains, doivent valoriser leurs expériences de minoritaires et les partager.

Le réseautage dans la mondialisation

Les technologies de la communication permettent également un partage et la construction d'identité d'affiliation au-delà des frontières géographiques. Mais la capacité de construire son environnement et son identité commence surtout par des mécanismes de contrôle et de prise de décision. Au Canada, l'article 23 de la Charte canadienne des droits et libertés a, en 1982 et au cours des deux dernières décennies, éveillé la conscience sociale et politique à la nécessité du contrôle et du pouvoir décisionnel par et pour les minorités francophones. Il en est de même pour les individus et les communautés en milieu urbain, mais aussi en milieu rural. La différence majeure, par contre, est que les milieux urbains sont des milieux qui, par définition, adoptent une construction collective de l'environnement.

Les approches constructivistes

Pour atteindre une plus grande autonomie et une meilleure capacité de décision sur l'environnement et l'identité, il faut mettre en place une approche sociale constructiviste. Cela peut se faire, avec le temps, par une éducation transformative comme celle que favorisent les constructivismes. Ainsi, dans un effort de construire à partir de l'expérience et de déconstruire ce qui n'est pas nous (ou n'est pas souhaité) dans l'identité et la solidarité, il nous faut rejeter les approches contrôlantes et dominantes, celles-là mêmes que nous avons ailleurs appelées « instructivistes » (Martel, 2000b). En se fondant sur le rôle grandissant qu'a joué l'école dans le développement des humains, les théories d'apprentissage servent d'exemple en mettant l'accent sur deux dimensions : la participation active à des projets motivants et le travail en collaboration. Celles-ci constituent les deux éléments les plus importants des constructivismes : un fondement psychologique basé sur les écrits de Jean Piaget et une dimension psychosociale basée sur ceux de Lev S. Vygotsky.

En résumé, les constructivismes[13] se rapportent à un paradigme éducatif postmoderne[14] qui postule que l'apprenant construit sa propre interprétation des événements et de l'information. La connaissance n'est pas figée une fois pour toutes. Des tâches et les projets authentiques sont considérés comme motivants. La collaboration constante est une partie intégrante des pratiques. Les instructivismes[15], d'autre part, se réfèrent aux modes éducatifs traditionnels basés sur le positivisme. Ils souhaitent cultiver chez l'élève des informations et des connaissances qui sont vues comme « vraies » et sont préconstruites indépendamment de l'apprenant, de sa situation, de sa culture.

Les constructivismes ont tendance à s'inspirer des courants humanistes et de leurs théories de l'enseignement. Ce fusionnement est exprimé ainsi par Carl Rogers (1902-1987) qui parle d'« environnements » d'étude bien avant que les constructivismes n'en adoptent le terme en signe de respect pour l'apprenant : « *Je sais que je ne peux pas enseigner quelque chose à quelqu'un, je peux seulement fournir un environnement dans lequel il pourra apprendre* ». Ce fusionnement actuel des théories constructivistes avec les humanismes offre une mise en perspective critique sur la connaissance et le langage. Il permet de constater que les significations sont historiquement situées, construites et reconstruites par le langage. Et le discours lie la connaissance et l'intérêt du locuteur. Une réflexion critique stimule donc le dévoilement de ces intérêts ; elle résiste à l'idée qu'il existe une signification simple de la réalité. Au lieu d'un projet paternaliste d'éducation, les constructivismes se rapprochent alors des tendances émancipatrices et d'autonomisation en éducation. Les constructivismes ouvrent également une porte interprétative vers l'interculturalisme, quoique cet aspect ne soit pas encore théorisé. Les savoirs étant des constructions de sens, il s'ensuit que chaque contexte social construit ses propres connaissances sous la forme de culture. Les constructivismes relativisent les savoirs en savoirs culturels, y compris la langue.

Conclusion

Cet article est volontairement plus théorique que pratique. Il souhaite servir de cadre d'inspiration, conformément au rôle de la conférence d'ouverture du colloque de l'ACFAS dont il est issu. Il trace un portrait multidimensionnel : statistique, tout d'abord, de la francophonie canadienne vivant en milieu urbain ; descriptif, ensuite, des études en urbanisme et en urbanité y compris des études sur l'identité ; il procède enfin à un repérage de quelques ressources idéologiques de la vie en milieu urbain en vue d'un développement de l'identité linguistique construite dans la liberté individuelle. Reste maintenant à continuer à théoriser ensemble, dans la pratique urbaine mais aussi rurale, de collectivités minoritaires aux identités construites par une éducation libéralisante et aux adhésions libres et enrichissantes.

BIBLIOGRAPHIE

AGENCE CANADIENNE DE DÉVELOPPEMENT INTERNATIONAL (2001), « Vers un monde urbain : énoncé pour des villes durables : <http://www.acdi-cida.gc.ca/cida_ind.nsf/vLUallDocByIDFr/70E00EC2B413308E8525698F006AEDC5?OpenDocument>.

APPIAH, Kwame Anthony (1992), « Editor's introduction : multiplying identities », *Critical Inquiry*, vol. 18, n° 4.

BILGRAMI, Akell (1992), « What is a Muslim ? Fundamental commitment and cultural identity », *Critical Inquiry*, vol. 18, n° 4, (Summer), p. 821-842.

BIRKE, Lynda et Ruth HUBBARD (1995), *Reinventing Biology. Respect for Life and the Creation of Knowledge*, Bloomington, Indiana University Press.

BLANKE, Henry (1996), « Marcuse's discourse on nature, psyche, and culture », dans David MACAULEY (dir.), *Minding Nature. The Philosophers of Ecology*, New York, Guilford Press.

BLOMLEY, Nicholas (1994), *Law, Space, and the Geographies of Power*, New York, Guilford Press.

BORGMANN, Albert (1992), *Crossing the Postmodern Divide*, Chicago, The University of Chicago Press.

BOUDON, Raymond et François BOURRICAUD (1989), *A Critical Dictionary of Sociology*, Chicago, The University of Chicago Press.

BULOT, Thierry, Cécile BAUVOIS et Philippe BLANCHET (2001), *Sociolinguistique urbaine. Variations linguistiques : images urbaines et sociales*, Rennes, Presses universitaires de Rennes.

CALVET, Louis-Jean et Auguste MOUSSIROU-MOUYAMA (2000), *Le plurilinguisme urbain*, Paris, Institut de la Francophonie/Didier Érudition.

CASTELLS, Manuel (1996), *La société en réseaux*, Paris, Fayard.

CASTELLS, Manuel (1998), « L'identité à l'ère de la mondialisation », *Le Courrier international*, n° 382 (4 mars), p. 34.

COBARRUBIAS, Juan (1999), « Language legislation, ethnicity and urbanization », dans Kjell HERBERTS et Joseph G. TURI (dir.), *Multilingual Cities and Language Policies/Villes plurilingues et politiques linguistiques*, Vaasa-Vas (Finlande), Åbo Akademi University, p. 3-16.

DALLMAYR, Fred et Thomas MCCARTHY (1977), *Understanding and Social Inquiry*, Notre Dame (Indiana), University of Notre Dame Press.

DITTMAR, Norbert et Peter SCHLOBINSKI (DIR.) (1988), *The Sociolinguistics of Urban Vernaculars*, Berlin, de Gruyter.

FALK, Richard (1995), *On Humane Governance. Toward a New Global Politics*, Pennsylvania, The Pennsylvania State University Press.

FISHMAN, Joshua (1989), *Language and Ethnicity in Minority Sociolinguistic Perspective*, Clevedon (Philadelphia), Multilingual Matters Ltd.

HABERMAS, Jurgen (1972), *Knowledge and Human Interests*, Boston, Beacon Press.

HAMERS, Josiane et Michel BLANC (1982), *Bilingualité et bilinguisme*, Bruxelles, Pierre Mardaga Éditeur.

HERBERTS, Kjell et Joseph G. TURI (dir.) (1999), *Multilingual Cities and Language Policies/Villes plurilingues et politiques linguistiques*, Vaasa-Vas (Finlande), Åbo Akademi University.

LATOUR, Bruno (1991), *Nous n'avons jamais été modernes : essai d'anthropologie symétrique*, Paris, La Découverte.

LUCKMANN, Thomas (1978), *Phenomenology and Sociology*, New York, Penguin Books.

MACAULEY, David (1996), *Minding Nature. The Philosophers of Ecology*, New York, Guilford Press.

MACKEY, William Francis (2000), « Prolégomènes à l'analyse de la dynamique des langues ». *DiversCité Langues*, vol. V : <http://www.teluq.uquebec.ca/diverscite>.

MARTEL, Angéline (1995), « Idéologies de la nation, idéologies de l'éducation au Canada entre 1867 et 1960 : le " bénéfice du locuteur " majoritaire ou minoritaire », *Revue canadienne de l'éducation/Canadian Journal of Education*, vol. 20, n° 3, p. 392-406.

MARTEL, Angéline (1998), « Idéologies grammaticales et diversité. Réflexions sur l'actuelle pertinence sociopolitique et didactique de la grammaire », *Cahiers de l'Institut de linguistique de Louvain*, vol. 24, n°s 1-2, p. 53-83.

MARTEL, Angéline (2000a), « Constructing learning with technologies. Second/foreign languages on the Web », dans Michael WENDT (dir.), *Konstruktion statt Instruktion*, Frankfurt am Main, Peter Lang, p. 55-72 : <http://ourworld.compuserve.com/homepages/michaelwendt/Seiten/Martel.htm>.

MARTEL, Angéline (2000b), « Des instructivismes aux constructivismes. Les technologies de communication et de savoirs pour l'enseignement des langues par Internet », *Cahiers du Centre interdisciplinaire des sciences du langage*, n° 15, p. 89-110.

MARTEL, Angéline (2002), « De/constructing with global paradigms. On governance, democracy and policies for language communities », communication présentée au Congrès mondial sur la politique linguistique, 16-20 avril, Barcelone : <http://www.linguapax.org/congres/taller/taller4/Martel.html>.

MUFWENE, Salikoko (1997), « Identité », dans Mari-Louise MOREAU (dir.), *Sociolinguistique. Concepts de base*, Bruxelles, Mardaga.

MÜHLHÄUSLER, Peter (2000), « Ecology of languages », *Current Issues in Language Planning* : <http://cilp.arts.usyd.edu.au/themes/CIPL-LEcology.html>.

ORGANISATION DES NATIONS UNIES (1995), « Global report on human settlements » : <http://www.un.org/cyberschoolbus/habitat/background/bg2.asp>.

ORGANISATION DES NATIONS UNIES (2002a), « Is there a right to housing ? » : <http://www.un.org/cyberschoolbus/habitat/background/bg4.asp>.

ORGANISATION DES NATIONS UNIES, (2002b), « Governance, participation and partnerships » : <http://www.un.org/cyberschoolbus/habitat/background/bg5.asp>.

ORGANISATION DES NATIONS UNIES (2002c), « Partnership for the urban environment » : <http://www.un.org/cyberschoolbus/habitat/background/bg7.asp>.

PETRELLA, Riccardo (2002), « Critique de la compétitivité. L'idéologie de la guerre économique et de la survie sociale des meilleurs à la lumière du 11 septembre » : <http://www.attac.org/fra/list/doc/petrella3.htm>.

POLOMÉ, Edgar (dir.) (1982), « Rural and urban multilingualism », dans *International Journal of the Sociology of Language*, n° 34, La Haye, Mouton.

RISPAIL, M. (2000), « Quand les villes se mettent à chanter... Jalons pour un imaginaire urbain », dans Louis-Jean CALVET et Auguste MOUSSIROU-MOUYAMA (dir.), *Le plurilinguisme urbain*, Paris, Institut de la Francophonie/Didier Érudition.

SANTACROCE, Michel (2002), « Lieux de ville : langue(s) urbaine(s), identité et territoire. Perspectives en sociolinguistique urbaine », *Marges linguistiques*, n° 3 : <http://www.marges-linguistiques.com>.

STATISTIQUE CANADA (1998), « Recensement de 1996 : scolarité, mobilité et migration », *Le Quotidien* (14 avril) : <http://www.statcan.ca/Daily/Francais/980414/q980414.htm>.

STREN, Richard (1992), *Une problématique urbaine : le défi de l'urbanisation pour l'aide au développement*, Toronto. Mimeo.

TAYLOR, Talbot (1997), *Theorizing Language. Analysis, Normativity, Rhetoric, History*, Amsterdam, Pergamon.

TOLLEFSON, James (1991), *Planning Language, Planning Inequality*, New York, Longman U.K. Group Ltd.

NOTES

1. « Les plus grandes régions métropolitaines de recensement du pays ont également connu un nombre important d'entrées et de sorties au sein de leur population. [...] Quinze des 25 régions métropolitaines de recensement ont affiché des pertes nettes au cours de la période de cinq ans, puisque le nombre de personnes qui ont quitté ces régions pour aller vivre ailleurs au Canada était supérieur au nombre de celles qui y sont arrivées. » Voir <http://www.statcan.ca/Daily/Francais/980414/q980414.htm>.

2. Voir <http://www.statcan.ca/francais/Pgdb/popula_f.htm#car>.

3. On obtient ces chiffres en reportant le nombre de personnes qui, à l'extérieur du Québec, ne connaissent que le français (statistiques sur la connaissance des langues officielles), sur le nombre de personnes de langue maternelle française (unique, double ou multiples). En 1996, 127 375 personnes connaissaient seulement le français alors qu'on dénombrait 993 870 personnes de langue maternelle française, ce qui donne 12,82 %.

4. Comprend les 20 régions métropolitaines de l'extérieur du Québec. Ottawa-Gatineau fait exception par sa bilingualité, sa francité et son bilinguisme. Cette région, qui regroupe une partie de la population du Québec, soit 307 445 personnes de la région de l'Outaouais, montre qu'en matière de langues, les frontières n'empêchent pas l'influence de part et d'autre.

5. On trouvera les tableaux intégraux de ces données sous <http://www.amartel.net>.

6. Voir, par exemple, Organisation des Nations Unies (2002b) : « *But the major public choices demand wide participation and debate, involving not just governmental agencies but also diverse, representative and accountable non-governmental organizations. A main objective of good governance as it relates to participation is to encourage a political leadership that reflects and promotes ideals of good citizenship, such as informed participation, compassion and fairness* ».

7. Voir Macauley (1996).

8. Classe socio-économique, ethnie, âge, sexe, niveau d'éducation, profession, langue : tels sont les principaux marqueurs de l'identité.

9. Pour une description de ces deux paradigmes et des tableaux de comparaison, voir Martel (2002).

10. C'est d'ailleurs ce que tentent de faire les droits de la personne, les droits fondamentaux, les droits des minorités, etc.

11. On trouve des variantes de cette position chez Hobbes : « L'homme est loup pour les autres » ; chez Spencer : « La sélection des plus aptes » ; chez Nietzche : « L'importance du héros ».

12. Or nous savons que cette façon de voir le vivant est largement fausse et que les sociétés solidaires existent tant chez les animaux que chez les humains ; mais que les sciences les ont largement ignorées à cause de la dominance des idéologies de la concurrence. Voir Birke et Hubbard (1995) et Singer (1990).

13. Pour des références sur constructivismes et applications pédagogiques, voir :
<http://www. stemnet.nf.ca/~elmurphy/emurphy/refer.html> ;
<http://carbon.cudenver.edu/~-mryder/itc_data/constructivism.html> ;
<http://thorplus.lib.purdue.edu/~techman/conbib.html>.

14. Pourtant, les constructivismes ne sont pas nouveaux. Par exemple, Rousseau et Montaigne ont préconisé ces principes. Ce qu'il y a de neuf cependant, c'est la convergence entre les courants humanistes en éducation et les constructivismes, tout comme l'avantage que les technologies fournissent dans des environnements et des projets de type constructiviste.

15. Dans cet article, le behaviorisme est considéré comme faisant partie des théories instructivistes parce que, comme ces dernières, il favorise un rôle autoritaire pour l'enseignant-programmeur.

L'IMMIGRATION ET LA FRANCOPHONIE CANADIENNE

Dyane Adam
Commissaire aux langues officielles

Les principaux enjeux que j'aimerais soulever au sujet de l'immigration et la francophonie canadienne découlent d'une étude, intitulée *L'immigration et l'épanouissement des communautés de langue officielle au Canada : politiques, démographies et identité*, réalisée pour le compte du Commissariat aux langues officielles et publiée au mois de février 2002. Quatre thèmes sont abordés ici :

– La section *Immigration et démographie*, fait le survol de statistiques indiquant que les francophones n'ont pas eu leur juste part de l'immigration au Canada, tant au Québec que dans les autres provinces canadiennes.

– Ensuite, dans la section *Intégration et identités*, je souligne des défis que pose l'intégration des nouveaux arrivants sur le plan économique et socioculturel, notamment en ce qui concerne le nouveau pluralisme ethnique de la francophonie canadienne.

– Une troisième partie, *Politique et principes*, fait le point sur les mesures qui doivent être prises, par le gouvernement fédéral entre autres, afin d'accroître le nombre d'immigrants francophones et d'assurer leur intégration au sein des communautés francophones au Canada.

– Enfin, dans la section *Information et recherche*, j'évoque les lacunes au chapitre de la recherche sur l'immigration et la francophonie canadienne, en souhaitant que ces lacunes sauront être comblées, avec l'aide de partenaires partout au pays.

Immigration et démographie

Pour comprendre l'effet de l'immigration sur les communautés francophones, il faut concevoir l'importance de l'immigration pour le Canada dans son ensemble. Les résultats du recensement de 2001 l'indiquent clairement : la croissance de la population canadienne dépend de l'immigration. Au cours des cinq dernières années, les immigrants ont contribué à plus de la moitié de la croissance de la population, qui s'est chiffrée à près de 1,2 million de personnes.

Il s'ensuit que, si l'immigration joue un rôle décisif dans la croissance de la population canadienne, il est crucial que la proportion d'immigrants au sein des communautés francophones soit au même niveau que la proportion d'immigrants dans la population générale. Ce n'est malheureusement pas le cas.

Immigrants au sein
de la population canadienne
(Statistique Canada, 1996)

Immigrants au sein des
communautés francophones
en situation minoritaire
(Statistique Canada, 1996)

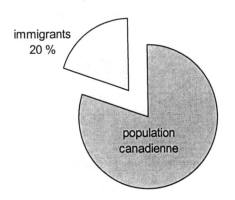

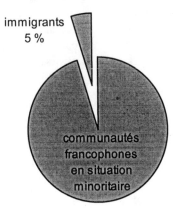

Immigrants au sein de la
population francophone du Québec
(Statistique Canada, 1996)

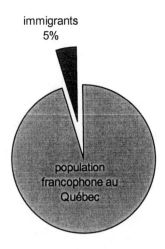

Lors du recensement de 1996, les immigrants représentaient près de 20 % de la population canadienne, mais moins de 5 % de la composition des communautés francophones vivant en milieu minoritaire. En d'autres termes, pour que l'équilibre démographique entre anglophones et francophones soit maintenu, ces communautés devraient attirer quatre fois plus d'immigrants. Nous pouvons donc en conclure que, jusqu'à aujourd'hui, les francophones n'ont pas eu leur juste part de l'immigration au Canada.

Lieu de naissance des francophones

Le graphique ci-dessous illustre la composition de la population francophone dans chaque province en fonction du lieu de naissance.

Lieu de naissance des francophones de langue maternelle dans les provinces du Canada, 1996

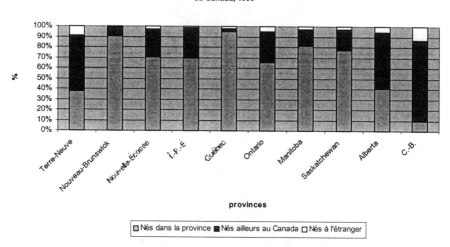

Il apparaît clairement que la population francophone la plus diversifiée est celle de la Colombie-Britannique, où la proportion d'immigrants atteint 13 %, chiffre supérieur au nombre de francophones nés dans la province (10 %). La Colombie-Britannique peut donc être considérée comme une province où la population francophone est en voie de pluralisation, à l'image de la majorité anglophone. La situation est différente dans les autres provinces canadiennes : à l'exception de Terre-Neuve, de l'Ontario et de l'Alberta, le taux d'immigration se situe sous la barre des 5 %.

Répartition urbaine-rurale

La répartition géographique des immigrants francophones ressemble grandement à celle de la très grande majorité des personnes qui arrivent au Canada. Selon les données du recensement de 1996, dans les grands centres urbains, les nouveaux arrivants constituent une part plus importante de la population que la population francophone dite « de souche ». L'Ontario reçoit le plus grand nombre d'immigrants de langue française s'établissant

Lieu de naissance des francophones à Toronto

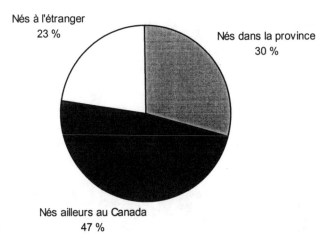

Lieu de naissance des francophones en Ontario

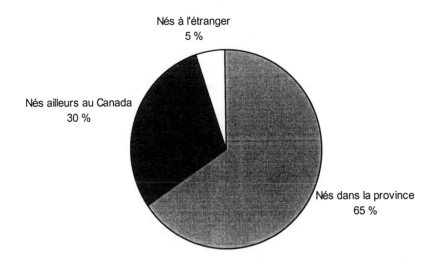

dans une communauté francophone en situation minoritaire. Ces immigrants ont tendance à s'installer à Toronto et à Ottawa. Par conséquent, la composition de la population francophone de Toronto, par exemple, diverge beaucoup de celle de la population francophone de l'Ontario dans son ensemble.

Ainsi, si à Toronto presque un francophone sur quatre (23 %) est né à l'étranger, à l'échelle provinciale, seuls 5 % des francophones sont nés à l'étranger. Grâce à une stratégie appropriée, plusieurs villes de taille moyenne pourraient attirer une plus grande proportion d'immigrants de langue française.

Immigrants francophones

Jetons maintenant un coup d'œil sur les pays d'origine des immigrants francophones. L'aspect linguistique de l'immigration s'est transformé au cours des dernières années, car les pays d'origine des nouveaux arrivants ne sont plus les mêmes. Historiquement, l'Europe a été la principale source d'immigrants francophones au Canada. Selon les données de Citoyenneté et Immigration Canada pour 2001, la majorité des immigrants francophones dont le français est la langue maternelle arrivent encore de France; cependant, comme démontre le tableau suivant, il y a de plus en plus d'immigrants francophones venant d'ailleurs, et pour qui le français n'est pas la langue maternelle.

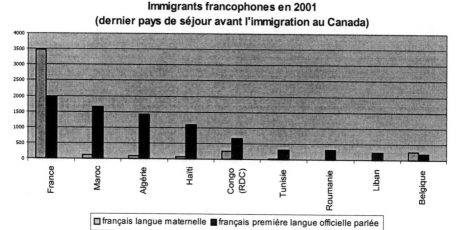

Immigrants francophones en 2001
(dernier pays de séjour avant l'immigration au Canada)

Si la tendance se poursuit ainsi, à l'avenir il y aura donc de plus en plus de francophones ayant pour langue maternelle l'arabe, le roumain ou une langue africaine. Ces derniers joueront un rôle important dans la consolidation des populations francophones du Canada.

La situation au Québec

Le Québec accueille actuellement une proportion massive (85 %) des immigrants francophones au Canada[1]. Cependant, la proportion d'immigrants au sein de la population francophone du Québec est bien au-dessous de la moyenne nationale. Au Québec, seul un francophone sur vingt est immigrant, tandis qu'au Canada un anglophone sur cinq est immigrant et chez les anglophones du Québec, un anglophone sur quatre est immigrant.

Nous pouvons tirer les conclusions suivantes de ces données :

– Il faut promouvoir l'immigration francophone vers le Québec comme vers les autres communautés francophones du Canada. Il est primordial ici de rejeter toute notion de compétition entre le Québec et les communautés francophones. Une politique d'immigration au profit des francophones dans l'ensemble du Canada requiert une collaboration et une complémentarité d'action entre Citoyenneté et Immigration Canada (CIC) et le ministère des Relations avec les citoyens et de l'Immigration du Québec (MRCI).

– Même si la communauté anglophone du Québec attire un nombre non négligeable d'immigrants, elle dépend également de ces derniers pour compenser les effets de la migration des anglophones vers d'autres provinces. En outre, inciter des immigrants anglophones à s'installer ailleurs qu'à Montréal constitue un défi important pour les communautés minoritaires anglophones en région, qui ne disposent ni des institutions ni des structures adéquates pour aider les immigrants à s'adapter à leur nouveau milieu.

Intégration et identités – trois approches

Les tendances démographiques et la composition progressivement pluraliste de la francophonie canadienne requièrent des changements majeurs dans la façon de recruter et d'intégrer les immigrants.

Une politique d'immigration réussie devra désormais conjuguer trois approches clés :

– Non seulement faut-il recruter un nombre adéquat d'immigrants francophones, mais il faut également assurer l'entière participation des communautés au processus de sélection et d'intégration des nouveaux arrivants. C'est ce que j'appelle ici le *recrutement participatif*.

– L'insertion économique est la clé d'une intégration véritable. Les moyens nécessaires doivent être mis à la disposition des communautés pour qu'elles puissent encadrer les nouveaux arrivants. C'est ce que j'appelle ici un *établissement sans secousses*.

– Une immigration réussie entraînera la croissance de la communauté minoritaire. Elle produira cependant, de part et d'autre, des changements socioculturels et identitaires. Une intégration authentique n'est possible qu'au moyen de ce que j'appelle ici une *identification réciproque*, où chacune des deux parties comprend le cheminement de l'autre.

Recrutement participatif

On trouve un bon exemple de recrutement participatif au Manitoba, où la Société franco-manitobaine (SFM) s'est associée à Citoyenneté et Immigration Canada afin d'attirer des immigrants francophones du Maroc. Comme l'a dit

Daniel Boucher, président de la SFM : « Récemment, la SFM a effectué des tournées d'information dans certains pays francophones pour informer les francophones du monde de l'existence de la Francophonie manitobaine. La tournée au Maroc en novembre 1998 a été particulièrement fructueuse : depuis, nous avons accueilli une trentaine de familles marocaines au Manitoba, au sein de notre communauté[2] ».

Établissement sans secousses

L'insertion économique s'est révélée le principal problème auquel se heurtent les immigrants anglophones et francophones lorsqu'ils arrivent au Canada. Les immigrants doivent être en mesure de transférer et de mettre à profit les compétences professionnelles et les diplômes acquis dans d'autres pays. Il faut mettre sur pied des centres d'accueil francophones disposant des moyens nécessaires pour aider les nouveaux arrivants à relever les défis que comporte leur établissement.

À titre d'exemple, l'Éducacentre, un organisme francophone de la Colombie-Britannique, aide les nouveaux arrivants à prendre contact avec les ordres professionnels et les assiste dans la recherche d'un emploi au moyen du programme *Prendre sa carrière en main*, financé par le ministère du Développement des ressources humaines du Canada (DRHC). Le centre propose des cours d'anglais et, en collaboration avec la Société de développement économique de la Colombie-Britannique, des sessions d'*Initiation à l'entrepreneuriat*, en particulier dans le secteur du tourisme. Voilà un excellent exemple de collaboration transversale à imiter !

Identification réciproque

En ce qui concerne le concept d'identification réciproque, je souhaiterais citer ici une résolution que la Fédération des communautés francophones et acadienne a adoptée dès 1990 : « Il importe pour les communautés [francophones et acadienne] que les immigrantes et immigrants, anciens et nouveaux, adhèrent de leur plein gré et sans aliénation à la caractéristique nationale fondamentale de la dualité linguistique[3] ».

L'intégration est un processus à deux sens. Tous les francophones devraient se sentir inclus dans la francophonie canadienne. Pour en arriver là, il faut que l'immigrant comprenne et respecte l'évolution et les défis de la communauté « d'accueil », et que la communauté accepte le fait que l'inclusion de nouveaux membres entraîne des changements en ce qui concerne sa propre identité collective. Il est primordial de favoriser des lieux de rencontre, notamment pour les jeunes.

Un bon exemple est celui du Groupe jeunesse à Toronto. Ce groupe encourage les jeunes francophones d'origine ethnoculturelle à s'identifier comme membres d'une minorité visible tout en développant un sentiment d'appartenance à la francophonie locale, nationale et internationale. Enfin, l'initiative qu'a prise Citoyenneté et Immigration Canada en 2002 de collaborer avec les communautés francophones dans le cadre d'un comité directeur pour élaborer des stratégies de promotion, de recrutement et d'intégration représente également un pas important dans la bonne direction.

Politique et principes : des cibles démographiques vérifiables

Compte tenu des enjeux qui ont été cernés, il importe que la politique d'immigration :

– fixe des cibles concrètes afin d'augmenter le nombre d'immigrants francophones ;

– s'attarde aux moyens d'améliorer l'accueil et l'intégration des nouveaux arrivants ;

– comprenne des mécanismes permettant d'évaluer tous les ans les progrès accomplis.

La notion de recrutement participatif que je viens de présenter exige que le processus de sélection des immigrants soit ouvert à tous ceux et celles que l'immigration touche. Par exemple, il est nécessaire que les leaders ou experts des communautés minoritaires de langue officielle participent aux missions à l'étranger afin de mieux informer les immigrants éventuels des réalités des communautés d'accueil et des ressources qui y sont disponibles. Une étroite collaboration entre les paliers fédéral, provincial et communautaire est par ailleurs essentielle. Les ententes fédérales-provinciales déjà en place doivent être exploitées de façon à faciliter ce type de collaboration.

La diversification ethnique des minorités francophones atténue progressivement l'opposition censée exister entre dualité linguistique et multiculturalisme, opposition qui devra être complètement effacée en bout de ligne. Par exemple, l'histoire, la géographie et la littérature de la francophonie canadienne et internationale devraient se refléter dans l'enseignement scolaire. À l'ère de la mondialisation, il faut développer chez les francophones du Canada un sentiment de pleine appartenance à la Francophonie internationale et aux avantages qui s'y rattachent. Il faut aussi percevoir la présence des immigrants francophones comme un lien privilégié avec cette Francophonie internationale dans toute sa diversité.

Information et recherche

En dernier lieu, je souhaiterais aborder plusieurs questions qui nous préoccupent et qui pourraient être le point de départ de nouvelles recherches notamment pour les universitaires :

– L'insertion économique étant le plus grand problème pour bon nombre de nouveaux arrivants, une étude sur une meilleure préparation de l'arrivée des immigrants francophones devient nécessaire. Faudrait-il, par exemple, envisager de courts séjours permettant à l'immigrant de s'informer en personne avant de décider d'installer toute sa famille au Canada ? Par ailleurs, des études sur le marché du travail permettraient de faire ressortir les secteurs professionnels accusant une pénurie que des immigrants francophones pourraient contribuer à amoindrir.

– Tous les organismes gouvernementaux proposent des services dans les deux langues officielles dans un certain nombre de domaines. Les immigrants francophones éprouvent-ils plus de difficulté que les francophones non immigrants à accéder à certains services gouvernementaux proposés en français, notamment au moment de leur arrivée dans leur nouveau milieu ?

– Les migrations interprovinciales des nouveaux arrivants francophones trahissent souvent des difficultés d'insertion économique. Quelles sont les motivations profondes de ces migrations ? De quelle manière peut-on améliorer les conditions d'établissement et ainsi freiner ces migrations qui contrecarrent les efforts considérables déployés par les communautés francophones et le gouvernement du Québec ?

– Les régions où la présence francophone d'origine ethnoculturelle est particulièrement marquée bénéficient d'une certaine expérience dans l'établissement du dialogue communautaire requis pour rendre la communauté plus accueillante. De quelle manière les communautés inexpérimentées face à ces nouveaux phénomènes démographiques peuvent-elles tirer parti des connaissances acquises par d'autres ?

Conclusion

De concert avec les provinces, le gouvernement fédéral doit trouver des solutions concrètes pour permettre aux communautés de langue officielle de profiter pleinement des avantages issus de l'immigration. Des directives politiques et des plans d'action visant cet objectif sont nécessaires. Étant donné l'importance qu'elle a pour notre pays, l'immigration ne doit pas se fonder uniquement sur des critères économiques. Nous devons également veiller à ce qu'elle contribue véritablement à renforcer le tissu social et linguistique du Canada.

NOTES

1. CITOYENNETÉ ET IMMIGRATION CANADA, *Connaissance du français langue officielle*, 1999.
2. Leopold KUMBAKISAKA, « Entrevue avec monsieur Daniel Boucher [page Web] », *Congo Vision 2001* [cité le 19 septembre 2001]. Voir <http://www.congovision.com/forum/boucher_int.html>.
3. Stacy CHURCHILL et Isabel KAPRIELIAN-CHURCHILL, *Facing Pluralism: The Future of Francophone and Acadian Communities in a Pluralistic Society*, Ottawa, Fédération des communautés francophones et acadienne du Canada, 1991.

SENTIMENT D'APPARTENANCE ET CONSTRUCTION DE L'IDENTITÉ CHEZ LES JEUNES FRÉQUENTANT L'ÉCOLE SAINTE-ANNE EN MILIEU FRANCOPHONE MINORITAIRE

Annie Pilote
Université Laval

L'expérience scolaire est bien plus qu'un processus par lequel les jeunes font l'apprentissage de connaissances disciplinaires. L'école est une institution qui contribue à la socialisation politique, notamment en favorisant la construction de l'identité et de la citoyenneté (Conover et Searing, 1994). L'article qui suit s'appuie sur l'idée selon laquelle la construction de l'identité passe par le développement d'un sentiment d'appartenance à divers groupes sociaux signifiants pour l'individu. C'est dans cette perspective que cet article traite du sentiment d'appartenance des jeunes en milieu francophone minoritaire. Avant d'aborder les données empiriques recueillies auprès des jeunes fréquentant l'école Sainte-Anne de Fredericton au Nouveau-Brunswick, il est essentiel de présenter quelques éléments du cadre théorique dans lequel se situe cette recherche.

Le sentiment d'appartenance, élément central du processus de construction de l'identité

La perspective constructiviste fournit le cadre général à cette recherche en attirant l'attention sur l'importance de la signification dans l'action sociale, le sens se construisant dans l'interaction sociale et étant soumis à l'interprétation selon les situations (Blumer, 1969). La socialisation politique est alors vue comme un processus qui se construit de façon singulière selon l'expérience individuelle. Chacun entre dans une situation à partir des connaissances qu'il possède à ce moment. L'interprétation que les acteurs feront des mêmes expériences est nécessairement influencée par les connaissances qu'ils possèdent au moment d'entrer en interaction et qui se modifient sous l'influence de ces rapports (Torney-Purta, 1995).

Cette perspective reconnaît le caractère *situé* de l'action sociale qui se manifeste dans la participation active aux pratiques de diverses communautés sociales (Wenger, 1998). La socialisation politique peut alors être définie comme la capacité d'agir au sein de la culture propre à un groupe : « *an ability to participate in a group's practices and to reason using its concepts and modes of discourse* » (Torney-Purta, 1995, p. 24). C'est précisément grâce à cette participation active des individus que se développe le sentiment d'appartenance et se construit l'identité. La participation à des pratiques collectives au sein de diverses communautés permet à l'individu d'orienter son action, de construire son identité et de produire de la signification pour interpréter son expérience. Au cours de ce processus, l'individu ne construit pas seulement son identité, il transforme aussi les groupes auxquels il appartient et, de cette manière, il contribue à leur construction. De ce fait, il est essentiel de se positionner du côté de l'action sociale afin de comprendre ces processus.

Le sentiment d'appartenance est abordé ici comme un élément central du processus de construction de l'identité des jeunes en situation minoritaire. Il peut être compris comme l'identification à des groupes ou à des communautés, comme « la perception d'une affinité entre l'identité et la situation d'un individu et celle d'une collectivité » (Breton, 1994, p. 59). Par exemple, cette affinité peut être perçue en fonction de caractéristiques particulières, d'une condition sociale ou de traits culturels communs à l'individu et au groupe auquel il estime appartenir. Ce groupe peut être défini en termes socio-culturels, politiques ou même économiques. Ce qui compte, c'est de reconnaître le caractère mouvant et multiple des identifications au sein de sociétés diversifiées : « le pluralisme culturel permet et même exige des appartenances et des identifications multiples et changeantes » (Breton, 1994, p. 60).

Le sentiment d'appartenance à des groupes sociaux est un concept qui permet de mettre en évidence l'articulation entre les dimensions individuelles et collectives du processus de construction de l'identité. Comme le précise Breton : « D'une part, la façon dont les individus se conçoivent eux-mêmes dépend, en partie, des caractéristiques structurelles et culturelles des groupes auxquels ils appartiennent ; d'autre part, ce qui définit le groupe – l'identité collective – est, en partie, le résultat des relations entre les individus qui en sont membres et leurs activités communes » (Breton, 1994, p. 59). Par exemple, en disant appartenir à *l'école Sainte-Anne*, un élève contribue à définir l'identité collective du groupe d'élèves de cette école. Au cours des interactions sociales qui prennent place à l'école, les jeunes communiquent principalement en français. Les caractéristiques en vertu desquelles l'élève s'identifie à ce groupe contribuent à la fois à l'identifier comme individu et à caractériser l'identité collective du groupe : *je parle français et l'école réunit des étudiants qui parlent cette langue.*

La construction de catégories est importante, car elle permet de fixer des balises qui réduisent l'incertitude liée à l'interaction sociale. Ces catégories sont construites par l'interaction humaine et chaque individu contribue à leur accorder un sens spécifique, bien qu'elles soient généralement perçues par les acteurs sociaux qui les utilisent comme ayant des propriétés « objectives » (« *taken-for-granted* » *knowledge*) (Thompson, 2001). Les êtres humains ont besoin de croire en une réalité sociale objective afin d'orienter leurs actions en fonction d'une certaine prédictibilité (Berger et Luckman, 1966). Une étude anthropologique de Lawrence Hirschfeld (1988) démontre que ceux-ci acquièrent dès l'enfance la possibilité de catégoriser l'univers social, notamment en ce qui a trait aux groupes raciaux et ethniques. Ce qui importe de reconnaître, c'est moins le contenu attribué à ces catégories que la tendance quasi universelle à voir le monde social sous l'angle de groupes discriminants et dotés de frontières. La construction de catégories (ou *typification*) permet donc de structurer l'interaction en s'identifiant soi-même et en identifiant les autres.

Selon Dubar (1996), les catégories servant à identifier les autres et à s'identifier au cours de la construction sociale de la réalité varient selon les espaces d'interaction et les trajectoires particulières des individus. Certaines de ces catégories acquièrent une légitimité avec le temps, mais cela ne signifie pas qu'elles soient immuables. Non seulement l'individu va puiser dans un stock d'identités disponibles en fonction de sa trajectoire personnelle, mais les catégories identitaires auxquelles il a accès, et leur signification, sont elles-mêmes en mouvement. Il faut donc éviter de voir la construction identitaire comme un processus d'étiquetage d'identités préconstruites mais plutôt comme un processus dynamique fondé sur des relations sociales.

Démarche méthodologique

Les données sur le sentiment d'appartenance présentées dans cet article proviennent d'une recherche sur le terrain effectuée au centre scolaire communautaire Sainte-Anne de Fredericton à l'automne 2001. Capitale du Nouveau-Brunswick, Fredericton est un milieu principalement anglophone, bien qu'elle desserve une population bilingue. La communauté francophone y gravite autour du centre communautaire Sainte-Anne, qui est au cœur de la vie culturelle française à Fredericton. En septembre 2001, l'école Sainte-Anne, qui partage les locaux du centre communautaire, réunissait 949 élèves (dont 295 au niveau secondaire).

La stratégie méthodologique utilisée s'inscrit dans une approche ethnosociologique (Lapassade, 1991) fondée sur les principes du constructivisme social ; celle-ci tire ses sources de l'anthropologie et de la sociologie développée par l'École de Chicago au XXᵉ siècle. Cette approche est fondée non seulement sur des méthodes de terrain dans la cueillette des données (*ethnographie*) (Malinowski, 1989), mais aussi sur une manière de pratiquer la sociologie qui s'oppose aux grands canons de la recherche dite positiviste. L'ethnosociologie est caractérisée par le souci de comprendre « de l'intérieur » les réalités culturelles propres à des groupes spécifiques. Il s'agit, selon Bertaux, « de comprendre comment [un objet *social*] fonctionne et comment il se transforme, en mettant l'accent sur les configurations de rapports sociaux, les mécanismes, les processus, les logiques d'action qui le caractérisent » (1997, p. 7).

La stratégie méthodologique comprend de l'observation (plus ou moins participative selon les situations), une recherche documentaire, des entretiens semi-dirigés individuels et de groupes, des schémas d'appartenance et des renseignements personnels recueillis auprès des participants. Les données présentées proviennent principalement des 74 schémas d'appartenance réalisés par des jeunes de 14 à 18 ans (de la 9e à la 12e année du secondaire). La consigne indiquait aux jeunes d'illustrer les groupes auxquels ils estimaient appartenir, des plus précis (par exemple, les amis) aux plus larges (par exemple, le pays). Les schémas ont ensuite été dépouillés de façon à dégager les catégories d'appartenance les plus significatives pour les jeunes interrogés. Ces schémas ont aussi servi de point d'ancrage pour les entretiens individuels. Bien que ces entretiens n'aient pas encore fait l'objet d'une analyse systématique, ils permettent de donner un sens aux données contenues dans les schémas d'appartenance.

Portrait des jeunes du secondaire selon leur sentiment d'appartenance

Les résultats provenant des schémas d'appartenance ont permis de produire un portrait des principaux groupes d'appartenance des jeunes fréquentant le niveau secondaire de l'école Sainte-Anne à Fredericton. Les grandes catégories relevées sont : 1) la famille ; 2) les amis ; 3) l'école ; 4) les domaines de participation sociale (sports, loisirs, travail, etc.) ; 5) les communautés politiques et culturelles.

Au-delà de ces grandes catégories, les jeunes tenaient à réaliser une image de soi qui corresponde à leur réalité et qui tienne compte de leur individualité, par exemple en se disant « *fière d'être qui je suis* ». Une participante a explicité la relation entre son identité personnelle et les groupes auxquels elle appartient de la façon suivante : « *un groupe t'accepte et te fait sentir bien dans ta peau. Ça t'aide à te retrouver et te compléter [...] en complétant le groupe, je me complète* ». Dans d'autres cas, le schéma d'appartenance est une façon d'exprimer sa « marginalité » laquelle peut être comprise non comme un rejet du social mais comme des modes d'appartenance qui se distinguent de ce qui est perçu comme la norme dominante. Par exemple, un jeune exprime son appartenance comme suit (selon l'ordre d'importance des différents groupes) : « *1) fumeur de drogue ; 2) prends pas l'école au sérieux ; 3) joueur de « hacky-sac » ; 4) skateboard ; 5) toujours en retard ; 6) bois la fin de semaine ; 7) entraînement musculaire* ».

L'appartenance à la famille

La famille est l'une des principales catégories d'appartenance mentionnée par la majorité des jeunes (58 sur 74). Certains ne mentionnaient que la famille proche alors que d'autres rattachaient leur appartenance à la famille élargie (comme la parenté ou la famille au loin), faisant ainsi référence à l'inscription dans une lignée familiale. Malgré la quête d'autonomie souvent présente à l'adolescence, les jeunes n'hésitaient pas à se dire membres d'une famille. Par exemple, cette étudiante de 17 ans précisait dans son schéma : « *Il y a ma famille, je [ne] les vois jamais, mais je dois appartenir car je suis [de] leur sang* ». En entretien individuel, lorsqu'on leur demandait d'expliciter leur schéma d'appartenance, plusieurs précisaient que la famille était le groupe le plus important pour eux. La famille est aussi importante car elle est le lieu de l'authenticité ; dans la famille je peux être moi-même en dehors de toutes pressions sociales : « *ma famille, me support[e] pour tou[tes] mes idées* ». Ces résultats sont intéressants dans la mesure où la famille contribue à la construction de l'identité, notamment par les habitudes linguistiques à la maison et la décision d'inscrire les enfants à l'école française.

L'appartenance à un groupe d'amis

Il n'est pas étonnant que les amis soient parmi les principaux groupes d'appartenance identifiés. Il est cependant intéressant de noter les différences entre les niveaux d'importance des divers groupes d'amis, par exemple le *chum* ou la *blonde* n'a pas la même signification que les meilleurs amis ou les copains de classe. Les jeunes expriment leur appartenance par la similitude avec des amis qui partagent le plus d'éléments en commun (par exemple, les intérêts, les loisirs, etc.) et par la différence avec ceux qui partagent moins d'éléments et qui sont davantage des groupes périphériques (par exemple, ceux qui fréquentent la même école). Ces distinctions entre les divers groupes d'amis indiquent que certains ont une plus grande influence que d'autres sur le processus de construction de l'identité. L'analyse de la construction de l'identité doit nécessairement prendre en considération les relations au sein du réseau d'amis.

En outre, les habitudes linguistiques avec les amis sont révélatrices de la réalité complexe vécue par les jeunes en milieu minoritaire. Si la majorité (66 sur 76) affirment s'exprimer surtout en français à l'école, très peu affirment s'exprimer ainsi avec les amis (10 sur 75). Dans la majorité des cas, les jeunes estiment communiquer avec les amis en anglais (35 sur 75) ou en français et en anglais (30 sur 75). C'est dans les habitudes de communication avec les amis que la présence de l'anglais est la plus forte. Compte tenu de l'importance des amis dans la vie des jeunes, il est essentiel de comprendre davantage comment ces habitudes de communication interviennent dans le processus de construction de leur identité.

L'appartenance à une école

Les différentes données montrent également que l'appartenance à l'école est très forte chez les jeunes fréquentant l'école Sainte-Anne. Les observations de terrain, les entretiens, un sondage réalisé auprès des élèves et l'explicitation des schémas d'appartenance viennent appuyer ce constat. Non seulement l'école est-elle le groupe indiqué le plus souvent dans les schémas (148 références), mais l'ensemble des données révèle, sous différentes formes, un attachement émotif à l'école et une fierté d'appartenance à celle-ci. En plus de l'appartenance à l'école dans son ensemble, les jeunes ont mentionné, entre autres, leurs classes, les amis à l'école, les divers comités de l'école et les sports qu'ils pratiquaient. Certes, plusieurs indiquent que la fréquentation d'une école de petite taille a ses limites, mais la majorité soutient que la chaleur des relations (entre étudiants, avec le corps professoral, etc.) est un avantage de la plus grande importance. Bien qu'elle offre davantage d'options (choix de cours et d'activités), l'école anglaise fournit peu d'attrait pour les jeunes rencontrés au cours de cette recherche[1].

Le sentiment d'appartenance à l'école française est particulièrement important en milieu minoritaire. À Fredericton, l'école est le principal milieu de vie francophone autre que la maison (bien que pour certains, l'école soit le seul endroit où le français occupe la place centrale). L'école procure à la langue française un milieu d'utilisation et une pertinence sociale. En plus d'offrir l'instruction en français, l'école permet aux jeunes de participer à diverses activités sportives, culturelles et sociales en français. Elle permet aussi de développer des relations sociales pleines de sens, dans lesquelles le français est un mode de communication possible et fréquent. Les finissants (12e année) sont particulièrement conscients de cette réalité et plusieurs admettent avec regret qu'une fois diplômés, ils n'auront plus l'occasion de parler français aussi fréquemment. Dans ce sens, l'école joue un rôle déterminant dans la construction de l'identité des jeunes en milieu francophone minoritaire.

L'appartenance par la participation sociale

L'appartenance s'exprime aussi dans la participation des activités avec d'autres, notamment dans les domaines du sport, des loisirs, du travail ou dans d'autres activités significatives pour les jeunes. Parmi ceux qui occupaient un emploi, plusieurs ont indiqué le travail comme groupe d'appartenance. Ce domaine est particulier dans la mesure où l'activité s'effectue presque exclusivement en anglais. Les jeunes acceptent de se plier aux lois de la majorité et de travailler en anglais. Par contre, certains ont mentionné ressentir beaucoup de fierté lorsqu'ils étaient appelés à offrir un service en français. Sur le marché du travail, la connaissance du français est vue davantage comme un atout que comme un mode d'exclusion sociale. Dans ce sens, la maîtrise du français est perçue comme une compétence importante pour améliorer l'intégration professionnelle.

Pour les jeunes qui ont participé à cette recherche, les sports – notamment les sports d'équipe – ont une grande importance, tant à l'école qu'à l'extérieur de l'école. Les autres loisirs des jeunes, structurés ou non, occupent aussi une grande place. Parmi ceux-ci, on ne doit pas sous-estimer l'importance des activités « informelles », telles que les rencontres sociales entre amis (« *party* »), les groupes de discussion sur Internet (« *les amis sur le chat* »), etc. Chacun choisit de poursuivre des activités pleines de sens pour lui et qui lui procurent du plaisir. À ce titre, les interactions qui ont lieu au cours de ces activités ont une influence certaine sur la construction de l'identité des jeunes. Il est donc essentiel de considérer cette grande diversité d'activités dans le processus de construction de l'identité et non seulement celles qui s'inscrivent au sein d'institutions comme la famille ou l'école.

L'appartenance à une communauté politique, culturelle ou religieuse

Enfin, la dernière catégorie d'appartenance dégagée fait référence à l'identité collective dans les domaines politique, culturel et religieux. Les jeunes semblent moins s'identifier spontanément à de grandes collectivités *abstraites* (comme une communauté politique), basées sur des relations indirectes, qu'à des groupes fondés sur les relations face à face. Cependant, plusieurs ont mentionné appartenir à un pays, à une province, à une région, etc. D'autres, moins nombreux, ont précisé appartenir à un groupe culturel francophone ou acadien. Au cours des entretiens, les jeunes discutaient plus facilement de leur identité (ou appartenance) culturelle. De toute évidence, tous s'étaient livrés à une réflexion sur leur identité culturelle et sur leur situation en tant que membres d'un groupe minoritaire, même s'ils ne se présentaient pas spontanément sous cet angle. Pour plusieurs d'entre eux toutefois, le terme « *bilingue* » semblait correspondre davantage à leur réalité que celui de « *francophone* ». Finalement, l'appartenance à une communauté fondée sur une religion commune est pertinente pour bon nombre de jeunes, que celle-ci soit perçue comme une inscription dans une continuité historique et sociale ou vue sous l'angle d'une participation active et régulière.

Les catégories d'appartenance : une étape pour comprendre la construction de l'identité

Cet article a posé les fondements théoriques d'une recherche sur la construction de l'identité des jeunes en milieu francophone minoritaire. L'approche constructiviste caractérise la démarche d'ensemble. De façon plus particulière, le sentiment d'appartenance permet de mettre en relation la participation des jeunes à des groupes sociaux particuliers et la construction de leur identité.

La recherche sur le terrain a permis de recueillir des données sur le sentiment d'appartenance des jeunes fréquentant l'école Sainte-Anne à Fredericton. L'analyse des schémas d'appartenance réalisés par ces jeunes a fait ressortir les catégories d'appartenance suivantes : 1) la famille ; 2) les amis ; 3) l'école ; 4) les domaines de participation à la vie sociale (sports, loisirs, travail, etc.) ; 5) les communautés politiques et culturelles. Ces catégories permettent de poser des bases pour comprendre comment les jeunes construisent, de façon dynamique, leur identité.

La seule mise en évidence de ces catégories n'est évidemment pas suffisante pour comprendre le phénomène complexe de la manifestation et de la construction de l'identité. Ces catégories permettent cependant de cerner les domaines d'activités et de relations qui ont le plus de sens pour les jeunes. La compréhension du processus identitaire passe nécessairement par l'analyse des interactions et de la dynamique qui animent ces différents domaines identitaires chez les jeunes en milieu francophone minoritaire.

BIBLIOGRAPHIE

BERGER, Peter et Thomas LUCKMAN (1966), *The Social Construction of Reality*, New York, Penguin.

BERTAUX, Daniel (1997), *Les récits de vie : perspective ethnosociologique*, Paris, Nathan.

BRETON, Raymond (1994), « Modalités d'appartenance aux francophonies minoritaires », *Sociologie et sociétés*, vol. 26, n° 1, p. 59-69.

BLUMER, Herbert (1969), *Symbolic Interactionism : Perspective and Method*, Englewood Cliffs, Prentice-Hall.

CONOVER, Pamela Johnston et Donald D. SEARING (1994), « Democracy, citizenship and the study of political socialization », dans Ian BUDGE et David McKAY (dir.), *Developing Democracy*, London, Sage.

DUBAR, Claude (1996), *La socialisation : construction des identités sociales et professionnelles*, Paris, Armand Colin.

HIRSCHFELD, Lawrence A. (1988), « On acquiring social categories : cognitive development and anthropological wisdom », *Man*, n° 23, p. 611-638.

LAPASSADE, Georges (1991), *L'ethnosociologie : les sources anglo-saxonnes*, Paris, Méridiens Klincksieck.

MALINOWSKI, Bronislaw (1989), *Les Argonautes du Pacifique occidental*, traduit de l'anglais par André et Simonne Devyver, Paris, Gallimard.

THOMPSON, Andrew (2001), « Nations, national identities and human agency : putting people back into nations », *The Sociological Review*, vol. 49, n° 1, p. 18-32.

TORNEY-PURTA, Judith (1995), « Psychological theory as a basis for political socialization research : individuals' construction of knowledge », *Perspectives on Political Science*, vol. 24, n° 1, p. 23-33.

WENGER, Etienne (1998), *Communities of Practice : Learning, Meaning and Identity*, Cambridge, Cambridge University Press.

NOTE

1. Il faut cependant noter qu'il n'a pas été possible de rencontrer des jeunes qui avaient choisi de quitter l'école Sainte-Anne au profit d'une école anglaise. Des entretiens avec des jeunes qui ont fait le choix de fréquenter une école anglaise (ou dont les parents ont fait le choix d'y envoyer leurs enfants) seraient essentiels pour mieux comprendre ce phénomène.

LES ÉTUDES DE COMMUNAUTÉS EN MILIEU FRANCOPHONE URBAIN MINORITAIRE : LES CAS DE SAINT-JEAN ET DE FREDERICTON

Greg Allain
Université de Moncton

Il existe un certain nombre d'analyses sociologiques de la société acadienne : on trouvera une périodisation de ces lectures et une comparaison de leur contenu dans Allain, McKee-Allain et Thériault (1993)[1]. Les études de communautés acadiennes sont plus rares, et les travaux comparatifs le sont encore plus, en Acadie comme ailleurs. Nous voulons ici tenter de commencer à combler ces lacunes. Avant d'aborder la comparaison de nos deux études de cas dans des communautés francophones minoritaires urbaines au Nouveau-Brunswick, il convient de les situer dans le contexte plus large des recherches sur les communautés, en sociologie.

La tradition des recherches sociologiques sur les communautés

Les études de communautés représentent une longue et riche tradition en sociologie, sans compter la production imposante sur le sujet dans les disciplines connexes que sont l'ethnologie et l'anthropologie. Il faut se rappeler que le concept de communauté fut l'une des idées-maîtresses de la sociologie naissante au XIXe siècle (Nisbet, 1966)[2]. Que ce soit Marx, Durkheim ou Weber, tous les « pères » de la discipline en ont fait un élément clé de leur pensée. Mais c'est le sociologue allemand Ferdinand Tönnies qui allait donner l'élan à toute une tradition de recherche, par suite de la publication de son livre célèbre en 1887, où il oppose la *Gemeinschaft* (communauté) à la *Gesellschaft* (société)[3], la première se caractérisant par des relations chaleureuses entre membres d'un petit groupe qui partagent une culture et une appartenance commune, alors que la seconde donne lieu à des relations plus froides, impersonnelles, contractuelles, entre gens vivant dans des ensembles sociaux plus vastes, dans un contexte de modernité et d'urbanité.

Les études de communautés débutent en fait autour du milieu du XIXe siècle en Europe, dans le contexte du capitalisme libéral qui s'imposait comme nouveau système économique (Dion, 1998). Les États-Unis emboîtent le pas au XXe siècle, avec les travaux notamment de Robert Park et de l'École de Chicago dans les années 1920 et 1930 (Stein, 1960). Parmi les autres recherches devenues par la suite classiques, mentionnons les deux livres consacrés à « Middletown » (la petite ville de Muncie, Indiana) par Robert et Helen Lynd (1929, 1937), et le vaste chantier de recherche inauguré en 1930 par W. Lloyd

Warner et ses collègues sur la petite ville de Newburyport, Massachusetts, qu'ils appelèrent « Yankee City » (Warner, 1963) : si la cueillette des données dans ce cas a duré cinq ans, leur dépouillement en aura pris vingt (Dion, 1998) et donna lieu à la publication de quatre ouvrages entre 1941 et 1963. En 1937, le sociologue William H. Whyte entreprend l'étude d'un quartier populaire de Chicago : la publication de ses travaux en 1943 dans *Street Corner Society*, qui deviendra lui aussi rapidement un classique, démontre que des communautés peuvent fleurir même dans les grandes villes, censées être impersonnelles et aliénantes, découverte qui sera confirmée par l'étude de Herbert Gans d'un quartier ouvrier italien de Boston (*The Urban Villagers*, 1962).

Les années 1950 et 1960 verront fleurir toute une littérature sur les communautés aux États-Unis : mentionnons à titre d'exemples la recherche de Vidich et Bensman (1958) sur la petite ville de Springdale (New York)[4], ainsi que l'ouvrage théorique marquant de Robert Nisbet, *The Quest for Community*, publié en 1953. Au cours des années 1960 apparaîtront plusieurs ouvrages-synthèses importants, comme ceux de Stein (1960), de Warren (1963) et de Vidich, Bensman et Stein (1964)[5].

Au Canada également, il existe une longue tradition de recherche sur les communautés : parmi les précurseurs, pensons aux études de Horace Miner (1939), sur Saint-Denis-de-Kamouraska, d'Everett Hughes (1943), sur Cantonville (Drummondville) et de Seeley, Sim et Loosley (1956), sur une banlieue de Toronto. D'autres suivront, trop nombreuses pour les énumérer ici[6], mais signalons qu'au cours des années 1970, la maison d'édition Holt, Rinehart & Winston of Canada inaugurait une collection de monographies intitulée « Cultures and Communities », qui donnera lieu à toute une série d'études de communautés : mentionnons notamment la recherche de Sinclair et Westhues (1974) sur « Fringetown », celle de Jackson (1975) sur Tecumseh, et le bel ouvrage de Gerald Gold (1975) sur Saint-Pascal. Enfin, notons l'excellente monographie de Clairmont (1974) sur un quartier noir de Halifax qui disparut à la suite d'une vaste opération de rénovation urbaine au cours des années 1960.

Bien sûr, la notion de communauté a changé au fil des ans et des recherches. Si au début on la voyait surtout comme une enclave autosuffisante, un refuge abritant les « vraies » valeurs et les relations sociales personnalisées de la société traditionnelle, à l'intérieur d'une société de masse caractérisée par l'anonymat des grandes villes, on a fini par constater[7] que la communauté n'était pas une entité fermée, imperméable aux influences du monde extérieur. Elle est au contraire un système ouvert et marqué par les structures politiques, économiques, scolaires, culturelles et médiatiques externes. Les membres de la communauté peuvent encore éprouver un sentiment commun d'appartenance, mais leurs allégeances sont de plus en plus multiples, car ils participent aussi à des réseaux professionnels, économiques et sociaux externes. Ce qui fait dire à Warren qu' « entre la conception romantique de la communauté comme point d'ancrage de toute relation sociale porteuse de sens et la notion de société de masse déterritorialisée, il doit y avoir un vaste champ intermédiaire pour la recherche ». Et l'auteur de paraphraser le célèbre mot de l'humoriste américain Mark Twain : « La mort de la communauté a été grandement exagérée ! ». Bref, « la communauté s'est transformée, mais elle est loin d'être morte » (Warren, 1972, p. 408 ; nous traduisons).

À compter des années 1970, les chercheurs sont devenus plus sensibles aux questions éthiques et méthodologiques (Dion, 1998). On sait par exemple que la grande force des études de cas est leur capacité d'étudier un phénomène en profondeur (à la différence des recherches surtout quantitatives). Par contre, certains ont remis en question leur représentativité et la possibilité d'en généraliser les résultats (Gauthier, 1997, p. 131-132 ; Jackson, 1999, p. 153-154). Pour parer à ces lacunes, diverses solutions ont été repérées, dont le recours à la triangulation – soit l'utilisation de multiples techniques de collecte de données (Hessler, 1992, p. 197) – et à des analyses comparatives, deux voies que nous empruntons dans nos recherches présentées ici.

On aurait pu croire que l'avènement de la mondialisation depuis une vingtaine d'années aurait sonné le glas de la communauté comme nous l'avons connue. Qu'à cela ne tienne, l'essor des flux et des échanges transnationaux de toutes sortes recelait un paradoxe, une face cachée : loin de réussir à imposer une homogénéisation des cultures et des sociétés, la mondialisation semble renforcer en quelque sorte un pôle inverse, celui des cultures et des identités locales, communautaires, régionales. Le slogan de la nouvelle génération d'environnementalistes – « Pensons globalement mais agissons localement » – peut être vu comme une manifestation de ce phénomène. Le sociologue américain Roland Robertson fait remarquer que

> tout en comprimant les cultures, les communautés nationales, les groupes ethniques et les groupes d'intérêt, la mondialisation les amène paradoxalement à affirmer le contenu de leur configuration identitaire propre et à se doter des moyens de cette affirmation sur la place publique. La mondialisation se manifeste surtout comme un phénomène socioculturel qui s'exprime dans la construction institutionnalisée de l'individu, dans la célébration de l'identité subjective et dans l'expression de diverses formes d'identifications personnelles et collectives minoritaires (Robertson, 1992, cité dans Salée, 1996, p. 107).

De nombreux autres textes abondent dans le même sens, dont ceux de Mercure (2001b) et d'Hervieu-Léger (2001), entre autres[8]. Comme le sociologue français Edgar Morin (2001, p. 196-197) se plaît à le souligner : « La planète n'est pas un système global. La planète n'est pas une communauté réelle […] On ne sait pas s'il y aura une société mondiale ». Ce qui existe, selon lui, ce sont des sociétés-nations, les communautés réelles formées de personnes humaines. Il semble donc qu'il y ait un avenir pour les études de communautés dans un contexte de plus en plus mondialisé : si les études classiques ont pu montrer, comme dans la recherche de Vidich et Bensman sur Springdale, l'importance grandissante pour les communautés des liens externes (surtout nationaux), les tendances récentes nous incitent à inclure, quand cela est pertinent, les liens transnationaux.

La recherche sur les communautés francophones minoritaires en milieu urbain

Nous avons remarqué il y a quelques années une carence dans la littérature sur les francophonies minoritaires en milieu urbain : ces dernières, en effet, à la différence des communautés rurales souvent homogènes, doivent composer avec un environnement majoritairement anglophone et, parfois, hostile (du moins dans le passé), dans lequel elles doivent tenter de se développer comme collectivité. Les dynamiques sont très différentes ! Or peu de chercheurs se sont penchés jusqu'ici sur ce type particulier de communauté, qui risque de devenir de plus en plus la norme dans le contexte de disparités régionales persistantes et de croissance continue des centres urbains, à tout le moins de ceux dont l'économie est florissante[9].

Parmi les quelques recherches canadiennes sur les francophonies urbaines figurent celle de Cardinal, Lapointe et Thériault (1988) sur Welland, la réédition en 1988 de l'étude de Jackson (1975) sur Tecumseh, en banlieue de Windsor, et la monographie de Rayside (1991) sur Alexandria, trois localités situées en Ontario. Stebbins (1994) publiait ensuite le résultat de ses travaux sur les francophones de Calgary. Enfin, plus près de nous, Poissant (2001) nous livre un pan de sa recherche sur un quartier ouvrier francophone de Moncton, Parkton, la seule à porter sur une communauté acadienne[10].

C'est donc pour commencer à combler cette lacune perçue dans la littérature[11] et ajouter de nouvelles données au corpus existant que nous entreprenions, il y a quelques années, une recherche d'envergure sur la communauté francophone de Saint-Jean (Nouveau-Brunswick), dont les résultats ont été publiés (Allain et Basque, 2001). Sur le plan méthodologique, le volet sociologique de la recherche[12] se fondait sur les informations recueillies lors de 31 entrevues en profondeur avec des informateurs et informatrices clés, sur l'analyse de contenu d'une masse importante de documents écrits (comme entre autres les rapports annuels du Conseil communautaire, ceux des nombreux organismes affiliés, les bulletins d'information et les dossiers de presse, etc.) et sur les séances d'observation participante lors d'activités majeures de la communauté. C'est ainsi que nous avons visé à atteindre la triangulation évoquée tantôt : comme chaque technique de collecte de données en sciences sociales comporte des avantages et des points d'ombre, en raison du caractère spécialisé de ces outils, le moyen de parvenir à des connaissances fiables et valides consiste à faire appel, quand cela est possible, à plusieurs de ces techniques au cours d'une même étude. C'est précisément ce que nous avons cherché à faire.

Au printemps 2002, les deux auteurs ont entrepris une nouvelle recherche, cette fois sur la communauté francophone et acadienne de Fredericton. Le format adopté correspond dans l'ensemble à celui de l'étude sur la communauté francophone de Saint-Jean : un volet sociologique par le présent auteur, et un volet historique par l'historien Maurice Basque. Des méthodes de collecte de données semblables sont utilisées. Un livre faisant état des résultats de l'exercice doit paraître à l'automne 2003.

L'analyse comparative[13] présentée ici représente un pari, puisqu'elle s'appuie sur une recherche terminée (Saint-Jean) et sur une recherche en cours (Fredericton), bref sur des résultats finaux dans le premier cas mais sur des données préliminaires, donc fragmentaires, dans le second[14]. Ce qui signifie que certains aspects de la comparaison entre les deux cas pourraient être amenés à changer ou à faire l'objet de précisions et de nuances, lorsque l'ensemble des informations sur Fredericton aura été recueilli. Les données déjà amassées dans ce deuxième cas devraient cependant nous permettre d'effectuer une première comparaison entre les deux communautés.

Les communautés francophones urbaines de Saint-Jean et de Fredericton : convergence ou divergence ?

Au moment d'amorcer cette démarche comparative, nous pensions que les différences l'emporteraient sur les ressemblances, tant les deux villes font contraste. Le cheminement des deux communautés francophones nous incite cependant à conclure que les ressemblances l'emportent de loin sur les différences.

Commençons d'abord par les dissemblances entre les deux milieux urbains. Les deux villes ne sont pas de la même taille : Saint-Jean a toujours été la métropole provinciale; elle est une région métropolitaine de recensement (la seule au Nouveau-Brunswick) et compte en 2001 une population de 122 678 personnes (une baisse de 2,4 % par rapport à 1996). La ville de Fredericton a toujours été plus petite : il s'agit d'une agglomération de recensement, qui comptait 81 346 habitants en 2001, soit une hausse de 3 % par rapport à 1996. Une taille différente, donc, ainsi qu'une croissance différentielle de population : Fredericton en hausse ; Saint-Jean en déclin. Cette dernière tendance est étroitement liée à l'autre différence majeure : la structure des économies respectives. Saint-Jean est depuis longtemps connue comme « le centre manufacturier des Maritimes » (De Benedetti, 1994, p. 207). C'est là que se trouvent entre autres les grandes entreprises industrielles de l'empire familial Irving : la raffinerie de pétrole (la plus grande à l'est de l'Ontario), les chantiers navals, les usines de pâtes et papiers, etc. Dans son texte sur Saint-Jean, De Benedetti dresse la liste d'un échantillon de 43 compagnies Irving ayant pignon sur rue dans la ville[15]... (p. 225). On y trouve une main-d'œuvre composée surtout de cols bleus, malgré l'augmentation du nombre d'employés dans le secteur des services, par suite de l'arrivée de gros centres d'appels comme ceux d'Air Canada et de Xerox depuis le milieu des années 1990. À l'opposé, Fredericton est la capitale provinciale où prédominent les services et, par conséquent, les cols blancs : au nombre imposant de fonctionnaires s'ajoutent les professeurs et gestionnaires de ses deux universités anglophones, le personnel de l'hôpital régional et les travailleurs du nouveau secteur de haute technologie établi au cours des dix dernières années (De Benedetti, 1994, p. 249). Une statistique permettra d'illustrer le contraste à cet égard entre les deux villes : selon le recensement de 1991, 14,9 % de la main-d'œuvre de Saint-Jean travaillait dans le secteur manufacturier, contre 4,3 % à Fredericton; à l'inverse, cette dernière comptait 17,1 % de sa main-d'œuvre en administration publique, contre 7,1 % à Saint-Jean (p. 251). Évidemment, pareille dissimilitude entraîne d'autres contrastes importants sur le plan de la scolarité et des revenus, pour ne nommer que ceux-là.

Bref, un premier coup d'œil sur les différences frappantes entre les deux villes laissait entrevoir des résultats différenciés au terme de l'analyse comparative des communautés francophones de ces milieux urbains. Or, au point où nous en sommes dans l'étude des francophones de Fredericton, force est de reconnaître que les ressemblances l'emportent facilement sur les différences, ce qui tend à démontrer que les cheminements de ces deux communautés minoritaires ont beaucoup plus en commun que les régions urbaines dont elles font partie. Quels sont donc ces points de convergence ? Nous en relèverons trois principaux.

Deux communautés francophones de taille semblable

En dépit de la différence dans la taille de la population des deux centres urbains, l'importance des communautés francophones s'avère aujourd'hui assez semblable : d'après le recensement du Canada, en 1961, celle de Saint-Jean comptait 3 850 personnes de langue maternelle française (3,8 % de la population métropolitaine), contre 2 100 à Fredericton, ce qui représentait 3,6 % de la population. Trente-cinq ans plus tard, en 1996, les francophones étaient au nombre de 5 220 à Saint-Jean (4 % de la population), alors qu'ils atteignaient 5 400 (8,3 % de la population) à Fredericton. Il est évident que les deux communautés ont connu une importante croissance de leurs effectifs pendant cette période (de 35,6 % et 157 %, respectivement), mais l'augmentation beaucoup plus forte à Fredericton a permis à la population francophone de la capitale de dépasser celle de Saint-Jean, qui dominait largement au début des années 1960. La plus grande partie de la croissance à Fredericton est attribuable à l'essor fulgurant des effectifs de la fonction publique, particulièrement à la suite des réformes Robichaud des années 1960 : entre 1960 et 1970 (et surtout de 1965 à 1970), le nombre de fonctionnaires dans la province « a plus que doublé, passant de 2 908 postes à 6 767 postes » (Bouchard et Vézina, 2001, p. 63). La progression a continué sous les gouvernements qui ont suivi, de sorte que la fonction publique comptait, en 1990, plus de 11 000 employés. Ces chiffres valent pour l'ensemble de la province, mais on sait que la plus grande concentration de fonctionnaires se trouve dans la capitale. Par ailleurs, bien que ces statistiques ne fassent pas de distinction pas selon la langue, on sait que le nombre de fonctionnaires francophones a considérablement augmenté à partir des années 1960, par suite de l'élection du premier premier ministre acadien et de la promulgation en 1969 de la Loi sur les langues officielles, qui a fait du Nouveau-Brunswick la première (et toujours la seule) province bilingue au Canada[16]. En 1981, le gouvernement conservateur de Richard Hatfield votait la loi 88 qui reconnaissait l'égalité des deux communautés linguistiques de la province. Les dispositions de cette loi seront enchâssées dans la Constitution canadienne en 1993.

La principale source de l'accroissement supérieur de la communauté francophone de Fredericton est donc évidente : il s'agit du grand nombre de francophones qui sont venus (avec leur famille) occuper des postes dans la fonction publique de la capitale au cours d'une période où ce secteur connaissait une forte croissance et où les francophones étaient en demande afin d'assurer des services bilingues dorénavant requis par la loi.

Un cheminement très semblable

À quelques années d'intervalle, les deux communautés ont adopté un parcours très similaire. Celle de Fredericton a fait figure de pionnière à cet égard, probablement à cause de sa composition : puisqu'il s'agit de la capitale, sa population, plus scolarisée, détient des postes de commande dans l'appareil gouvernemental provincial.

Les luttes pour une école française

Tant à Fredericton qu'à Saint-Jean, c'est le dossier scolaire qui a servi de catalyseur dans les premières luttes de la communauté, après une longue période de relative invisibilité. À Fredericton[17], en mars 1958, une vingtaine de fonctionnaires acadiens se réunissent au centre-ville pour jeter les bases d'un organisme qui allait jouer un rôle clé dans la plupart des dossiers de la communauté francophone pendant un quart de siècle : le Cercle français[18]. Ce dernier est d'abord un club social qui organise des conférences, des dîners-causeries, des visionnements de films français ainsi que des activités sportives pour les francophones de Fredericton. Très tôt il assume une deuxième fonction qui s'avérera importante, celle de groupe de pression pour l'obtention de services en français dans la capitale provinciale : une école française, des messes dominicales dans la langue de Molière, la radio et la télévision en français et, plus tard, un Centre communautaire francophone (sans compter la mise sur pied en 1963 d'un Club Richelieu et, en 1965, d'un Foyer-école) (Poirier et Thériault, 1988, p. 7-8, 19).

Mais revenons à la question de l'école française. Rappelons qu'entre 1960 et 1970, le gouvernement du Nouveau-Brunswick est dirigé par le premier ministre Louis Robichaud, premier Acadien à être élu à ce poste. Son Cabinet compte parmi ses ministres plus de 50 % de francophones. Voilà qui a de quoi créer un nouveau contexte, plus favorable aux francophones, dans la ville de Fredericton. En 1961, le Cercle français crée un comité sur l'éducation chargé d'analyser la situation. Celui-ci effectue une enquête auprès de 250 familles acadiennes de la capitale, afin de connaître leurs besoins en matière scolaire.

Forts des résultats positifs, les membres du comité demandent en février 1964 au Conseil scolaire 26 (anglophone) de fournir des classes en français. Dix longs mois plus tard, la réponse – négative – leur parvient. À deux reprises, en février et en juin 1965, le comité réitère ses demandes, sans plus de succès. Devant ces refus catégoriques, le comité décide de prendre l'initiative de fonder une école privée, L'école primaire bilingue de Fredericton Inc. Des collectes de fonds dans la communauté et à l'extérieur[19] permettent de mettre l'école sur pied et, en juillet 1965, naît la première commission scolaire francophone de Fredericton. D'abord logée dans un local de l'ancien immeuble des Chevaliers de Colomb, l'école accueille en septembre 1965 deux classes de jeunes et le recrutement s'annonce prometteur, mais à peine deux ans plus tard, elle doit déménager à cause de la démolition de l'édifice vétuste pour faire place à une nouvelle église. De nouvelles démarches s'imposent pour trouver un local. Le gouvernement provincial tend l'oreille[20] et, finalement, on offre à la communauté l'une des casernes militaires désaffectées qui datent de la Seconde Guerre mondiale. Les casernes étaient sises sur l'emplacement de l'église du village historique acadien de la Pointe Sainte-Anne, qui avait été rasé par les troupes britanniques de Moses Hazen à l'hiver 1759. La première école française de la capitale prend donc naturellement le nom d'école Sainte-Anne. Mais la vie scolaire dans les nouveaux locaux n'était pas de tout repos :

> Les casernes militaires étaient dans un état assez lamentable aux points de vue salubrité et étanchéité. Les pluies froides des mois d'hiver causaient des problèmes dans presque toutes les pièces de l'immense complexe. Les rats et les souris rivalisaient avec les jeunes élèves pour l'attention des enseignants et des enseignantes. Léopold St-Laurent et Simone Patterson eurent de nombreuses distractions durant ces quelques années (Poirier et Thériault, 1988, p. 11)[21].

À son tour, la caserne n° 9 tombe sous le pic du démolisseur. En août 1971, l'école française déménage dans l'école Montgomery que lui cédait le Conseil scolaire 26, celui-ci ayant accepté deux ans plus tôt l'idée d'une formation en français de la première à la douzième année.

Enfin, les francophones se retrouvent dans une vraie école, qui allait aussi devenir « le rendez-vous de la collectivité acadienne pour ses activités culturelles et sociales » (Poirier et Thériault, 1988, p. 12). Mais la partie est loin d'être gagnée pour autant. Les autorités refusent de changer le nom de l'école (de Montgomery à Sainte-Anne), sous prétexte que les établissements scolaires devaient prendre le nom de la rue où ils se trouvaient (c'était déjà faux à l'époque). Plus sérieux encore, des problèmes d'espace commencent à se faire sentir à cause de l'accroissement du nombre d'inscriptions : de 22 à ses modestes débuts en 1965-1966, le nombre d'élèves passe à 157 en 1971-1972 puis à 229 l'année suivante[22]. Il faut donc encore une fois faire des pressions, auprès du Conseil scolaire, du ministère de l'Éducation, du Bureau du premier ministre. En attendant qu'une nouvelle école soit construite, on doit accepter que les élèves du niveau secondaire (de la 10e à la 12e année) aillent suivre leurs cours en français à la Fredericton High School (les élèves de la 1re à la 9e restaient pour leur part à la Montgomery School[23]); bref, les jeunes de la fin du secondaire doivent alors suivre leurs cours en français dans une grande polyvalente anglophone ! Belle ambiance, avec tous les risques d'assimilation qu'elle comporte... Cette situation persiste jusqu'au déménagement de l'école dans le Centre communautaire Sainte-Anne, en décembre 1977. Le nouvel édifice offre des locaux scolaires de la maternelle à la 12e année, l'accès à des services et à des activités communautaires, et ce, dans un environnement complètement francophone ! Le tout vient couronner 16 années de luttes scolaires difficiles mais déterminées.

À Saint-Jean[24], on observe un processus similaire, avec un décalage de dix ans : sans doute le statut de capitale dont jouissait Fredericton, et la composition particulière de la population et de la main-d'œuvre de la ville que cela entraînait, avait-il permis à la communauté francophone de cet endroit de prendre l'initiative dans ce dossier. La ville portuaire de Saint-Jean étant la métropole industrielle du Nouveau-Brunswick, les francophones qui s'y trouvaient faisaient traditionnellement partie surtout de la classe ouvrière et ont été plus longtemps « invisibles » que ceux de Fredericton. Leur situation fortement minoritaire à Saint-Jean et les liens familiaux très forts qui les reliaient au comté de Kent ou à la Péninsule acadienne[25], leur région natale, expliquent que le sentiment collectif d'appartenance à une communauté francophone y ait mis plus de temps à se développer qu'à Fredericton. Par ailleurs, le milieu anglophone loyaliste n'encourageait pas, c'est le moins qu'on puisse dire, les manifestations identitaires acadiennes : encore au début des années 1970, les réunions du Cercle français se tenaient dans les maisons privées (Allain et Basque, 2001, p. 34), donc dans la quasi-clandestinité !

Pourtant, vers 1970-1971, les choses démarrent. Un groupe de cinq parents fait une demande à la Bibliothèque municipale pour qu'on y offre des livres en français. Peu de temps après, la requête est exaucée, et le petit groupe[26], renforcé par ce modeste succès initial, entame des démarches en vue d'obtenir une école française. En 1972 se crée un comité régional de la Société des Acadiens du Nouveau-Brunswick (SANB), qui deviendra le pivot des mobilisations scolaires à Saint-Jean : l'appui de la SANB, qui affecte une animatrice à plein temps à la région en 1975, s'avère très précieux dans les luttes de cette époque. Un comité pour l'école française est mis sur pied ; il comptera 60 membres en 1976, année qui verra se multiplier le nombre et le type d'interventions amorcées trois ou quatre ans plus tôt : réunions de cuisine, téléphones, lettres, mémoires, pétitions, campagnes médiatiques, voyages-rencontres avec les autorités à divers niveaux — tous les moyens de pression sont bons ! Finalement, après moult péripéties (délais, refus, blocages...), la victoire est acquise : à compter de septembre 1976, les classes en français se tiendront dans une ancienne école d'immersion, l'école King George.

Mais cette solution révèle vite ses limites : les locaux étaient décrépis (ici aussi, comme à Fredericton dans la caserne, enseignantes et élèves auront souvent des distractions !), et bientôt le manque d'espace devient un problème majeur, par suite de l'accroissement des inscriptions. À l'automne 1976, l'école accueillait 34 élèves en première année : on devait par la suite ajouter annuellement une nouvelle année. C'est ainsi que les effectifs atteignaient 135 élèves en 1979-1980, 257 en 1981-1982, et 304 en 1983-1984. Comme l'avouait le directeur de l'école à l'époque, Normand Gould, lors d'une entrevue en 1998 :

> À l'école King George, nous sommes tassés comme des sardines, il n'y a pratiquement plus d'espace de jeu, la secrétaire est dans le corridor et le directeur travaille dans un garde-robe (Allain et Basque, 2001, p. 149).

Pour toutes ces raisons, dès 1977 s'enclenchent les démarches de la deuxième lutte, celle qui revendique un complexe abritant une école et un centre communautaire.

La revendication d'un centre scolaire-communautaire

Comme nous l'avons vu, à Fredericton comme à Saint-Jean, l'obtention d'une école française a répondu à certains besoins pressants, mais pas à tous. Dans les deux cas, des installations vieillottes et vite rendues exiguës en raison de l'accroissement des inscriptions, ont remis en branle les mobilisations, cette fois pour un centre scolaire-communautaire. Dans la capitale provinciale, dès la fin de 1967, un petit groupe de francophones discutent de l'opportunité d'un centre culturel et d'une paroisse française et, en janvier 1968, un comité d'étude est formé pour étudier ces deux questions. Pour étoffer le projet et bien inventorier les besoins, pas moins de neuf sous-comités sont chargés d'étudier pendant un an tous les aspects de la communauté acadienne (éducation, histoire, culture, religion, etc.). Des consultations préliminaires ayant indiqué « que le temps n'était pas encore venu de proposer la création d'une paroisse française autonome avec son curé et son église » (Poirier, 2001, p. 91), on décide de se concentrer sur le premier objectif, le centre culturel. Le Cercle français prend le projet sous son aile. Plusieurs années sont consacrées à trouver un édifice adéquat et du financement suffisant. La « crise scolaire » de 1972 (voir plus haut) crée un contexte qui facilite les discussions en vue de dénouer l'impasse (Poirier et Thériault, 1988, p. 13-14). Le Comité de l'avenir du Cercle français rencontre plusieurs fois le premier ministre Hatfield, au pouvoir depuis 1970, et peu à peu, une nouvelle idée fait surface : celle d'un centre scolaire-communautaire. En avril 1973, lors d'une de ces rencontres, on discute d'un financement partagé avec Ottawa. En janvier 1974, le secrétaire d'État Hugh Faulkner procède à l'annonce officielle de la construction conjointement avec le premier ministre Hatfield, et une maquette de l'édifice est dévoilée.

Le dossier est donc près d'aboutir : le financement est prévu, la volonté politique est là. Pourtant, il faudra quatre autres années pour que le centre ouvre enfin ses portes. Que s'est-il passé ? D'abord, un conflit important éclata au sujet de l'emplacement. Le centre devait être situé à la Pointe Sainte-Anne, site du premier village acadien, maintenant à proximité du centre-ville. Un tollé général s'éleva contre cette idée chez les anglophones : le conseil municipal s'y opposait farouchement, de même que plusieurs organismes d'extrême droite, tels la English Speaking League, le Fredericton Heritage Trust, le Fredericton Council of Women, et jusqu'aux Amérindiens locaux, qui affirmaient que l'emplacement contenait des vestiges d'un ancien cimetière amérindien. Les raisons invoquées étaient tour à tour esthétiques, économiques, historiques, mais au fond, elles étaient toutes teintées d'étroitesse d'esprit (Poirier et Thériault, 1988, p. 14) ! Le premier ministre doit plaider en personne devant le Conseil municipal en mars 1974, sous les quolibets de la foule anglophone hostile venue en autocar d'un peu partout dans la province. Une élection générale à l'automne de cette année entraîne de nouveaux délais. La recherche d'un nouvel emplacement se poursuit et, en mars 1975, on s'entend sur un terrain ayant appartenu à la University of New Brunswick. L'architecte doit revoir ses plans, un premier contrat est accordé en décembre et la structure commence à s'élever à l'été 1976. Les coûts ayant augmenté radicalement par suite de tous les délais, le gouvernement décide d'amputer l'immeuble de 10 000 pieds carrés sur les 116 000 prévus au départ, ce qui provoque de nouveaux ajustements[27].

Le complexe ouvre enfin ses portes pendant la période de Noël 1977, l'école y déménage et reprend son nom d'école Sainte-Anne. L'ouverture officielle a lieu en juin 1978. Outre l'école (de la 1re à la 12e année), et sa grande cafétéria (qui sert à l'école et à la communauté), le centre comprend des locaux pour les maternelles, des garderies, une bibliothèque utilisée à la fois par l'école et la communauté, un amphithéâtre pour les spectacles et les grandes assemblées, une salle d'exposition, des salles de réunion[28]. Le premier centre scolaire-communautaire (CSC) au Canada venait d'être établi.

Le concept était très novateur : pour contrer l'assimilation des minorités francophones en milieu urbain, il ne suffisait pas d'avoir une école mais il fallait aussi un Centre et des installations communautaires, les deux situés sous le même toit, pour renforcer la cohésion du groupe et créer des synergies. D'autres centres semblables seront ouverts au cours des années suivantes[29]. À Fredericton, il se sera écoulé treize ans entre l'ouverture de la première école à deux classes en 1965 et l'entrée dans le nouveau centre en 1978. Si on voulait être plus précis, cependant, il faudrait plutôt parler d'une période de six ans, puisque les démarches pour un tel centre ont commencé en 1972.

On constate une évolution semblable à Saint-Jean, toujours avec le même décalage. Ici aussi, l'obtention d'une école française en 1976 ne constituera pas un pur aboutissement des années de luttes, mais le point de départ de nouvelles mobilisations. Dès 1977 se forme un comité pour revendiquer un centre communautaire, appellation qu'on changera l'année suivante (sans doute à cause du précédent établi à Fredericton) pour celle d'école-centre communautaire. On déploie une stratégie à multiples volets : sondages, réunions, lettres, mémoires, communiqués de presse, rencontres avec politiciens et hauts fonctionnaires, tous les moyens sont bons pour faire avancer la cause. L'agente régionale de la SANB est de tous les combats : elle mène une quinzaine d'interventions par année en 1977, 1978, 1979, et pas moins de 52 en 1980, 65 en 1981 et 17 en 1982 (Guérette, 1982). Le comité lui-même, qui regroupe 14 personnes déterminées, tient 42 réunions, de mars 1980 à février 1983. Lors de ces réunions, on fait le point, on planifie les stratégies, mais on invite également des experts et des politiciens fédéraux et provinciaux (dont le président du Conseil du trésor, Jean-Maurice Simard, bras droit du premier ministre Hatfield). Finalement, en 1980, ce dernier annonce l'approbation de la construction d'un centre scolaire-communautaire francophone à Saint-Jean, annonce que confirmera en juin 1981 Richard Hatfield en personne devant les membres de la communauté, sauf que l'ouverture est annoncée pour... trois ans plus tard, en 1984 ! Nouvelles pressions pour accélérer les choses; l'emplacement du nouveau centre est rendu public en décembre 1981 et, en mars 1982, les deux niveaux de gouvernement signent une entente à frais partagés pour financer l'opération. Le centre ouvrira enfin ses portes en septembre 1984. L'ouverture officielle a lieu en mai 1985, et le premier ministre Hatfield y loue publiquement l'enthousiasme et la détermination des francophones de Saint-Jean. C'était l'aboutissement de sept longues années de travail acharné de la part des militants et militantes acadiens de la ville portuaire : le « rêve impossible » d'un petit groupe de parents au milieu des années 1970 devenait enfin réalité[30]!

La paroisse catholique : vers la complétude institutionnelle

Le sociologue Raymond Breton (1964, 1983, 1984) a popularisé le concept de complétude institutionnelle, qui désigne le degré de complétude d'une communauté au plan organisationnel[31]. Y trouve-t-on un ou des établissements scolaires, de santé, une infrastructure économique, culturelle, politique ? Dans le cas de minorités francophones catholiques, l'érection d'une paroisse et d'une église ont été historiquement des priorités collectives importantes. Pensons aux communautés francophones minoritaires de l'Ontario, de l'Ouest canadien et de la Nouvelle-Angleterre : que ce soit à la fin du XIXe siècle ou au cours du XXe, partout où les francophones s'établiront en assez grand nombre, ils fondent une paroisse et, souvent, même si cela peut demander des années d'efforts et de sacrifices, construisent une église.

À cet égard, les communautés francophones de Fredericton et de Saint-Jean ont suivi un parcours presque identique. Dans les deux cas, on parlait depuis longtemps de la nécessité d'une paroisse française. Dans la capitale provinciale, nous avons vu que des discussions en ce sens remontaient à la fin de 1967. On obtient une première messe de Noël en français cette année-là et, par la suite, une messe dominicale en français dans deux paroisses anglophones de la région où on trouvait une certaine concentration de francophones. À compter d'octobre 1978, les messes du dimanche seront célébrées dans l'amphithéâtre du nouveau centre. Les francophones de Saint-Jean feront de même quand leur CSC ouvrira ses portes en 1984.

Au printemps 1981, le comité paroissial du Centre envoie une délégation à l'évêché de Saint-Jean pour réclamer une paroisse pour les francophones. La démarche est fructueuse : dès le 2 septembre, l'évêque crée deux nouvelles paroisses « nationales » françaises – c'est-à-dire des paroisses sans frontières, desservant toute une région urbaine plutôt qu'un quartier –, l'une à Fredericton (« Sainte-Anne-des-Pays-Bas ») et l'autre à Saint-Jean (« Saint-François-de-Sales »). C'était pour les deux communautés une belle victoire, l'ajout d'un maillon institutionnel important. Mais l'autre objectif à accomplir — la construction d'une église — prendra plus de temps à se réaliser, puisque le financement devait être trouvé. Les démarches de toutes sortes, y compris de nombreuses collectes de fonds, se sont succédées pendant des années. Finalement, les francophones de Saint-Jean inaugurent leur nouvelle église en 1998. Ceux de Fredericton auront la leur en décembre 2000. À une époque où on ferme des églises par manque de fidèles, la construction de deux nouvelles églises, situées toutes deux sur un terrain adjacent au centre scolaire-communautaire, tient de l'exploit et reflète bien la ténacité et la détermination acadiennes légendaires[32], sans parler de la forte pratique religieuse observée encore aujourd'hui au sein des communautés francophones.

Un réseau associatif dynamique[33]

À Saint-Jean aussi bien qu'à Fredericton s'est développé au fil des ans un réseau associatif actif et diversifié. Il s'agit dans les deux cas d'un phénomène relativement récent, qui remonte aux années 1960 et 1970. On constatera également une floraison de nouveaux organismes à la suite de l'obtention de l'école en français, de la paroisse et du centre scolaire-communautaire.

À Saint-Jean, mentionnons que dès la deuxième décennie du XXe siècle, on retrouvait deux organismes francophones à vocation économique (Allain et Basque, 2001, p. 239-266). Puis, dans les années 1940 et 1950, deux associations à caractère religieux sont mises sur pied. En 1959, on crée le Cercle Champlain (l'ancêtre du Cercle français fondé en 1972) et, en 1964, le Club Richelieu, deux organismes « sociaux ». Deux associations plus « politiques » suivent, en 1972. En 1976, année de l'ouverture de l'école, quatre nouvelles associations voient le jour et, en 1980 et 1981, cinq autres vont s'ajouter. Au cours de 1982 et 1983, quatre nouvelles associations apparaissent. L'année de l'ouverture du centre (1984-1985) voit surgir une demi-douzaine d'autres organismes. Et le développement se poursuit : si certaines associations disparaissent en cours de route, d'autres prennent rapidement leur place, avec une participation toujours croissante. À preuve, en 1981, 1 200 membres participaient à 11 organisations ; en 1990, 2 300 personnes étaient regroupées dans 19 organismes et, en 2000, on comptait 50 groupes totalisant 3 300 membres.

La situation est un peu moins documentée à Fredericton, surtout en ce qui concerne l'effectif des divers groupes. On sait que sept ou huit comités existaient avant l'ouverture du centre en 1978, à commencer par le Cercle français, créé en 1958. Entre 1978 et 1988, une dizaine d'autres associations sont apparues (Poirier et Thériault, 1988). En 1987, on en dénombrait 22 et, en 1992, 27. Aujourd'hui, on compte 33 groupes francophones dans la capitale. Et ce que n'indiquent pas ces chiffres, c'est la diversification considérable sur le plan des intérêts qui animent les nouveaux groupes, tant à Saint-Jean qu'à Fredericton. À titre d'exemple, la communauté de Fredericton s'enorgueillit d'une radio communautaire depuis 1997, et les francophones de Saint-Jean, après deux ans d'essais très concluants, prévoient ouvrir la leur en 2003 (Ricard, 2002). Donc, en plus des objectifs scolaires, religieux et sociaux des débuts, on trouve maintenant des groupes sportifs, culturels, économiques, médiatiques, témoins de communautés en constante évolution.

Conclusion

Après avoir rappelé la riche tradition des études de communautés en sociologie, nous avons esquissé une première comparaison entre les communautés francophones de Saint-Jean et de Fredericton, au Nouveau-Brunswick. Le profil socio-économique distinct des deux centres urbains (Saint-Jean, ville industrielle et portuaire; Fredericton, capitale, ville de services, ville universitaire) laissait présager plus de différences que de ressemblances entre les deux communautés francophones. Or l'analyse a démontré le contraire : les deux communautés sont maintenant de taille très semblable et, qui plus est, leur cheminement a été presque identique. Aux deux endroits, les luttes ont d'abord porté sur l'obtention d'une école française, mais une fois celle-ci acquise, le combat s'est poursuivi pour un centre scolaire-communautaire et une paroisse française. Par ailleurs, les deux communautés se sont dotées d'un réseau associatif dynamique, diversifié et en pleine expansion.

Signalons tout de même en terminant deux différences constatées au cours de nos recherches. La première tient au caractère plus entrepreneurial du leadership au centre communautaire à Saint-Jean, où l'on se préoccupe de questions économiques et où l'on cherche en entretenir des relations soutenues avec les groupes de gens d'affaires. À titre d'illustration, mentionnons la publication annuelle ces dernières années d'un répertoire des services bilingues du Saint-Jean métropolitain[34] ; la publication en 1997 et 1998, dans le bulletin de la Saint John Board of Trade, *The Saint John Business Today* (tirage : 1 000 exemplaires) d'une chronique mensuelle en français par le directeur général ; les échanges réguliers avec le Business Development Committee et l'agence économique Enterprise Saint John; le partenariat avec la Ville de Saint-Jean et plusieurs entreprises importantes dans Avantage Saint John Advantage, organisme voué à la promotion du bilinguisme dans la région métropolitaine (Ricard, 2002); enfin, la mise sur pied de la Société des gens d'affaires et professionnels francophones de Saint-Jean, en 1999. En dépit de l'existence à Fredericton d'un ensemble diversifié d'organismes, on n'y retrouve pas cette dimension entrepreneuriale.

La communauté francophone de Fredericton, en revanche, dispose d'une corde supplémentaire à son arc institutionnel : une caisse populaire, inaugurée en 1978. Logée pendant plusieurs années au Centre, celle-ci déménage au centre-ville au début des années 1990[35]. Mais voilà que des difficultés financières forcent la FCPA à la mettre en tutelle et, au printemps 2002, à la fusionner avec la Caisse populaire de Moncton[36], plus grande. La succursale demeure toujours ouverte à Fredericton, mais les francophones de l'endroit y ont perdu leur autonomie[37].

Pour conclure, nous croyons, comme Annie Pilote (1999), que la revendication et l'obtention d'un centre scolaire-communautaire dans les deux communautés du sud du Nouveau-Brunswick ont représenté un *geste politique* d'affirmation collective qui a créé, pour ces deux communautés, un instrument de prise en charge de leur développement et de leur autonomie. Dans les deux cas, cet outil aura permis la mise sur pied de nombreux services, l'organisation d'une pléiade d'activités collectives sur le plan social, culturel, scolaire, sportif, etc., et la création d'une variété d'organismes répondant aux besoins des membres de la communauté, tout en renforçant leur identité et leur sentiment d'appartenance[38]. Bref, pour reprendre les concepts du sociologue Raymond Breton (1964, 1983, 1984), les francophones de Saint-Jean et de Fredericton se sont battus pour se doter d'une *complétude institutionnelle* (processus qui se poursuit aujourd'hui) et, pour ce faire, ils ont dû faire preuve de *capacité organisationnelle* pour atteindre leurs objectifs d'épanouissement et de développement[39]. Aux tenants politiques et scientifiques du discours pessimiste et déterministe de la disparition prochaine des minorités francophones à l'extérieur du Québec, ces communautés opposent leur ténacité et leur détermination à se tenir debout et à arracher des victoires, ainsi que leur réelle vitalité actuelle.

La recherche n'est jamais tout à fait achevée, cependant. Une fois terminée l'analyse du cas de Fredericton, il faudra songer à élargir la comparaison pour inclure d'autres minorités francophones urbaines des Maritimes (comme Miramichi, Charlottetown, Halifax-Dartmouth) et d'ailleurs au Canada, pour cerner les modèles généraux, tant les éléments de convergence que les spécificités locales ou provinciales.

BIBLIOGRAPHIE

ALLAIN, Greg (1996), « Fragmentation ou vitalité ? Les nouveaux réseaux associatifs dans l'Acadie du Nouveau-Brunswick », dans Benoît CAZABON (dir.) *Pour un espace de recherche au Canada français : discours, objets et méthodes*, Ottawa, Presses de l'Université d'Ottawa, p. 93-125.

ALLAIN, Greg (1997), « Le Congrès mondial acadien de 1994 : réseaux, conflits, réalisations », *Revue de l'Université de Moncton*, vol. 30, n° 2 (mai), numéro spécial sur « Mutations sociales et sciences humaines », p. 141-159.

ALLAIN, Greg (1998), « Le Congrès mondial acadien : regards sur la participation aux Conférences, bilan et enjeux des Retrouvailles », dans ALLAIRE et GILBERT (1998), p. 139-162.

ALLAIN, Greg (2001), « La société acadienne en réseaux : trois études de cas dans les domaines du sport, des affaires et de l'Acadie mondiale », *La Revue de l'Université de Moncton*, numéro hors série, p. 191-205.

ALLAIN, Greg (2002), « La communauté francophone de Saint-Jean, Nouveau-Brunswick : de la survivance à l'affirmation », *Francophonies d'Amérique*, n° 14 (automne), p. 37-53.

ALLAIN, Greg (2003, à paraître) « Fragmentation ou vitalité ? Regard sociologique sur l'Acadie actuelle et ses réseaux associatifs », dans Simon LANGLOIS et Jocelyn LETOURNEAU (dir.), *Dynamiques identitaires au Canada français*, Presses de l'Université Laval.

ALLAIN, Greg et Maurice BASQUE (2001), *De la survivance à l'effervescence : portrait historique et sociologique de la communauté francophone et acadienne de Saint-Jean, Nouveau-Brunswick*, Association régionale de la communauté francophone de Saint-Jean.

ALLAIN, Greg et Maurice BASQUE (2003, à paraître), *Les francophones dans la capitale du Nouveau-Brunswick : histoire et sociologie de la communauté francophone et acadienne de Fredericton*.

ALLAIN, Greg et Serge CÔTÉ (1984-1985), « Le développement régional, l'État et la participation de la population : la vie courte et mouvementée des Conseils régionaux d'aménagement du Nouveau-Brunswick (1964-1980) », *Égalité*, n°s 13-14, p. 187-215.

ALLAIN, Greg et Isabelle MCKEE-ALLAIN (2003, à paraître), « La société acadienne en l'an 2000 : identité, pluralité et réseaux », dans *Actes du colloque de Poitiers sur « L'Acadie plurielle », mai 2000*, Moncton, Chaire d'études acadiennes, Université de Moncton.

ALLAIN, Greg, Isabelle MCKEE-ALLAIN et J.-Yvon THÉRIAULT (1993), « La société acadienne : lectures et conjonctures », dans Jean DAIGLE, *L'Acadie des Maritimes*, Moncton, Chaire d'études acadiennes, Université de Moncton, p. 341-385.

ALLAIRE, Gratien et Anne GILBERT (dir.) (1998), *Francophonies plurielles : Communications choisies*, Sudbury, Institut franco-ontarien.

BAUMAN, Zygmunt (2001), *Community : Seeking Safety in an Insecure World*, Cambridge, Polity Press.

BELLIVEAU, John Edward (1980), *Little Louis and the Giant K.C.*, Hantsport (N.S.), Lancelot Press.

BERNOT, Lucien et René BLANCHARD (1953), *Nouville, un village français*, Paris, Institut d'ethnologie.

BOUCHARD, Pier et Sylvain VÉZINA (2001), « Modernisation de l'administration publique au Nouveau-Brunswick, démocratie et bureaucratie : le modèle de Louis-J. Robichaud », dans *L'ère Louis-J. Robichaud, 1960-1970 : actes du colloque*, Moncton, Institut canadien de recherche sur le développement régional, p. 55-68.

BOUDREAU, Annette et Lise DUBOIS (2002), « Le français à Parkton : de la *back yard* au centre d'appel », *Francophonies d'Amérique*, n° 14 (automne), p. 29-36.

BOUDREAU, Françoise et Greg Marc NIELSEN (dir.) (1994), « Les francophonies nord-américaines », numéro thématique de *Sociologie et sociétés*, vol. XXVI, n° 1 (printemps).

BRETON, Raymond (1964), « Institutional completeness of ethnic communities and the personal relations of immigrants », *American Journal of Sociology*, n° 70 (juillet), p. 193-205.

BRETON, Raymond (1983), « La communauté ethnique, communauté politique », *Sociologie et sociétés*, vol. XV, n° 2, p. 23-37.

BRETON, Raymond (1984), « Les institutions et les réseaux d'organisation des communautés ethnoculturelles », dans Fédération des francophones hors Québec, *État de la recherche sur les communautés francophones hors Québec* (actes du premier colloque national des chercheurs), Ottawa, FFHQ, p. 4-20.

BURKE, C. D. et D. J. IRELAND (1976), *An Urban Economic Development Strategy for the Atlantic Region*, Toronto, Macmillan.

CARDINAL, Linda et Jean LAPOINTE (1990), « La sociologie des francophones hors Québec : parti pris pour l'autonomie », *Canadian Ethnic Studies*, vol. 22, n° 1, p. 47-66.

CARDINAL, Linda et Isabelle MCKEE-ALLAIN (1999), « Enjeux et défis de la recherche féministe en milieu francophone minoritaire au Canada », dans Huguette DAGENAIS (dir.), *Pluralité et convergences : la recherche féministe dans la francophonie*, Montréal, Les éditions du Remue-Ménage, p. 449-465.

CARDINAL, Linda, Jean LAPOINTE et J.-Yvon THÉRIAULT (1988), *La communauté francophone de Welland : la minorité francophone de Welland et ses rapports avec les institutions*, rapport d'étude présenté au Bureau du commissaire aux langues officielles, Ottawa, Département de sociologie, Université d'Ottawa.

CARDINAL, Linda, Lise KIMPTON, Jean LAPOINTE, Uli LOCKER, J.-Yvon THÉRIAULT (1994), *L'épanouissement des communautés de langue officielle : la perspective de leurs associations communautaires*, Ottawa, Secrétariat d'État du Canada et Commissariat aux langues officielles.

CASTONGUAY, Charles (1993), « Le déclin des populations francophones de l'Ouest canadien », *Cahiers franco-canadiens de l'Ouest*, vol. 5, n° 2, p. 147-153.

CASTONGUAY, Charles (1994), « Évolution récente de l'assimilation linguistique au Canada », dans Claude POIRIER (dir.), *Langue, espace et société : les variétés du français en Amérique du Nord*, Québec, Presses de l'Université Laval, p. 277-311.

CASTONGUAY, Charles (1996), « Évolution de l'anglicisation des francophones au Nouveau-Brunswick, 1971-1991 », dans Lise DUBOIS et Annette BOUDREAU (dir.), *Les Acadiens et leurs langues : quand le français est minoritaire*, Moncton, Éditions d'Acadie et Centre de recherche en linguistique appliquée, p. 47-62.

CASTONGUAY, Charles (1999), « French is on the ropes. Why won't Ottawa admit it ? », *Policy Options*, vol. 20, n° 8 (octobre), p. 39-50.

CHIASSON, Rodolphe (1990), « Activités menant à la fondation de l'École primaire bilingue de Fredericton, N.-B. », document adressé à la directrice du Conseil scolaire 51, 30 avril.

CLAIRMONT, Donald (1974), *Africville : The Life and Death of a Canadian Black Community*, Toronto, McClelland and Stewart.

CONDON, Thomas, J. (1979), *Towards the Third Century: Organizing and Funding Cultural, Sports and Recreational Objectives for the City of Saint John* », March 19.

CORMIER, Michel et Achille MICHAUD (1991), *Richard Hatfield : un dernier train pour Hartland*, Montréal, Libre expression.

COUTURE, Claude (2001), « La disparition inévitable des francophones à l'extérieur du Québec : un fait inéluctable ou le reflet d'un discours déterministe ? », *Francophonies d'Amérique*, n° 11, p. 7-18.

DE BENEDETTI, Georges (1994), « Saint John : Are its strengths its weaknesses ? », dans Georges DE BENEDETTI et Rodolphe LAMARCHE (dir.), *Shock Waves: The Maritime Urban System in the New Economy*, Moncton, Institut canadien de recherche sur le développement régional, p. 207-229.

DENIS, Wilfred B. (1993), « La complétude institutionnelle et la vitalité des communautés fransaskoises en 1992 », *Cahiers franco-canadiens de l'Ouest*, vol. 5, n° 2 (automne), p. 253-284.

DION, Michel (1998), « Communautés », dans *Dictionnaire de la sociologie*, Paris, Encyclopaedia Universalis-Albin Michel, p. 129-136.

GANS, Herbert (1962), *The Urban Villagers : Group and Class in the Life of Italian Americans*, New York, Free Press of Glencoe.

GAUTHIER, Benoît (dir.) (1997), *Recherche sociale : de la problématique à la collecte des données*, Sainte-Foy, Presses de l'Université du Québec.

GOLD, Gerald (1974), *Saint-Pascal : Changing Leadership and Social Organization in a Québec Town*, Holt, Rinehart and Winston.

GOLDENBERG, Sheldon et Valerie A. HAINES (2000), « Social networks and institutional completeness : from territory to ties », dans Madeline A. KALBACH et Warren E. KALBACH (dir.), *Perspectives on Ethnicity in Canada : A Reader*, Toronto, Hartcourt Canada, p. 35-47.

GUÉRETTE, Irène (1982), « Rapports d'activités des agents de développement de la SANB pour la région de Saint-Jean, N.-B., de 1974 à 1982 », 5 août.

HERVIEU-LÉGER, Danièle (2001), « Identités décomposées, identités imaginées, identités inventées », dans MERCURE (2001a), p. 183-190.

HESSLER, Richard M. (1992), *Social Research Methods*, New York, West Publishing Co.

HOW, Douglas et Ralph COSTELLO (1993), *K.C. : The Biography of K.C. Irving*, Toronto, Key Porter Books.

HUGHES, Charles C., Marc-Adélard TREMBLAY, Robert N. RAPOPORT et Alexander H. LEIGHTON (1960), *People of Cove and Woodlot : Communities from the Viewpoint of Social Psychiatry*, New York, Basic Books.

HUGHES, Everett (1943), *French Canada in Transition*, Chicago, The University of Chicago Press (traduction française, 1972 : « Rencontre de deux mondes : la crise d'industrialisation du Canada français », Montréal, Boréal Express).

HUNT, Russell et Robert CAMPBELL (1973), *K.C. Irving: The Art of the Industrialist*, Toronto, McClelland and Stewart.

JACKSON, John D. (1975), *Community & Conflict : A Study of French-English Relations in Ontario* (Revised edition, Toronto, Canadian Scholars Press, 1988). Toronto, Holt, Rinehart and Winston Canada.

JACKSON, Winston (1999), *Methods: Doing Research*, 2ᵉ éd., Scarborough (Ont.), Prentice Hall Allyn et Bacon Canada.

JOHNSON, Marc et Isabelle MCKEE-ALLAIN (1999), « Société et identité acadiennes contemporaines », dans J.-Yvon Thériault, *Francophonies minoritaires au Canada : L'état des lieux*, Moncton, Les Éditions d'Acadie, p. 209-235.

JOYAL, André (2002), *Le développement local : comment stimuler l'économie des régions en difficulté*, Sainte-Foy, Les Éditions de l'IQRC – Les Presses de l'Université Laval.

LAPOINTE, Jean et J.-Yvon THÉRIAULT (1999), « La sociologie et les francophonies minoritaires au Canada », dans J.-Yvon THÉRIAULT (dir.), *Francophonies minoritaires au Canada : l'état des lieux*, Moncton, Les Éditions d'Acadie, p. 193-207.

LYND, Robert et Helen LYND (1929), *Middletown: A Study in American Culture*, New York, Harcourt Brace.

LYND, Robert et Helen LYND (1937), *Middletown in Transition: A Study in Cultural Conflicts*, New York, Harcourt Brace.

MERCURE, Daniel (dir.) (2001a), *Une société-monde ? Les dynamiques sociales de la mondialisation*, Sainte-Foy, Les Presses de l'Université Laval.

MERCURE, Daniel (2001b) « Introduction », dans Daniel MERCURE (dir.), *Une société-monde ? Les dynamiques sociales de la mondialisation*, Sainte-Foy, Les Presses de l'Université Laval, p. 1-5.

MINER, Horace (1939), *St. Denis, A French-Canadian Parish*, Chicago, The University of Chicago Press.

MORIN, Edgar (1967), *Commune en France : la métamorphose de Plodémet*, Paris, Fayard.

MORIN, Edgar (2001), « Le monde comme notion sociologique », dans Daniel MERCURE (dir.), *Une société-monde ? Les dynamiques sociales de la mondialisation*, Sainte-Foy, Les Presses de l'Université Laval, p. 191-197.

NISBET, Robert (1953), *The Quest for Community*, New York, Oxford University Press.

NISBET, Robert (1966), *The Sociological Tradition*, London, Heinemann.

O'KEEFE, Michael (2001), *Minorités francophones : assimilation et vitalité des communautés*, 2e édition, Ottawa, Patrimoine canadien.

PILOTE, Annie (1999), « L'analyse politique des centres scolaires et communautaires en milieu francophone minoritaire », *Éducation et francophonie revue scientifique virtuelle*, vol. XXVII, no 1 (printemps), <www.acelf.ca/revue/XXVII/articles/Pilote.html>.

POIRIER, Bernard (2001), *À la poursuite d'un idéal*, Moncton, Les Éditions de la francophonie.

POIRIER, Bernard et Fidèle THÉRIAULT (1988), « Les dix premières années : 1978-1988 », Fredericton, Le Centre communautaire Sainte-Anne.

POISSANT, Guylaine (2001), « Activités quotidiennes dans un quartier populaire francophone », *Francophonies d'Amérique*, no 11, p. 135-150.

POULIN, Pierre, Dollard LANDRY et Gérard LEGRESLEY (1976), *Le phénomène du navettage des gens du Nord-Est du Nouveau-Brunswick vers la ville de Saint-Jean*, Bathurst, ministère de l'Expansion économique régionale, février.

RAYSIDE, David M. (1991), *A Small Town in Modern Times : Alexandria, Ontario*, Montréal et Kingston, McGill-Queen's University Press.

RICARD, Philippe (2002), « Le bilinguisme sera encouragé à Saint-Jean », *L'Acadie nouvelle*, 8 novembre, p. 5.

RIESMAN, David *et al.* (1950), *The Lonely Crowd: A Study of the Changing American Character*, New Haven, Yale University Press.

RIOUX, Marcel (1957), *Belle-Anse*, Ottawa, Musée national du Canada.

SALÉE, Daniel (1996), « La mondialisation et la construction de l'identité au Québec », dans Mikhaël ELBAZ, Andrée FORTIN et Guy LAFOREST (dir.), *Les frontières de l'identité : modernité et postmodernisme au Québec*, Sainte-Foy, Presses de l'Université Laval, p. 105-125.

SEELEY, John, R. Alexander SIM et E. W. LOOSLEY (1956), *Crestwood Heights*, New York, Basic Books.

SINCLAIR, Peter et Kenneth WESTHUES (1974), *Village in Crisis*, Toronto, Holt, Rinehart and Winston Canada.

STEBBINS, Robert (1994), *The Franco-Calgarians : French Language, Leisure, and Linguistic Life-style in an Anglophone City*, Toronto, University of Toronto Press.

STEBBINS, Robert (2000), *The French Enigma : Survival and Development in Canada's Francophone Societies*, Calgary, Detselig Enterprises.

STEIN, Maurice (1960), *The Eclipse of Community: An Interpretation of American Studies*, Princeton, Princeton University Press (rééd. 1972).

STORPER, Michael (1997), *The Regional World: Territorial Development in a Global Economy*, New York, The Guilford Press.

THÉRIAULT, J.-Yvon (1995), *L'identité à l'épreuve de la modernité : écrits politiques sur l'Acadie et les francophonies canadiennes minoritaires*, Moncton, Les Éditions d'Acadie.

THÉRIAULT, J.-Yvon (dir.) (1999), *Francophonies minoritaires au Canada : l'état des lieux*, Moncton, Les Éditions d'Acadie.

TREMBLAY, Marc-Adélard (1954), « The Acadians of Portsmouth, A Study in Cultural Change », thèse de Ph.D., Anthropologie, Cornell University.

TREMBLAY, Marc-Adélard et Gerald GOLD (dir.) (1973), *Communautés et culture : éléments pour une ethnologie du Canada français*, Montréal, Les Éditions HRW Ltée.

VACHON, Bernard (1993), *Le développement local : théorie et pratique*, Boucherville, Gaëtan Morin éditeur.

VIDICH, Arthur et Joseph BENSMAN (1958), *Small Town in Mass Society: Class, Power and Religion in a Rural Community*, Princeton, Princeton University Press.

VIDICH, Arthur, Joseph BENSMAN et Maurice STEIN (dir.) (1964), *Reflections on Community Studies*, New York, Harper & Row.

WARNER, W. Lloyd *et al.* (1963), *Yankee City*, New Haven, Yale University Press.

WARREN, Roland L. (1963), *The Community in America*, Chicago, Rand McNally (rééd., 1972).
WHYTE, William H. (1943), *Street Corner Society*, Chicago, University of Chicago Press (rééd., 1981).
YOUNG, Frank W. (1996), « *Small Town in Mass Society* revisited », *Rural Sociology*, vol. 61, n⁰ 4, p. 630-648.
YOUNG, Michael et Peter WILLMOTT (1957), *Family and Kinship in East London*, London, Routledge and Kegan Paul.

NOTES

1. Voir aussi, entre autres, THÉRIAULT (1995, 1999), JOHNSON et MCKEE-ALLAIN (1999) et ALLAIN ET MCKEE-ALLAIN (2003, à paraître). Sur la sociologie des francophonies canadiennes minoritaires, on consultera THÉRIAULT (1999), LAPOINTE et THÉRIAULT (1999), CARDINAL et LAPOINTE (1990), CARDINAL et MCKEE-ALLAIN (1999) et STEBBINS (2000).
2. Avec les concepts de classe sociale et de statut, d'autorité et de pouvoir, d'aliénation et de sacré (NISBET, 1966).
3. On sait qu'à diverses époques plusieurs autres auteurs ont mis en scène des dichotomies semblables : par exemple, Émile Durkheim contrastait la solidarité mécanique et la solidarité organique, et l'anthropologue américain Robert Redfield mettait en opposition la *folk society* et la *urban society*. Parmi ceux qui ont poursuivi dans la veine un peu nostalgique de Tönnies, on trouve le sociologue américain David RIESMAN et ses collègues, avec leur ouvrage influent *La foule solitaire* (1950).
4. Pour une réévaluation récente de cette étude classique, voir YOUNG (1996).
5. On trouve à la même époque des études de communauté en France, comme celles de BERNOT et BLANCHARD (1953) et d'Edgar MORIN (1967). En Angleterre, YOUNG et WILLMOTT (1957) constataient la présence de liens communautaires forts au sein d'une banlieue métropolitaine.
6. Signalons tout de même les travaux des anthropologues québécois Marcel Rioux sur l'île Verte et Belle-Anse (voir RIOUX, 1957) et Marc-Adélard Tremblay sur les communautés acadiennes de la Baie Sainte-Marie en Nouvelle-Écosse (TREMBLAY, 1954 ; HUGHES *et al.*, 1960 ; TREMBLAY et GOLD, 1973).
7. Voir entre autres VIDICH et BENSMAN (1958), YOUNG et WILLMOTT (1957) et GANS (1962). On trouvera un traitement plus récent de la question dans le petit ouvrage du sociologue britannique BAUMAN (2001).
8. On trouvera une réflexion parallèle sur la place et le rôle des régions dans l'économie mondialisée chez STORPER (1997). On pourrait évoquer, dans la même veine, l'engouement en matière de développement économique pour les initiatives de développement local (VACHON, 1993 ; JOYAL, 2002).
9. À preuve, les statistiques récentes du recensement du Canada de 2001 montrent que les régions à prédominance rurale et acadienne du nord du Nouveau-Brunswick perdent leur population au profit des villes du sud, Moncton et Fredericton en particulier (et sans doute en partie au profit d'autres provinces comme l'Ontario, le Québec, l'Alberta et la Colombie-Britannique).
10. Une étude sociolinguistique du même quartier a été effectuée (BOUDREAU et DUBOIS, 2002).
11. Dans un autre texte (ALLAIN, 2002), nous ajoutions deux autres motivations théorico-méthodologiques qui sous-tendent notre recherche : la nouvelle perspective visant à dégager les facettes modernes de l'identité des groupes minoritaires (francophones ou autres) et de leur contribution originale à la société globale dont ils font partie (LAPOINTE et THÉRIAULT, 1999) et la volonté de montrer, à l'encontre des conclusions souvent pessimistes des études démolinguistiques quant à l'avenir des communautés francophones minoritaires (voir par exemple les travaux de CASTONGUAY, 1993, 1994, 1996, 1999), leur réelle vitalité et leur dynamisme. Parmi les auteurs qui remettent en question le déterminisme des « pessimistes », signalons O'KEEFE (2001) et COUTURE (2001).
12. Mené par l'auteur ; on trouvera une synthèse du volet sociologique dans ALLAIN, 2002. L'ouvrage comprenait aussi un volet historique, sous la responsabilité de l'historien Maurice Basque.
13. Rappelons que les méthodologues reprochent souvent aux études de cas leur caractère unique et leur absence de comparabilité. Nous tentons ici de combler cette lacune.
14. Au moment d'écrire ces lignes (automne 2002), une dizaine d'entrevues ont été effectuées, ainsi que deux séances d'observation participante et l'analyse d'une partie des matériaux écrits.
15. Peu d'études en profondeur ont été faites de l'impact (reconnu par tous) des Irving (l'une des deux grandes familles de la province sur le plan économique, l'autre étant celle des McCain, géants de l'alimentation). Sur les Irving, on consultera les comptes rendus journalistiques de HUNT et CAMPBELL (1973) et de HOW et COSTELLO (1993). Deux livres traitent des rapports des Irving avec les premiers ministres du Nouveau-Brunswick : BELLIVEAU (1980) et CORMIER et MICHAUD (1991).
16. Le 5 août 2002, le gouvernement provincial promulguait, après des années de pressions de la part des grandes organisations acadiennes, une version révisée de la Loi sur les langues officielles qui renforçait les disposi-

tions de la loi de 1969 et étendait aux municipalités et au système de santé les obligations en matière de bilinguisme. Sur le contexte ayant mené à ces révisions de la loi, voir ALLAIN (2003, à paraître).

17. Nos sources pour cette communauté sont l'historique de POIRIER et THÉRIAULT (1988), les mémoires de POIRIER (2001) et les bulletins d'information *Activités françaises* (1968-1969) et *La Bouée* (1971-1989).

18. Qui prenait la relève du Cercle Sainte-Anne, club social actif pendant les années 1950 auprès des professeurs et des élèves francophones de l'École normale provinciale.

19. Soulignons notamment l'appui financier du ministère des Affaires culturelles du Québec, du Conseil de la vie française en Amérique et de la Société nationale des Acadiens (POIRIER et THÉRIAULT, 1988, p. 10). D'autres organismes fourniront du matériel comme des pupitres (le ministère de l'Éducation du Québec) et des livres (le Consulat de France) (CHIASSON, 1990).

20. Il faut dire que les enfants du premier ministre Robichaud fréquentaient l'école française…

21. En plus, la patinoire de l'école a fait l'objet de vandalisme à plusieurs reprises et les graffitis racistes y étaient abondants.

22. Les effectifs scolaires ont continué d'augmenter depuis : 281 en 1975-1976, 434 en 1979-1980, 620 en 1987-1988, 1 000 en 2002-2003.

23. Selon des informateurs interviewés en mai 2002, il semble que vers la fin de 1973 un « commando » francophone s'apprêtait à changer lui-même le nom de l'école au cours de la nuit, mais l'annonce officielle de la construction du centre communautaire sur les entrefaites rendit ce geste superflu.

24. Nos sources pour cette section proviennent du volet sociologique d'ALLAIN et BASQUE (2001) et d'ALLAIN (2002).

25. Les gens déménageaient à Saint-Jean pour l'emploi, mais souvent, la famille restait derrière et les pères retournaient à la maison les fins de semaine : pendant les années 1950, 1960 et 1970, le phénomène du « navettage » était très important (POULIN, LANDRY et LEGRESLEY, 1976).

26. Formé de gens de classe moyenne, bientôt appuyés et épaulés par des cols bleus. À Fredericton, en raison de la composition de la communauté francophone dont nous avons déjà parlé, les leaders et les participants provenaient surtout du groupe des professionnels (fonctionnaires, membres des professions libérales).

27. Un agrandissement important doit être fait en 1990 pour répondre aux nombreux besoins.

28. À son ouverture en 1984, le Centre scolaire-communautaire Samuel-de-Champlain à Saint-Jean comprendra le même type de locaux.

29. Il y aura successivement le CSC Samuel-de-Champlain, à Saint-Jean, en 1985 ; le Carrefour Beausoleil, à Miramichi, en 1986 ; le CSC Sainte-Anne, à Grande Terre (Terre-Neuve), en 1989 ; le Carrefour de l'Isle Saint-Jean à Charlottetown, en 1992 ; et le Carrefour du Grand-Havre, à Dartmouth (CARDINAL *et al.*, 1994, p. 23-24). Aujourd'hui, il en existe une vingtaine au total un peu partout au pays — par exemple à Kingston, à London et à Mississauga, en Ontario, et dans l'Ouest à Regina, à Prince Albert, à Calgary et à Edmonton, sans compter ceux qui se sont ajoutés en Atlantique depuis les premiers (à Sydney, à Saint-Jean [Terre-Neuve], à Summerside et à Abram Village).

30. On trouvera un traitement plus détaillé de ces luttes dans ALLAIN et BASQUE (2001, p. 133-143). On y explique notamment les gains obtenus par une conjugaison de facteurs internes et externes, par exemple le précédent établi à Fredericton en 1978 ; des rapports soulignant la nécessité pour Saint-Jean de répondre aux besoins de sa population francophone si elle voulait véritablement devenir le pôle de croissance de la province (BURKE et IRELAND, 1976, p. 9 ; CONDON, 1979)) ; la promulgation en 1981 de la loi 88 sur l'égalité des deux communautés linguistiques ; la loi de 1982 sur la formation de conseils scolaires de langue minoritaire. Les luttes des années 1970 s'inscrivaient dans le sillage des réformes du gouvernement Robichaud amorcées quelques années auparavant, de la contestation étudiante à l'Université de Moncton en 1968-1969, des manifestations pour le bilinguisme à Moncton en 1970-1971, de la Marche contre le chômage à Bathurst à l'hiver 1972, sans parler de la création du Parti acadien en 1972 et des contestations (dont celles entourant la création du parc national Kouchibouguac) menées par les conseils régionaux d'aménagement (voir ALLAIN et CÔTÉ, 1984-1985).

31. On trouvera des applications récentes du concept notamment chez DENIS (1993) et GOLDENBERG et HAINES (2000).

32. Il faut dire que le projet de construction n'a pas suscité l'unanimité, ni à Fredericton ni à Saint-Jean. Certains craignaient l'endettement, par le fait que certaines personnes âgées allaient bientôt prendre leur retraite et retourner s'installer dans leur région natale ; pour leur part, les familles plus jeunes s'accommodaient bien, de manière générale, des services religieux au Centre. Les partisans les plus ardents de la construction d'une nouvelle église se trouvaient particulièrement chez les aînés (pour Fredericton, voir POIRIER, 2001, p. 109-110).

33. Sur les réseaux associatifs en Acadie du Nouveau-Brunswick, voir ALLAIN, 1996, 1997, 2001.

34. D'abord réalisé en collaboration avec la Société des Acadiens et Acadiennes du Nouveau-Brunswick, et plus récemment avec Avantage Saint John Advantage, un groupe de gens d'affaires locaux qui croient aux vertus du bilinguisme pour la croissance économique de la région. *Le Bottin 2000*, par exemple, compte 140 pages et comprend des informations sur plus de 460 organismes et entreprises offrant des services bilingues à Saint-Jean.

35. Malgré de nombreuses démarches, les francophones de Saint-Jean n'ont jamais pu convaincre les dirigeants de la Fédération des caisses populaires acadiennes (FCPA) d'y ouvrir un établissement.

36. Les actifs de la première se chiffraient en 2001 à 17 millions de dollars, comparativement à 85 millions pour

la seconde.

37. Ils ne comptent que trois membres au Conseil d'administration, sur un total de treize, dans la nouvelle entité, la Caisse populaire Beauséjour, résultat de la fusion de la Caisse populaire Moncton-Beauséjour et de la Caisse populaire de Fredericton.

38. On trouvera pour Saint-Jean une description des services, activités et organismes dans ALLAIN et BASQUE, 2001, chapitre 8.

39. Il s'agit évidemment d'une relation dialectique, puisque chaque nouvel acquis institutionnel renforce à son tour la capacité organisationnelle. Cette dernière est certes tributaire de multiples facteurs, au premier plan desquels figurent le type de leadership, son dynamisme et sa capacité de mobilisation, de même que la cohésion et la solidarité affichées par les membres de la communauté.

DÉFINIR L'ACCUEIL :
ENJEU POUR L'IMMIGRATION EN MILIEU MINORITAIRE FRANCOPHONE EN ALBERTA

Phyllis Dalley
Faculté Saint-Jean
Université de l'Alberta

De communauté de souche à communauté d'accueil

Traditionnellement perçues comme des milieux homogènes, les communautés francophones et acadiennes du Canada se voient de plus en plus définies en tant que communautés ou sociétés d'accueil. En 2001, un comité de travail de la Fédération des communautés francophones et acadienne du Canada (FCFA) affirme que « considérant la situation démographique des francophones au Canada et le besoin d'adopter une définition plus large de l'identité francophone, les communautés francophones et acadiennes doivent devenir de véritables sociétés d'accueil » (Arès *et al.*, 2001, p. 26). Au cours de cette même année, le Commissariat aux langues officielles lance son rapport qui incite à un accroissement de l'immigration francophone à l'échelle du pays (voir Jedwab, 2002). En 2002, c'était au tour du gouvernement fédéral d'annoncer la création d'un comité directeur pour l'immigration francophone et, par la même occasion, le financement de deux études : une évaluation de « la capacité des communautés de langue française en milieu minoritaire à intégrer les immigrants et les réfugiés » et l'élaboration « d'un plan d'action afin d'accroître la capacité de ces communautés d'accueillir et d'intégrer des immigrants et des réfugiés » (Canada, 2002a, p. 7; 2002b, p. 1). Ce changement d'horizon fait suite à une diversification accrue de la francophonie canadienne et il suscite effectivement des discussions au sein des communautés en question. En fait, l'idée de l'accueil semble être entrée dans le vocabulaire des gens. Or les attentes sur le plan de l'accueil sont grandes.

Dans certaines discussions publiques, l'accueil peut être présenté comme solution à divers problèmes d'intégration, de communication, voire de violence scolaire. Par exemple, lors d'un récent forum des candidats aux postes de conseillers scolaires à Edmonton, en Alberta, sept des huit candidats ont utilisé le mot accueil dans l'élaboration de leur vision de l'école francophone. « Pour nos enfants, il n'est pas question d'accueillir les nouvelles cultures, c'est leur réalité », affirme l'une des candidates, alors qu'un deuxième maintient que « [l]a solution à la question de la sécurité dans nos écoles, c'est l'accueil ».

L'accueil doit donc permettre un rapprochement des cultures et une harmonie sociale accrue. Or, aussi paradoxal que cela puisse être, l'accueil est lui-même acte culturel. Puisqu'un phénomène culturel ne peut pas transcender toutes les cultures, la négociation de l'accueil ne peut être qu'un point de départ et non un point d'arrivée dans les relations interculturelles. Vivre l'accueil interculturel exige un compromis de part et d'autre ainsi que la construction d'un espace discursif entre les deux cultures. De ce fait, une étude plus approfondie de ce phénomène en situation interculturelle pourrait se révéler fructueuse dans l'analyse des relations de pouvoir en milieu minoritaire.

Après une brève considération méthodologique, nous nous pencherons ici sur le concept même de l'accueil, avant de procéder à une analyse de données recueillies en Alberta francophone et plus particulièrement à Edmonton. Ces données permettront de voir qu'il y a à la fois convergence dans les façons de concevoir l'accueil et divergence dans les manières de vivre l'accueil. Cet article n'a d'autre prétention que d'explorer le concept de l'accueil et de le préciser au besoin.

Contexte et méthodologie

En Alberta francophone, plusieurs représentations de l'accueil circulent et se rencontrent. Dans ces représentations, on peut déceler une acceptation universelle de la valeur de l'accueil et des différences contextuelles. Ces convergences et divergences seront exposées à la suite d'une brève présentation du contexte et du statut de l'étude dont il est question ici.

À Edmonton, il existe ce qu'on pourrait appeler une communauté francophone de souche ou, comme le dit Robert Stebbins (1993), une communauté historique. Certains Franco-Albertains peuvent faire remonter leur histoire familiale aux premiers pionniers de la province. Or, malgré l'idée reçue que la francophonie albertaine est historique et homogène, les faits nous obligent à constater que cette communauté a reçu depuis ses débuts de nombreux immigrants francophones. Ces derniers provenaient de l'Europe ou des autres provinces canadiennes. Depuis les cinq dernières années, le contexte économique de l'Alberta aidant, cette diversité a été grandement accentuée par l'arrivée constante de francophones de divers coins du pays et du monde. De plus, l'origine de la population immigrante a subi un changement important : en plus des immigrants de l'Europe, l'Alberta francophone reçoit des personnes de souche africaine et asiatique. Cette diversification rapide semble mettre davantage en relief des besoins d'accueil et d'intégration.

Chercheure dans le domaine de l'éducation en milieu minoritaire et nouvellement arrivée en Alberta en 2000, j'ai choisi d'amorcer ma relation avec la francophonie locale par une étude exploratoire des discours entourant l'école de langue française. Cette étape m'a permis de connaître davantage les communautés francophones de la région et leur rapport à l'école ou, en d'autres termes, de connaître le contexte de l'éducation française en Alberta. Parallèlement, cette approche m'a permis de partager mes intérêts de recherche avec la population scolaire – élèves, parents, conseil scolaire, écoles – et ainsi de négocier l'entrée éventuelle sur le terrain de l'école.

M'inspirant de l'approche ethnographique en étude de l'éducation (Van der Maren, 1995; Thomas, 1993), j'ai mené trente entrevues semiformelles, soit avec des membres de la communauté historique, soit avec des nouveaux membres de la francophonie albertaine, de la première et de la deuxième génération. Chaque entrevue, d'une durée de 40 à 180 minutes, a été transcrite et analysée, afin d'en dégager les thèmes. De plus, des observations ont été menées lors d'événements publics – réunions du conseil scolaire francophone, festivals, productions artistiques et autres. Ces observations ont été prises en note dans les 24 heures suivant l'événement en question et analysées, afin de dégager les pratiques culturelles et discursives des groupes et des personnes en présence.

Alors que plusieurs thèmes sont abordés par les participants et participantes à cette recherche, celui de l'accueil, tant de la part de communauté que de la part des écoles, est le plus récurrent. Comme le précisent des participants à cette recherche, plusieurs comptent sur nos résultats pour « créer une ouverture dans cette communauté » franco-albertaine qu'on dit de souche. Cependant, ce thème n'était pas au centre de mes préoccupations de départ, et mes observations sur le terrain n'ont pas été menées dans le but de recueillir de la documentation sur ce phénomène. La triangulation (Van der Maren, 1995) reste donc à faire. Les données présentées ici permettent néanmoins de brosser un tableau des diverses perceptions et interprétations de l'accueil reçu et ménagé. La définition du mot « accueil » proposé dans cet article découle de ces perceptions.

Le concept

Le vocable « accueil » revêt deux sens, celui d'un lieu et celui d'un comportement. Un lieu d'accueil est un endroit où l'on reçoit les gens, alors que le comportement renvoie à la manière de recevoir les gens ou de jouer le rôle d'hôte. Dans les discussions concernant le rôle des communautés d'accueil, le discours de la FCFA, du Commissariat aux langues officielles et du gouvernement fédéral semble faire appel principalement au lieu. En effet, la communauté devient un lieu dont on voudrait mesurer, comme on le ferait dans une entreprise, l'efficacité ou la capacité d'accueil. Par capacité d'accueil, la FCFA entend, par exemple, « la présence de conditions favorables à l'intégration – et non l'assimilation – des immigrants au sein des différentes communautés. Il s'agit de créer un climat social et économique favorable à l'épanouissement des immigrants et au partage des apports inhérents à chaque culture » (Arès *et al.*, 2001, p. 26).

Mettre en place des institutions vouées à recevoir des nouveaux arrivants est sans conteste nécessaire. Les premiers contacts avec le milieu se font souvent grâce à ces lieux d'accueil et, lorsque l'hôte officiel d'une province ou d'un pays est toujours de langue anglaise, l'intégration à la communauté anglophone plutôt que francophone risque de devenir naturelle, comme l'indique la citation suivante :

> Je n'ai pas cherché ça [l'accueil chez les anglophones] non plus ! [...] Mais au moins les quelques pas que j'ai faits chez eux, ça a marché chez eux. Chaque fois que tu fais quelque chose chez les anglophones tu vois XXXX. Tu vas là-bas, tu fais une démarche, tu n'as qu'à regarder ici les gens qui aident en ville là, ils ont des habits, ils ont toutes sortes de choses, ils sont des anglophones. Ils t'aident, ils font d'autres choses[1].

L'auteur de ces paroles poursuit en racontant comment des infirmières anglophones lui ont fait un accueil bien apprécié en aidant son fils. La notion d'institution d'accueil doit donc déborder les compétences proprement fédérales pour inclure les institutions d'andragogie – cours de langue et de citoyenneté, par exemple – et de soins de santé, toutes deux des responsabilités provinciales.

Il s'avère également important que la francophonie canadienne soit bien représentée dans les divers pays de la francophonie. Or, comme le souligne une anecdote recueillie auprès d'un réfugié de l'Afrique francophone, tel n'est cependant pas toujours le cas :

> J'entre dans son bureau, elle me dit : okay, monsieur, elle me pose des questions et me dit : Moi, je suis Christine, je suis canadienne. Je dis : oh ! Au Canada on parle deux langues ! Mais Christine me dit : fais attention au Canada, on ne parle pas les deux langues, seulement au niveau du Québec mais pas tout le Québec.

Il en découle qu'il incombe aux institutions qui offrent un service en français de présenter une image plus favorable de la francophonie canadienne. Afin d'assurer le succès de l'établissement des immigrants dans la communauté francophone, il est également essentiel d'offrir un soutien aux personnes ayant à négocier des manières de faire l'accueil au quotidien. C'est que la relation d'accueil, qu'elle ait lieu dans un endroit désigné à cet effet ou dans l'espace d'une communauté, est fondamentalement une relation sociale entre acteurs sociaux. En effet, c'est la façon de recevoir qui détermine la qualité perçue de l'accueil. Est-elle jugée chaleureuse ou froide? L'accueil bureaucratique en cours ou terminé, plusieurs personnes sont appelées à prendre une part de responsabilité du travail d'hôtesse – pensons, par exemple, à la direction d'une école ou encore au personnel d'un cabinet de médecine. Afin d'augmenter la « capacité d'accueil » des communautés minoritaires, ces personnes devront apprendre des moyens de faciliter la communication interculturelle et d'assurer l'accueil dans leurs activités quotidiennes. Ne pas tenir compte de cet élément de la définition du terme « accueil » se fait au détriment des communautés d'accueil mais aussi de ceux qui voudraient s'y tailler une place.

Lorsqu'on oublie l'élément humain, on court le danger de convertir l'immigrant en simple capital démographique au service de la survie des institutions de la francophonie canadienne. Les réfugiés francophones, dénudés de leur humanité, ont des – soutien à la suite des séquelles d'une guerre ou reconnaissance des acquis, par exemple – qui sont trop facilement oubliés. Pour sa part, la minorité francophone du Canada sait, pour l'avoir vécu, que le contact des langues et des cultures entraîne un certain changement, voire la perte de la culture minoritaire. C'est ce qu'une des participantes à cette étude appelle « la fragilité de la francophonie albertaine ». Dans de telles conditions, il devient impératif de tenir compte de la complexité des relations sociales qui doivent permettre aux acteurs de négocier parallèlement ouverture et sauvegarde de la culture locale. Cependant, si l'on mise uniquement sur l'individu, on ne reconnaît pas non plus la complexité de la tâche qu'est l'accueil : la décision d'accueillir nécessite une négociation avec la personne ou le groupe qui souhaite l'accueil[2], négociation qui mènera à des compromis de part et d'autre. En effet, contrairement à l'intégration, l'accueil interpelle tant celui qui reçoit que celui qui est reçu. Or il est possible que ces compromis, réalisés sur une base individuelle, soient perçus par la communauté d'accueil en milieu minoritaire comme une trahison de ce qui lui est cher, c'est-à-dire de sa variété linguistique et de sa culture – toutes deux marquées par une évolution dans l'environnement des prairies et par le contact avec la langue et la culture anglo-canadienne. Effectivement, la variation linguistique est également un enjeu des relations entre francophones établis et nouveaux arrivants. Bien que cette question et son rapport à l'accueil dépassent les limites de cet article, il s'avère primordial de faciliter le dialogue non seulement entre communautés, mais également à l'intérieur même de chacune d'entre elles.

Convergence : accueillir, c'est reconnaître autrui

L'accueil est un concept attirant par son apparente simplicité. En effet, mes données permettent de constater une convergence autour de la conception de l'accueil : il s'agit de reconnaître la personne accueillie. Plus que la définition linguistique du départ, cette conception rend explicite la présence de deux acteurs : celui qui accueille et celui qui est accueilli. Le lieu semble également être intégré à cette définition, puisque « être reconnu » signifie souvent « avoir sa place » soit dans les écoles, les institutions ou la communauté francophone en Alberta. « Tout ce qu'on veut, c'est créer un partenariat avec eux pour travailler ensemble pour la communauté », affirme un Franco-Africain. Une discussion plus approfondie des lieux d'accueil devra faire l'objet d'un autre article ; qu'il suffise ici de mentionner l'église, l'école, le centre communautaire et les camps d'été.

Ce besoin d'être reconnu traverse le discours des francophones à Edmonton. Il s'exprime de diverses façons et se raconte souvent dans le contexte d'une discussion de ce qui est nommé « fermeture d'esprit » ou « manque d'ouverture » chez l'Autre. Un participant africain inclut explicitement ce besoin dans sa définition de l'accueil :

> Pour moi, la clé commence là. Uniquement le fait que je vous rencontre, je vous dis bonjour parce que nous nous voyons, […] le fait de me dire bonjour, le fait de connaître mon nom. Vous ne pouvez pas imaginer pour nous ce que ça fait. Ça me dit que je ne suis pas un objet, je ne suis pas un livre, je ne suis pas le micro, je suis un être comme toi, du projet humain. Donc, pour moi, l'accueil commence par là.

Chez les Franco-Albertains, ce même besoin s'exprime sous la forme d'un malaise exprimé devant le manque de compréhension des francophones majoritaires, surtout québécois, à l'égard des compromis que les minoritaires ont dû faire. Alors que cette problématique pourrait à elle seule faire l'objet d'un article, il importe ici de souligner que le plus important de ces compromis semble être d'accepter le repli et la diglossie, afin de garantir la sauvegarde de la langue et de la culture francophones. Dans cette optique, il importe à la fois de créer des zones imperméables où l'on peut vivre sa culture et sa langue et d'accepter que les anglophones définissent les normes linguistiques et culturelles de la vie publique. Cette situation n'est pas sans effet sur la langue et la culture de la communauté historique. Les majoritaires, quant à eux, généralement confiants en leur identité et en leur capacité de maintenir et de transmettre leur langue et leur culture, cherchent à faire éclater les zones francophones, et ce, dans le but non seulement de les rendre plus inclusives des cultures autres, mais également pour qu'elles deviennent la porte d'accès à la vie publique et à la langue anglaise. Paradoxalement donc, la communauté historique se trouve dans la position de demandeur de légitimité auprès des communautés migrantes et immigrantes. Dans la citation ci-dessous, cette ambiguïté s'exprime par la perception d'un manque de compréhension chez les Québécois et d'un besoin de travailler ensemble pour la survie de la communauté :

> C'est qui la relève ? Y'a des Québécois […] pis pas parce que ce sont des mauvais gens là mais parce qu'ils viennent d'une communauté majoritaire ils sont majoritaires ils sentent pas le danger [de l'assimilation] autant que nous qui avons vécu ici pis là ça m'inquiète que si les gens s'impliquent pas pis qu'ils se donnent pas à la communauté.

La femme qui s'exprime ainsi croit que les majoritaires ne comprennent pas le danger de l'assimilation en raison de leur insistance sur l'apprentissage de l'anglais, langue qui « s'attrape en Alberta ». Cette croyance semble justifiée, puisque, lors d'un forum public, un homme demande comment l'école francophone peut assurer l'apprentissage de la langue anglaise lorsqu'on insiste tellement sur le français.

La représentation des francophones majoritaires qu'entretiennent les francophones minoritaires peut également donner lieu à une interprétation moins généreuse : selon une participante, une leader de la communauté franco-albertaine aurait affirmé que « les Québécois viennent ici seulement pour apprendre l'anglais et après ils s'en vont ». Selon cette perception, les Québécois n'ont pas l'intention de s'intégrer, mais profitent des acquis de la communauté francophone sans contribuer à son épanouissement.

Ce malaise est reçu par bien des Québécois comme un rejet de leur façon de voir les choses et ils revendiquent leur droit d'être. Ils affirment : « on va la prendre notre place dans cette communauté » ; ou encore : ils vont « montrer à certaines personnes qu'on a le droit de penser différemment ».

Franco-Albertains, Français, Africains, Québécois[3], tous expriment le besoin d'être reconnus, d'être entendus, d'avoir leur place. Ce n'est que lorsque ces besoins sont comblés qu'on se dit accueilli. Or, contrairement à l'universalité de la justification de l'accueil, les normes d'application de celui-ci sont marquées par la diversité, puisqu'elles sont inscrites dans un contexte socio-historique. Le mode d'accueil, sa mise en application, est régi par des normes culturelles.

Divergences culturelles

Les données recueillies permettent de constater que l'accueil, en Alberta francophone, est source de tensions. L'un accuse l'autre de ne pas être accueillant, et l'autre répond qu'il y a manque de respect de la communauté d'accueil et résistance à l'intégration. Tous affirment vouloir l'harmonie et avoir fait des efforts pour y parvenir. Un homme de l'Afrique francophone affirme pour sa part :

> Si les gens veulent protéger leur fonction, leur métier, leur titre, c'est tout à fait normal et il faut travailler. Si les gens travaillent, si un Noir travaille, il le mérite, mais qu'on s'approche, qu'on sache, qu'on se connaisse davantage et on peut défendre une cause. Pour moi, c'est ça. Moi, je peux te donner l'impression que je suis contre la communauté francophone, non ce n'est pas vrai. Je suis pour la communauté francophone // sauf que je te l'ai dit depuis longtemps j'ai été frustré, je n'ai pas trouvé d'accueil / auprès des francophones. Pourquoi ?

Une Franco-Albertaine nie de son côté qu'il y ait des difficultés d'intégration à l'école, puisque les élèves africains comme les élèves franco-albertains parlent entre eux en anglais, alors qu'ils ne connaissaient pas cette langue à leur arrivée à l'école. Une autre personne suggère que ce sont les Québécois, ceux-là mêmes qui accusent la communauté franco-albertaine de fermeture, qui font preuve de fermeture : si les Québécois veulent s'intégrer à la communauté, ils doivent s'abstenir de toujours remettre en cause la langue et les pratiques religieuses des Franco-Albertains.

Il appert que la difficulté repose sur la croyance qu'accueillir ne requiert rien de plus qu'une ouverture d'esprit et un certain savoir-vivre. Or l'accueil n'est pas une réalité monolithique, il est « une manière de faire » profondément culturelle. Définir l'accueil en ces termes nécessite un regard sur les normes culturelles qui régissent cette relation. Ces normes peuvent varier d'une communauté à l'autre, et elles sont dynamiques en ce sens qu'elles sont toujours en construction dans l'espace de la culture locale (Heller, 1987). Ainsi, le même rituel d'accueil peut être considéré comme chaleureux dans un milieu, mais offusquer dans un autre. Deux anecdotes, l'une tirée d'expériences passées et l'autre des notes de la recherche en cours, sont présentées ici à titre de comparaison.

À Shippagan, au Nouveau-Brunswick, j'entre chez la voisine de ma grand-mère sans m'annoncer, sans même frapper à la porte. Je suis là, tout simplement, comme chez moi. La cuisine est le lieu d'accueil et la tasse de thé suit rapidement mon arrivée. Si on m'invite, au contraire, à m'asseoir au salon, la formalité est plus grande, l'accueil moins chaleureux. Si j'attends qu'on m'ouvre la porte, j'annonce une distance symbolique entre moi-même et mon interlocuteur éventuel. Ces règles de conduite sont définies par une communauté dont je fais partie depuis ma plus tendre enfance. La pratique de l'accueil d'une communauté moins connue sera sans conteste plus opaque. Prenons ici l'exemple de mes interactions avec la communauté congolaise d'Edmonton.

À Edmonton, je suis invitée à la célébration du baptême d'enfants d'origine congolaise. J'arrive une heure en retard. Mon conjoint et moi sommes néanmoins parmi les premiers arrivés. Une jeune femme que je ne connais pas vient à notre rencontre, en guise d'accueil peut-être ? Je suis mal à l'aise, je ne sais que faire de mes cadeaux, je ne sais que dire à cette femme. J'ai l'impression d'avoir manqué à mes responsabilités dans ce rituel d'accueil. Mais où donc est notre hôte ? Il n'est pas là pour nous recevoir. Nous nous débarrassons de nos manteaux. Je laisse les cadeaux dans le vestiaire et me demande s'il était approprié d'en apporter.

De retour dans la salle, je vois des visages familiers et des hommes que je connais depuis un an. Je m'approche de ces derniers, ils me saluent, mais personne ne nous offre une place à leur table. Je dois demander si je peux me joindre à eux ! Encore, je suis mal à l'aise. On s'assoit, la conversation est difficile, souvent inexistante. Je pose des questions, les réponses sont, en général, courtes. La situation me semble tendue : auraient-ils voulu nous refuser une place à leur table? Le seul autre couple blanc présent est assis seul à une grande table, exclu des festivités qui les entourent et nettement mal à l'aise. Ils ne discutent même pas entre eux.

Finalement, quelqu'un m'accueille ! Une Rwandaise. « Maman Phyllis », me dit-elle en riant. « Mbeautéping ! » (bonjour) ajoute-t-elle en me donnant une accolade. Par ces gestes et ces mots, je me sais reconnue. Mais pendant longtemps, elle est la seule. Je connais pourtant d'autres gens. Tous viennent me serrer la main et passent rapidement à quelqu'un d'autre. On ne m'engage pas dans une conversation et je me sens exclue, invisible. Pourtant, à la fin de la soirée j'apprendrai que mon intégration est presque réussie : notre hôte m'affirme, « tu es presque Congolaise maintenant ». On m'avait accueillie sans que je le reconnaisse.

Alors que l'exclusion peut être le but visé, je postule qu'elle est le plus souvent une perception née d'un manque de ce qu'on pourrait nommer littératie interculturelle[4], c'est-à-dire la capacité de lire les normes – de reconnaître les questions qu'il est approprié de poser à un nouveau collègue, par exemple –, les manières de faire de la communauté d'accueil. Une mère se plaint, par exemple, de la directrice de l'école de ses enfants : elle n'est pas à l'écoute des parents. Or, cette même directrice confie qu'elle veut que les parents aient une part importante de responsabilité dans la prise de certaines décisions à l'école, qu'ils développent un sentiment d'appartenance à l'école. Elle se dit à l'écoute des parents. Si nous concevons l'accueil comme un acte de communication qui suit des conventions culturelles, nous pouvons croire que ni l'une ni l'autre ne dit faux.

Ces femmes ont passé leur enfance et le début de leur vie adulte dans différentes provinces et l'une est majoritaire alors que l'autre est minoritaire. Ces contextes peuvent influencer le développement des normes de communication. Un autre exemple permet de faire un lien entre ces normes et la « capacité d'accueil ».

Dans le cadre de cette recherche, une entrevue avec un Africain dure en moyenne trois heures ; avec un Québécois, il faut prévoir une heure trente alors qu'avec un Franco-Albertain, l'entrevue atteint rarement une heure, tout au plus. La grille d'entrevue est toujours la même. Comme l'exprime si bien une participante franco-albertaine, c'est dans le préambule à l'entrevue proprement dite que se situe la différence :

> pis comme là avec cette entrevue là ce matin là on aurait pas commencé pis on aurait faite un p'tit peu de jasette pis toutes sortes d'affaires là l'approche est différente la façon de penser est différente alors euh les Québécois quand ils arrivent ils sont pas habitués de transiger là-dedans alors c'est toutes des choses qui vient avec les années mais c'est pas évident quand ils arrivent là.

C'est dans ce préambule que l'intervieweur prend le temps d'établir les normes de communication et de connaître, d'accueillir le participant dans la recherche. Une introduction qui prend *trop* de temps peut rendre une personne impatiente et cette impatience peut être reçue comme un rejet ou un manque d'ouverture. Il en va de même d'une entrée en matière jugée trop abrupte, reçue comme un manque d'intérêt envers la personne, un manque de reconnaissance de sa personne. Comme le montrent Harvey Sacks *et al.* (1974) et Monica Heller (1982) et comme le laisse entendre la participante citée ci-dessus, la négociation de l'entrée dans une conversation est également importante dans d'autres situations de communication. Lorsque les règles sont rompues, il y a reprise du début ; s'il y a manque de reconnaissance des règles, il y a bris de communication suivi soit de discussion sur les règles elles-mêmes, soit de risque d'un jugement négatif de son interlocuteur. Dans une situation d'accueil, ce jugement peut prendre la forme rencontrée dans cette recherche : il y a manque d'ouverture ou fermeture d'esprit.

L'accueil est un acte de communication qui suit des normes de comportement culturellement constituées. Afin que cette communication soit réussie, locuteur et récepteur doivent connaître les règles du jeu – ou reconnaître qu'il y a divergence possible dans ces règles et qu'il faut donc négocier un compromis. À l'occasion du baptême congolais, je ne connaissais pas les règles du jeu. Je ne savais pas, par exemple, que je devais, à mon arrivée, faire le tour de la salle pour serrer la main de tous et toutes. De plus, les conventions sociales qui entourent l'accueil ne sont pas toujours faciles à déceler. Dans la communauté congolaise, par exemple, il semble exister des conventions pour les femmes et d'autres pour les hommes, mais ces nuances ne m'ont pas été facilement perceptibles dans le feu de l'action de l'accueil.

« Accueillir chaleureusement » l'autre et reconnaître la main tendue en signe de bienvenue nécessite donc une compréhension des normes de communication, ou ce que Jack Richards (1981) nomme une compétence sociale, qu'on pourrait comparer à celle liée à la prise de parole (Sacks, Schegloff et Jefferson, 1974; Moghaddam, 2000). Ces normes ne sont pas universelles, mais sont, au contraire, une construction sociale qui s'inscrit dans une culture locale partagée. Cette culture peut varier d'une ville ou d'un village à l'autre – nous n'avons qu'à comparer Shippagan à Moncton ou encore à Montréal pour s'en rendre compte –, d'une province à l'autre, voire d'une génération à l'autre, et mener à des difficultés à chacun de ces paliers. L'accueil interculturel requiert donc, comme le fait également l'intégration, un apprentissage de la culture de l'autre ; il ne peut se fonder que sur une compréhension interculturelle. Le travail d'accueil interculturel n'est donc pas chose facile. Outre l'ouverture à l'autre, il exige une certaine conscience culturelle, une complexification accrue de la notion même de *culture* – dans nos entrevues, la définition de ce concept est souvent limitée aux seuls éléments folkloriques – et le développement de stratégies de dialogue qui permettront d'aménager un terrain commun.

Conclusion : je t'accueille et tu m'accueilles en même temps

Actuellement, la rencontre entre Franco-Albertains dits de souche et francophones venus de différents pays et provinces ne se fait qu'à l'intérieur de relations de plus longue durée, et l'interpersonnel entre en jeu. Ce ne sont donc pas les institutions d'accueil qui sont les interlocuteurs des nouveaux arrivants, mais bien des personnes pour qui les pratiques de leur culture semblent tout à fait naturelles. Les normes sont ainsi beaucoup moins explicites et elles sont ouvertes à plusieurs interprétations, tant négatives que positives. Shippagan étant un lieu de socialisation depuis ma naissance, je m'y sens comme chez moi. Non pas parce que l'accueil y est meilleur, mais parce que je le reconnais, je sais l'inciter et le recevoir. Je connais mes droits et mes responsabilités dans l'action communicative (Moghaddam, 2000). Dans la communauté congolaise, j'apprends peu à peu à vivre l'accueil, à en partager la responsabilité. Ou, pour paraphraser un participant, à accueillir en même temps qu'on m'accueille.

Dans cet article, j'ai proposé que là où il y a convergence dans la conception de l'accueil – il s'agit de reconnaître l'autre –, les normes de mise en application sont sources de divergences fondamentalement culturelles. Ces normes semblent s'inscrire dans un acte de communication qui suit des normes de réciprocité; un accueil réussi relève autant d'une participation normée de l'acteur accueillant que de l'acteur accueilli. En ce sens, une définition plus complète de l'accueil serait : un acte de communication qui permet au locuteur et au récepteur de se reconnaître mutuellement.

L'accueil est, par conséquent, un phénomène culturel et, en tant que tel, ne peut pas transcender toutes les cultures et devenir un outil de rapprochement sans qu'il y ait modification des cultures en présence. En effet, il semble que l'accueil soit lui-même source de tensions interculturelles.

Finalement, j'ai également avancé, très brièvement, que l'accueil en milieu minoritaire peut être plus complexe qu'en milieu majoritaire. Une considération de cette problématique devra faire l'objet d'une étude plus approfondie. Une question qui pourrait être à la base d'un tel projet serait : « Lors de la négociation des normes de communication, lesquelles ont préséance ? » Et pourquoi pas une hypothèse ? Nous savons qu'en situation de contact, le choix d'une langue est lié au pouvoir de la personne qui parle la langue privilégiée (Bourdieu, 1977; Leclerc, 1986). Comme l'estime un participant à cette recherche, la francophonie historique pourrait s'avérer « minoritaire chez eux » en ce sens; le français le plus valorisé est souvent une variété standard parlée par des francophones nouvellement arrivés – plus spécifiquement le standard français ou québécois. Il est concevable que ce soit de même pour d'autres pratiques culturelles telles que l'accueil. Je propose donc que la négociation des règles de l'accueil est tributaire des relations de pouvoir telles que perçues par les divers acteurs. Étudier l'accueil à ce moment de diversification accrue constitue donc un moyen d'étudier les relations de pouvoir en mouvance à l'intérieur de la francophonie.

BIBLIOGRAPHIE

ARÈS, Georges, Mariette CARRIER-FRASER, Marc C. ARNAL et Isabelle CHIASSON (2001), *Parlons-nous ! Dialogue : rapport du Groupe de travail Dialogue*, Ottawa, FCFA du Canada.

BOURDIEU, Pierre (1977), « L'économie des échanges linguistiques », *Langue française*, vol. 34, p. 17-34.

CANADA (2002a), « Citoyenneté et Immigration, partenaire des communautés de langue officielle en situation minoritaire dans le cadre du PICLO », *Bulletin 41-42. Langues officielles – Développement des communautés et dua-*

lité linguistique, vol. 8, n⁰ 1, p. 7.

CANADA (2002b), *Partenariat de Citoyenneté et Immigration Canada avec les communautés francophones en situation minoritaire* : <http://www.cic.gc/francais/nouvelles/02/0206-f.html> [8 juillet 2002].

COURTS, Patrick L. (1997), *Multicultural Literacies: Dialect, Discourse, and Diversity,* New York, Peter Lang.

GEE, James Paul (1996), *Social Linguistics and Literacies,* New York, Routledge/Falmer, 2ᵉ édition.

HELLER, Monica (1982), « Bonjour, Hello ? : Negotiations of language choice in Montréal », dans John GUMPERZ (dir.), *Language and Social Identity,* Cambridge, Cambridge University Press, p. 108-118.

HELLER, Monica (1987), « The role of language in the formation of ethnic identity », dans Jean S. PHINNEY et Mary Jane ROTHERAM (dir.), *Children's Ethnic Socialization,* Newbury Park (California), Sage Publications, p. 180-200.

JEDWAB, J. (2002), *L'immigration et l'épanouissement des communautés de langue officielle au Canada : politiques, démographie et identité,* Ottawa, Commissariat aux langues officielles.

LECLERC, Jacques (1986), *Langue et société,* Laval (Québec), Mondia.

MOGHADDAM, Fatholi (2000), « Toward a cultural theory of human rights », *Theory & Psychology,* vol. 10, n⁰ 3, p. 291-312.

RICHARDS, Jack C. (1981), «Talking across cultures », *Canadian Modern Language Review,* vol. 37, n⁰ 3, p. 572-582.

SACKS, Harvey, Emmanuel SCHEGLOFF et Gail JEFFERSON (1974), « A simplest systematics for the organization of turn-taking for conversation, *Language,* n⁰ 50, p. 696-735.

SCHEGLOFF, Emmanuel (1972), « Sequencing in conversational openings », dans John GUMPERZ et Dell HYMES (dir.), *Directions in Sociolinguistics : the Ethnography of Communication,* New York, Holt, Rinehart and Winston, p. 346-380.

SCHEGLOFF, Emmanuel (1999), « Discourse, pragmatics, conversation, analysis », *Discourse Studies,* vol. 1, n⁰ 4, p. 405-435.

STEBBINS, Robert A. (1993), « Le style de vie francophone en milieu minoritaire », *Cahiers franco-canadiens de l'Ouest,* vol. 5, n⁰ 2, p. 177-194.

THOMAS, Jim (1993), *Doing Critical Ethnography,* Newbury Park (California), Sage Publications.

VAN DER MAREN, Jean-Marie (1995), *Méthodes de recherche pour l'éducation,* Montréal, Les Presses de l'Université de Montréal.

WEIL, Danny K. (1998), *Towards a Critical Multicultural Literacy. Theory and Practice for Education for Liberation,* New York, Peter Lang.

NOTES

1. Les transcriptions sont textuelles. Conventions de transcription : ajout de ponctuation afin de rendre la lecture plus facile; [ ] texte ajouté par l'auteur afin de clarifier le sens; [...] texte omis; XXX parties de textes incompréhensibles lors de la transcription; // silences ou pauses.

2. La situation des réfugiés francophones peut être d'autant plus complexe qu'ils sont des immigrants obligés. Si la situation était autre dans leur pays d'origine, ils n'auraient pas choisi de le quitter. Leur exil et leur intégration seront teintés par cet état des faits.

3. Alors que la francophonie albertaine inclut également des Suisses, des Acadiens et des francophones d'autres pays et provinces canadiennes, mon échantillon ne comprend pas plus d'un représentant de chacun de ces groupes. Afin de maintenir leur anonymat, j'ai choisi de ne pas les identifier séparément. De plus, aucun ne mentionne ces groupes dans sa discussion de l'accueil. Il est également important de souligner que le groupe que je nomme africain peut également être subdivisé selon le pays d'origine.

4. J'emprunte ici la notion de « multicultural literacies » issue d'études sociolinguistiques ou socioculturelles américaines (Gee, 1996; Weil, 1998; Courts, 1997). La littératie multiculturelle revêt une importance considérable dans cette approche à la suite d'une reconnaissance du besoin de maîtriser plus d'une littératie, afin d'avoir le choix d'accéder à un monde plus large que sa communauté locale. Nonobstant l'impossibilité remarquée par Courts (1997, p. 10) de s'assimiler complètement à un nouveau groupe culturel, j'utilise « interculturel » dans ce texte, afin de souligner qu'apprendre de nouvelles normes discursives entraîne nécessairement un changement identitaire. Accueillir nécessite cet apprentissage de part et d'autre. Vivre l'accueil interculturel nécessite réciprocité et négociation d'un espace qui soit *entre* les deux cultures.

MONCTON ET LA RENAISSANCE CULTURELLE ACADIENNE

Herménégilde Chiasson

En 1967, Jean-Guy Pilon et André Payette, en visite à Moncton à l'occasion du tournage du film *Les Acadiens de la dispersion* de Léonard Forest, produisent un numéro spécial de la revue *Liberté* consacré à l'Acadie. C'est dans la préface de ce numéro, signé par Louis J. Robichaud, alors premier ministre de la province du Nouveau-Brunswick, qu'il est fait mention, pour la première fois, de l'existence éventuelle ou virtuelle d'une littérature acadienne. On y trouve des articles de Michel Roy, futur auteur de *L'Acadie perdue* ; de Camille Richard, premier sociologue acadien ; du philosophe Roger Savoie, qui deviendra le maître à penser d'une génération ; on y trouve aussi une entrevue avec Michel Blanchard, qu'on verra plus tard dans le film de Pierre Perreault, *L'Acadie, l'Acadie*, et des textes d'auteurs tels que Léonard Forest, cinéaste et poète ; Raymond LeBlanc, premier auteur à être publié aux Éditions d'Acadie ; Antonine Maillet, futur Prix Goncourt ; Roméo Savoie, poète et artiste peintre, sans doute l'une des figures dominantes de la modernité acadienne ; et Herménégilde Chiasson, qui publie alors son premier texte. On consacre une assez longue section (18 pages) au poème *Évangéline* de Longfellow, et, pour conclure le dossier, Jean-Guy Pilon publiait un journal de bord de son itinéraire en Acadie. À propos de Moncton, voici ce qu'il dit :

> Moncton est une ville laide qui doit bien être l'œuvre de quelqu'un. Car il m'apparaît impossible que les gens, laissés à eux-mêmes, soient parvenus à réaliser un tel ensemble. Aucun plan de construction, aucun sens de l'urbanisme, aucun goût dans la façon de peindre ces maisons de bois, toutes assez basses, qui auraient pu avoir une certaine allure. Pour couper au plus court, il faut bien reconnaître qu'à part son Université, Moncton est le centre de fort peu de choses, sinon de légendes et de rêves[1].

Dans cette citation, on peut sûrement faire le profil d'une certaine vision de l'Acadie et de Moncton en particulier, ville devenue, par la force des choses, le centre et jusqu'à un certain point la capitale culturelle de l'Acadie. En raison de la concentration d'infrastructures essentielles à la définition et au fonctionnement de l'Acadie contemporaine, Moncton manifeste une vision unique et nouvelle au sens où elle introduit la notion d'urbanité dans l'imaginaire acadien, car il faut bien admettre que, jusque-là, on ne parlait à ce chapitre que de notre glorieux martyre et de notre courageux retour.

À partir des années 1950, c'est-à-dire au cours de l'après-guerre, il se prépare et se produit en Acadie une révolution qui ressemble à ce qu'on nommera au Québec la Révolution tranquille. Il ne faut pas oublier que deux des personnages qui vont marquer cette période, soit le père Clément Cormier, futur fondateur de l'Université de Moncton, et Louis J. Robichaud, premier premier ministre acadien du Nouveau-Brunswick, sont des disciples du père Georges-Henri Lévesque, qui a exercé une influence marquante sur toute une génération de leaders québécois. L'archidiocèse de Moncton abrite alors la congrégation des Pères de Sainte-Croix, dont l'idéologie populiste et plus américaine fait contraste avec l'élitisme beaucoup plus européanisé des Pères Eudistes, qui exercent leur ministère dans la péninsule acadienne, le Madawaska et à la baie Sainte-Marie. On sait que la fondation de l'Université de Moncton entraînera la fermeture puis le déménagement de la première institution de haut savoir en Acadie : le Collège Saint-Joseph, fondé en 1864 par le père Camille Lefebvre et tenu par les Pères de Sainte-Croix à Memramcook. La future université verra le jour à la suite de la fermeture ou de la réduction des activités de certains collèges, soit Notre-Dame d'Acadie à Moncton, institution consacrée à la formation des jeunes filles, Sacré-Cœur à Bathurst et Saint-Louis/Maillet à Edmundston, ces deux dernières régions étant profondément francophones. Cette opération menée en commun par Robichaud et Cormier amènera la majeure partie de l'Acadie intellectuelle du nord-est, du nord-ouest et du sud-est du Nouveau-Brunswick à se retrouver à Moncton, ville résolument anglophone, alors bastion des Orangistes et des membres de l'English Speaking League.

Ce mouvement permettra à l'Acadie de se réveiller de son sommeil bucolique et de se retrouver dans la circulation et la mouvance des idées de la fin des années 1960. La ville est alors en proie à une grande agitation, surtout lors de l'occupation de l'Université par un groupe d'étudiants et de la marche sur l'hôtel de ville organisée par ces derniers pour demander que l'on fasse une place accrue au bilinguisme. Le maire de l'époque, Leonard Jones, leur dira de retourner dans leurs classes, en affirmant qu'ils sont jeunes, immatures et irresponsables et qu'ils ne comprennent rien à la bonne marche unilingue et anglophone de sa ville. Les étudiants comprendront et se garderont à l'avenir d'intervenir dans la marche des affaires municipales. Cette défaite transportera en quelque sorte le combat de la scène politique à la scène culturelle, là où les changements se font en profondeur, puisqu'ils touchent à l'imaginaire, à l'identité et à la conscience. C'est ainsi que la culture acadienne connaîtra au cours des années 1970 des progrès fulgurants.

Moncton adoptera donc une position qui, sous des dehors affables et plus civils – nous sommes loin du maire Jones –, affiche, même de nos jours, un refus d'ouverture et maintient un visage qui ne tient que rarement compte du fait que le tiers de sa population est d'origine francophone. L'affichage, par exemple, est pratiquement unilingue anglophone, que ce soit dans le nom des rues, le nom des établissements ou dans les services linguistiques qui y sont dispensés. Pour ce qui est de la culture, les anglophones s'accordent pour dire que, sans l'élément francophone, Moncton ne serait sans doute qu'une toute petite ville semblable aux nombreuses autres que l'on trouve dans les provinces Maritimes. C'est ainsi que, grâce à sa population acadienne, Moncton a hérité de la majeure partie des retombées économiques et médiatiques du premier Congrès mondial acadien de 1994 et du Sommet de la francophonie qui s'y est tenu en 1999.

L'Université de Moncton, en raison de sa position, a été appelée à dispenser une formation dont les retombées seront d'abord d'ordre culturel. L'exemple sera donné par son fondateur qui trouvera, auprès du Conseil des arts du Canada, les fonds nécessaires pour engager un artiste-professeur, Claude Roussel, futur fondateur du Département des arts visuels de l'Université, qui sera chargé de dispenser les premiers cours à option de l'établissement. Plus tard, le père Cormier, lors de la construction de la bibliothèque de l'Université, fera en sorte qu'une partie des locaux soient consacrés à l'établissement d'une galerie d'art et d'un musée qui existent toujours, bien qu'ils aient déménagé depuis dans un édifice commun beaucoup plus spacieux et mieux aménagé.

Parallèlement aux arts visuels, le Département de musique et le Département de théâtre s'adjoindront au Département de français qui, par son intérêt littéraire, contribuera à créer une nouvelle image de l'Acadie, image qui s'éloignera du folklore et de la tradition pour prendre en considération la modernité et les nouveaux défis formels de ces diverses formes d'art. Cette contribution sur le plan de la formation se manifestera surtout dans des institutions qui verront le jour, à Moncton en particulier, et qui prolongeront cette vision nouvelle dans la pratique.

En 1972, Melvin Gallant et un groupe de ses collègues professeurs de l'Université de Moncton mettront sur pied les Éditions d'Acadie, maison qui sera indispensable à la création de la littérature acadienne. Si l'on exclut l'œuvre d'Antonine Maillet, tous les auteurs acadiens des années 1970 et 1980 ont publié au moins un titre chez cet éditeur. Sa fermeture en 1999 a entraîné dans le paysage littéraire acadien un vide qui n'a pas été comblé depuis et qui laisse notre institution littéraire dans un grand désarroi. Raymond Leblanc a été le premier auteur à être publié aux Éditions d'Acadie. Son poème *Petitcodiac*, du nom de la rivière qui traverse la ville, est assez indicateur de cette nouvelle vision de Moncton comme lieu d'une aliénation à laquelle les Acadiens se confrontent toujours, bien qu'ici ce ne soit pas dans la ville mais dans la nature que se manifeste ce témoignage de révolte et d'appartenance :

> Tu te cherches aux rivages étrangers
>
> Et les rochers te renvoient au mutisme des collines
>
> Devant toi
>
> SE DRESSE L'ACIER MIROITANT
>
> SENTINELLE D'IRVING
>
> et Moncton divisé
>
> métalliquement
>
> Les clochers de Memramcook

Découpent leur chimère

À la fumée du C.N.R. cheminée

Qui étouffe de ses eaux tes chemins de fer

MONOTONIES parallèles et unilatérales[2]

Cette renaissance culturelle a souvent été le fait de personnes qui se sont dévouées bien au-delà des responsabilités que leur conférait leur travail, pour mettre sur pied des institutions qui leur ont survécu et dont nous bénéficions tous. En Acadie, on pourrait mentionner les noms de Claude Roussel, pour la fondation du Département des arts visuels et la tenue de la première exposition d'art acadien suivie de la création de la première galerie d'art ; de Melvin Gallant, en littérature, pour la fondation des Éditions d'Acadie, de l'Association des écrivains acadiens, des Éditions Perce-Neige et de la revue *Égalité* ; de Léonard Forest, pour la mise sur pied du Studio-Acadie de l'Office national du film, et de Jean-Claude Marcus, pour la mise sur pied du Département d'art dramatique. Bien qu'on puisse dire, comme toujours, que les individus sont la manifestation de circonstances inévitables, il reste qu'il s'agit là de personnes qui ont transformé le cours des choses et qu'elles ont mis en place des moyens, sinon des outils, qui ont favorisé l'éclosion d'une identité renouvelée.

De leur engagement ont découlé d'autres institutions et d'autres mouvements au nombre desquels on peut compter la création de galeries d'art, d'ateliers de création, de festivals culturels tels que le Festival du cinéma francophone en Acadie, de compagnies de production cinématographique, de salons du livre, de compagnies de théâtre, de salles de spectacles, de stations de radio, pour ne nommer que ces quelques manifestations d'une présence qui ne cesse de se confirmer. De toute cette activité se dégage une identité qui, depuis trente ans, est elle aussi en profonde mutation. Lorsque Antonine Maillet publie *La Sagouine* en 1971, aux Éditions Leméac, à Montréal, il n'y a alors aucune infrastructure capable de prendre en charge cette littérature émergeante. Le monde évoqué dans cette œuvre est lui aussi en perdition, et le passage de l'oral à l'écrit qu'elle amorce se fait à l'aube d'un mouvement qui ébranlera les schémas traditionnels d'une Acadie dont le mythe gravite autour de la Déportation et de la survivance. Cette Acadie, écrasée par son passé, comme le dira si bien François Paré, est alors en voie de se métamorphoser. Il serait donc intéressant de jeter un coup d'œil rapide sur ce que véhicule cette nouvelle vision, dont la production culturelle est à la fois le fer de lance et le témoignage.

Au départ, il y a l'effet de surprise. Comment les Acadiens si timorés et tenus si longtemps dans une pauvreté si affligeante ont-ils pu se moderniser de manière si soudaine et si percutante ? Le mérite en revient, pour une bonne part, à l'Université de Moncton, mais aussi à un concours de circonstances qui a engendré dans cette ville une prise de position, plus souvent qu'autrement une dénonciation de l'urbanité dans sa dimension opprimante, sectaire et menaçante, bref, une dénonciation de la vie du ghetto avec tout ce qu'elle a d'aliénant. C'est en vain que l'on chercherait dans la production artistique de l'époque et de celles qui suivront une représentation manifestant une certaine détente, un certain abandon, même l'affirmation d'un certain bien-être. Moncton est souvent vue comme la ville où se profile une menace qu'il faut circonscrire et enrayer, sinon fuir à tout jamais vers des espaces plus cléments. Il y a dans cette ville une tension qui nous fait resserrer les rangs, bien conscients que nous sommes ici au front, mais cet état de siège finit par engendrer une méfiance qui rend les rapports humains difficiles et une paranoïa qui alimente les guerres tribales.

Moncton sera un lieu et une source d'inspiration pour quantité d'artistes et d'œuvres. On verra ses images au cinéma, dans les pages des romanciers et les chants des poètes, dans les œuvres des peintres et quantité de chansons. Le chiac, son dialecte, pour certains une langue, fera l'objet de plusieurs débats et surgira dans l'œuvre d'écrivains tels que Guy Arsenault, Jean Babineau et, récemment, France Daigle, laquelle s'en servira comme élément identitaire contrastant avec d'autres identités plus fermement définies mais toutes aussi problématiques et éclatées.

De tous les artistes établis à Moncton, Gérald LeBlanc est sans doute celui qui aura fait de cette ville son sujet de prédilection. Son roman *Moncton mantra*, qui raconte sa venue à l'écriture, jette un regard rétrospectif sur cette période d'émergence et de foisonnement que furent, en Acadie comme ailleurs, les années 1970. C'est un document de l'intérieur qu'il faut lire pour comprendre à la fois les enjeux, les conflits, les déceptions et les principaux personnages de cet aménagement de l'urbanité par un groupe d'individus, venus pour la plupart de l'extérieur de Moncton, et qui n'arriveront pas à faire en sorte que la ville se transforme, en raison d'un manque de cohésion et d'un manque d'appuis à l'intérieur même de cette ville, comme en fait foi cet extrait :

> En fin d'après-midi, en sortant du bureau, je me promène souvent en ville. Je m'imprègne de son rythme, de ses rues, de son affichage unilingue et de ses langues oscillantes. L'effet me déroute souvent. J'ai l'impression que ma langue n'appartient pas à ce décor, tout en sachant qu'elle habite cette ville depuis toujours, subtile et séditieuse. Je remarque, après avoir décidé de ne plus parler anglais nulle part, que je l'entends moins. Ou plutôt le français passe au premier plan, entouré d'un bruit, comme celui d'une radio qui joue dans une pièce à côté. Ainsi je circule dans ma langue en explorant ma ville[3].

Il faut voir aussi que Moncton fait partie d'un phénomène qui s'apparente à l'américanité dans ce qu'elle a d'uniformisant et de malaisé. Cette accumulation de petites villes qui apparaissent et disparaissent au gré des mouvements de population et des convenances utilitaires prend cependant ici une importance et un relief différents, en raison du projet d'une partie de sa population qui en fit le lieu d'une prise de parole aussi soudaine qu'inattendue. C'est aussi l'avis de Pierre Nepveu, qui, dans *Intérieurs du Nouveau Monde*, fait mention d'un certain nombre de petites villes dont l'importance provient de la présence qu'elles ont acquise dans l'œuvre d'auteurs qui y ont situé leurs univers, ou encore, les ont désavouées. De Moncton il dira : « Or voici qu'à la faveur de l'invraisemblable odyssée acadienne, une ville mineure et semblable à tant d'autres paraît devenir essentielle et répondre richement, érotiquement pourrait-on dire, à l'appel américain[4] ».

À ce sujet, il est peut-être intéressant de mentionner que les années 1970 – années de la dernière renaissance acadienne, car il y en a eu et il y en aura d'autres – coïncident avec le déclin de la culture américaine qui, se retrouvant dans le bourbier du Vietnam, se voit forcée d'entreprendre une réflexion qui la rend consciente du monopole qu'elle a si longtemps exercé au nom de la liberté. C'est un fait que le pouvoir, quand il fléchit, fait place au chaos et à l'écoute de voix multiples jusque-là camouflées dans le plain-chant de l'idéologie dominante. Ville d'Amérique, ville de départ et d'une insondable mélancolie, Moncton s'est vu identifiée au projet acadien, cette errance centenaire qui n'a toujours pas trouvé de lieu pour se fixer, car il est bien évident que cette ville, pas plus de nos jours que dans les années 1970, n'a su entendre ou reconnaître le dynamisme que lui aura insufflé une communauté qu'elle s'est affairée à exclure, au mieux à tolérer. On est en droit de se demander, à l'heure actuelle, si ce masochisme connaîtra un jour sa fin ou s'il se poursuivra comme une plainte perpétuelle dont les arts et la culture se feront les éternels indices vitaux.

NOTES

1. Jean-Guy PILON, « Journal de bord », *Liberté*, vol. 11, n⁰ 5, 1969, p. 155.
2. Raymond LEBLANC, *Cri de terre*, Moncton, Éditions d'Acadie, 1972, p. 46.
3. Gérald LEBLANC, *Moncton mantra*, Moncton, Éditions Perce-Neige, 1997, p. 47.
4. Pierre NEPVEU, *Intérieurs du Nouveau Monde*, Montréal, Boréal, 1998, p. 285.

COMPLICITÉ ET TENSIONS ENTRE MINORITÉS : UNE RELATION À REDÉFINIR ENTRE MICMACS ET ACADIENS AU NOUVEAU-BRUNSWICK

Pier Bouchard et Sylvain Vézina
Université de Moncton

> La compréhension est à la fois moyen et fin de la communication humaine. Il ne peut y avoir de progrès dans les relations entre individus, nations, cultures sans compréhensions mutuelles.
>
> Edgar MORIN, *Les sept savoirs nécessaires à l'éducation du futur*

Le jugement rendu en septembre 1999 par la Cour suprême du Canada en faveur de Donald Marshall, un Micmac de la Nouvelle-Écosse, devait donner lieu à une série d'événements qui nous amènent aujourd'hui à nous interroger sur les rapports entre les communautés autochtones et non autochtones et, plus spécifiquement, sur les relations entre Acadiens et Micmacs au Nouveau-Brunswick. On se rappellera en effet qu'en reconnaissant des droits ancestraux en vertu d'un traité signé en 1760 par la Couronne britannique et la Nation micmaque, la Cour suprême forçait le gouvernement canadien à négocier des ententes avec les bandes autochtones des Maritimes en vue d'un accès élargi à la pêche commerciale. Or la communauté micmaque de Burnt Church, établie au Nord-Est du Nouveau-Brunswick, choisira de résister en faisant valoir son droit de gérer elle-même ses activités de pêche et en refusant, en conséquence, toute négociation avec le gouvernement fédéral. Cette position devait donner lieu à une série d'affrontements entre Micmacs, Acadiens et forces de l'ordre, à l'automne 2000, autour de la pêche au homard, affrontements ponctués de gestes de provocation, de sabotages, de vandalisme, d'accusations de pêche illégale et d'arrestations. Depuis lors, les rapports entre les Micmacs de Burnt Church et les Acadiens de Néguac se caractérisent par des tensions et de la méfiance, lesquelles se répercutent sur l'ensemble des communautés autochtones et non autochtones au Nouveau-Brunswick, voire des Maritimes et du Canada.

La réflexion proposée ici porte spécifiquement sur la relation entre Acadiens et Micmacs au Nouveau-Brunswick, deux communautés qui, au-delà de cet important conflit, partagent bon nombre de préoccupations notamment en raison de leur statut de minorité, de leur proximité géographique et de leur dépendance par rapport aux ressources naturelles[1]. Nous sommes d'avis qu'une alliance entre ces deux communautés pourrait éventuellement se traduire par des avancées concrètes pour chacun de ces groupes minoritaires qui se rejoignent dans leurs frustrations à l'endroit du système politique, du besoin exprimé de voir mis en place de nouveaux mécanismes de prise de décisions et des lacunes dénoncées de la gestion publique.

Comme l'ont admirablement bien illustré les travaux de la Commission royale sur les peuples autochtones (CRPA)[2], il est urgent de revoir la nature des relations existantes entre Autochtones et non-Autochtones en vue d'« une coexistence pacifique et mutuellement satisfaisante » (CRPA, vol. 2, t. 1, p. 23). De plus, les spécialistes de la gestion sont désormais nombreux à reconnaître l'importance d'inclure les valeurs autochtones dans la gestion des affaires publiques et de revoir le mode de fonctionnement de nos gouvernements[3].

Dans cet article, nous proposons donc une réflexion sur les thèmes suivants : les mécanismes de prise de décisions, l'engagement des citoyens, la compréhension culturelle et le modèle de coopération entre les cultures.

La formulation des politiques dans un système de gouvernance

L'introduction d'un modèle de gouvernance peut avoir un impact considérable sur la capacité des groupes minoritaires à influencer la formulation des politiques les concernant. Le concept de gouvernance est ici employé dans le sens précis proposé par Gerry Stoker (1998) et R.A.W. Rhodes (1996). Il s'agit d'une forme de gestion qui fait intervenir un réseau d'institutions et d'acteurs autonomes et interdépendants, qui appartiennent tant à la sphère du privé qu'à celle du public, et dans laquelle l'État ne tient plus un rôle central mais est chargé de guider l'action collective.

La gouvernance repose sur l'établissement d'un dialogue entre diverses parties prenantes de la société par la formation de réseaux, de partenariats et l'organisation de forums. Il est question de trouver des façons de faire moins bureaucratiques qui mettent davantage les citoyens à contribution dans la prise de décisions, ces derniers étant appelés à cerner collectivement des objectifs à poursuivre et des moyens pour les atteindre.

Bien que ce nouveau modèle de prise de décisions dans la formulation des politiques comporte des avantages incontestables, il peut également susciter un certain scepticisme. Les principales préoccupations soulevées peuvent se résumer en deux points[4]. Premièrement, d'aucuns avancent que tous les citoyens n'ont pas les mêmes moyens ni la même capacité de participer ou d'influencer les politiques. Certaines personnes sont plus instruites, d'autres détiennent davantage de moyens financiers ou d'autres ressources leur permettant de procéder à l'analyse des situations et d'influencer en conséquence les politiques publiques. La gouvernance tendrait ainsi à remettre en cause le rôle fondamental de nos gouvernements qui consiste à assurer l'égalité entre les citoyens et à protéger les citoyens les plus démunis vis-à-vis des citoyens les plus forts.

La deuxième réserve est liée à la première. Elle voit dans la gouvernance une forme de privatisation où la politique se trouve exclue au profit d'un modèle de marché. Le marché est ici perçu comme un mécanisme d'information et d'échange qui permet d'équilibrer la demande et l'offre de politiques publiques. Reste à savoir s'il permet là aussi d'assurer l'équité. Dans un nouveau modèle de gouvernance, le citoyen se transformerait en client-consommateur et deviendrait un acteur dans un système de négociation et d'échanges entre différents intérêts sectoriels. On réduirait ainsi le rôle du système politique, lequel perdrait ses prérogatives en matière de médiation des intérêts, de cohésion de la société et de représentation équitable des différents intérêts.

Les inquiétudes soulevées par ces auteurs nous semblent devoir être prises en compte dans le but de bonifier les propositions de la gouvernance. Nous postulons que ce nouveau mode de gestion peut favoriser l'amélioration des conditions des groupes minoritaires, qui y voient la possibilité d'exercer une influence accrue sur les politiques gouvernementales dans la mesure où ils y contribuent par un engagement ferme et continu de leurs membres. Il faut cependant s'assurer qu'une telle démarche ne vise ni la récupération ni la mise au rancart des intérêts des groupes minoritaires souvent moins puissants.

Vers l'engagement des communautés micmaque et acadienne

Dans le cadre d'une recherche-action, nous avons mis en relation des fonctionnaires fédéraux et provinciaux, des Autochtones issus de différentes réserves au Nouveau-Brunswick, des universitaires et des citoyens non autochtones afin de déterminer des moyens susceptibles de favoriser l'engagement des communautés micmaques dans la formulation de politiques[5].

Notre réflexion nous a conduits à dégager cinq conditions préalables à tout processus d'engagement de ces communautés[6] :

- l'établissement préalable d'un climat de confiance ;
- l'accès à une information crédible et toujours renouvelée ;
- la détermination de points communs à partir desquels pourrait se faire l'engagement ;
- l'établissement d'un dialogue continu portant sur les valeurs et les convictions ;
- la reconnaissance de l'autonomie et de l'obligation de chacun des partenaires de rendre des comptes.

Dans cet article, nous examinerons de façon plus attentive l'une de ces conditions, soit la découverte de points communs entre la communauté micmaque et la communauté acadienne au Nouveau-Brunswick. En effet, nous avons relevé dans nos discussions avec des membres des deux communautés de fréquentes références à leur condition de minoritaires. D'ailleurs, des participants autochtones se rappellent très bien certains événements survenus dans l'histoire, lesquels témoignent d'une complicité entre les deux communautés : « Nous avions de bonnes relations avec les Acadiens. Ils étaient nos amis. Nous avons fait la guerre ensemble contre les Anglais. D'ailleurs, les Anglais ont souvent cherché à rompre les liens entre Acadiens et Micmacs » (un Autochtone de Burnt Church).

Il est aussi intéressant de rapporter les propos d'un participant acadien qui travaille depuis plusieurs années au sein de la communauté autochtone. Il est ici question de la crise d'identité commune aux deux communautés minoritaires, d'oppression et de luttes d'une minorité pour sauvegarder sa culture. Voici ses propos :

> J'ai aussi vécu une crise d'identité. À l'âge de vingt ans, lorsqu'on se fait dire à Moncton « Speak english or get out » on se pose de sérieuses questions sur notre identité. Qui sommes-nous ? D'où vient-on ? On devient agressif, car on se sent agressé. L'oppression à l'endroit des Autochtones est encore plus accentuée. Il faut alors accepter d'être différent en raison de sa langue et faire le choix de lutter pour défendre cette différence. Nos luttes ici sont similaires à celles des Autochtones en ce que nous sommes une minorité. (Un Acadien intervenant en milieu autochtone)

De fait, il s'est avéré que plusieurs participants à nos forums souhaitaient développer cette complicité et parlaient d'une certaine communauté d'intérêts, ce qui nous a conduits à relever de nombreux points communs.

Premièrement, il est intéressant de noter que plusieurs réserves micmaques au Nouveau-Brunswick se situent à proximité d'agglomérations majoritairement acadiennes. Aussi un nombre important de membres des deux communautés dépendent des même ressources, telles la forêt et la mer, pour leur développement, voire leur survie.

Deuxièmement, les Acadiens sont bien placés pour comprendre les revendications territoriales des Autochtones, étant donné que leurs ancêtres ont été eux aussi dépossédés de leurs terres. Il est d'ailleurs intéressant de constater que, dans les deux groupes, certains exigent des excuses afin de réparer des injustices survenues dans le passé.

Troisièmement, l'assimilation linguistique et l'assimilation culturelle représentent des enjeux importants pour les deux groupes minoritaires, qui souhaitent lutter contre les atteintes à leur culture et ne souhaitent aucunement adhérer à un modèle prédominant de société[7]. Plusieurs Autochtones relèveront notamment le souvenir des pensionnats qui visaient à leur imposer une langue et une culture[8]. Les deux groupes doivent donc lutter de façon quotidienne contre l'assimilation.

Quatrièmement, des représentants des deux communautés dénoncent le manque de volonté politique et le fait qu'ils doivent recourir de façon systématique à la lutte juridique pour faire avancer leur cause. D'un côté, on se réfère à la Loi sur les Indiens, à la Charte canadienne des droits et libertés et à une série de causes portées devant les tribunaux au Canada, tel le jugement Marshall[9] ; de l'autre, on se réfère à la Loi sur les langues officielles, à la

Charte canadienne des droits et libertés et à des nombreuses causes, comme l'affaire de l'hôpital Montfort[10] en Ontario ou encore la cause Charlebois[11] au Nouveau-Brunswick concernant les arrêtés municipaux diffusés uniquement en anglais. Pendant que des groupes autochtones cherchent à faire respecter certaines ententes conclues avec le gouvernement canadien, des représentants acadiens, de leur côté, luttent pour faire appliquer la Loi sur le bilinguisme. Dans les deux cas, on dénonce l'inefficacité du politique.

Cinquièmement, des deux côtés, on déplore le fait que le gouvernement fédéral prenne des décisions sans une connaissance approfondie des besoins réels des communautés en questions. Soulevons toutefois ici une différence majeure entre les deux groupes : si des représentants acadiens revendiquent une autorité accrue sur leurs institutions, voire une gestion décentralisée qui prendrait en compte les besoins des communautés, il faut voir que, du côté autochtone, plusieurs n'ont aucunement l'intention de reconnaître la légitimité du système politique des non-autochtones et revendiquent l'autonomie gouvernementale.

En dernier lieu, le développement des communautés autochtones, comme celui des communautés acadiennes, passe par une reconnaissance de leur culture, comme en témoignent les propos suivants de participants autochtones : « Notre communauté a un besoin criant de se faire reconnaître comme peuple et comme culture riche et singulière. Notre fierté micmaque doit être rétablie » (un Autochtone de Burnt Church). « L'argent ne fait pas le bonheur, c'est la reconnaissance qui nous donne une valeur » (une Autochtone de Madawaska). Mais, pour reconstruire leur fierté, les communautés autochtones doivent également être en mesure de se gouverner. C'est là une condition essentielle de l'amélioration de leurs relations avec les gouvernements et les autres communautés, parce que l'identité d'un peuple passe par la maîtrise d'un ensemble d'institutions destinées à la promotion et à la défense de ses intérêts spécifiques. D'ailleurs, un participant non autochtone estime que la fédération canadienne doit reconnaître la spécificité du peuple autochtone comme elle l'a fait pour les Acadiens, mais à un degré accru. « La relation avec le gouvernement ne pourra s'améliorer que si le lien le plus significatif, celui de leur propre autonomie gouvernementale, se construit ».

Bien que, aux fins de cet article, nous ayons étudié principalement les points communs pouvant favoriser un rapprochement entre ces deux communautés, il importe également de rappeler brièvement la spécificité de chacun des deux groupes. Ainsi, la condition spécifique des Micmacs comporte certes des différences avec celle des Acadiens, leur statut politique et juridique étant, à bien des égards, différent. Comme le mentionnent souvent des participants autochtones, il faut se rappeler que, dans le passé, les Autochtones ont accueilli les Acadiens. Et plus tard, à la différence des Acadiens, les Autochtones ont été placés dans des réserves sous la tutelle du gouvernement canadien. Alors que l'on note ces dernières années des avancées concrètes des Acadiens relativement au respect de leur langue et de leur culture, les Micmacs sont contraints d'opter pour l'anglais et, ce faisant, perdent peu à peu l'usage de leur langue et le contact avec leur culture[12].

Force est de constater, au lendemain des événements de Burnt Church, que la relation s'est détériorée entre les communautés autochtones et non autochtones. Il devient urgent de se pencher sur cette question et de miser plutôt sur la collaboration, voire la complicité entre ces communautés. Plus que jamais, il importe de réfléchir à des mécanismes susceptibles de leur permettre d'exercer une véritable influence sur les politiques publiques.

Si nous nous attardons surtout aux points communs entre ces communautés, c'est qu'ils pourraient éventuellement constituer une base commune de revendications et conduire à une collaboration étroite, ou même à une alliance entre ces groupes, et faciliter ainsi leur engagement dans la formulation de politiques. Ensemble, ils seraient mieux en mesure d'exercer des pressions de manière à ce que leurs préoccupations, leurs intérêts, leurs valeurs et leurs besoins spécifiques soient mieux pris en compte dans le processus décisionnel.

Il reste donc à créer entre les communautés des ponts susceptibles de conduire à des avancées concrètes tant sur le plan politique que sur le plan du développement économique et social. À nos yeux, il ne sera possible de réaliser des progrès en la matière qu'en mettant fin à l'isolement actuel des Autochtones. À ce titre, il est intéressant de noter que, dans sa préparation du 400e anniversaire de l'Acadie, la Société nationale des Acadiens envisage l'organisation d'activités communes avec les Autochtones.

Vers une compréhension interculturelle

Comme nous l'avons mentionné précédemment, les groupes minoritaires recourent fréquemment à la justice, et ce, qu'ils soient autochtones ou acadiens. Bien que les tribunaux jouent un rôle essentiel dans l'exercice de la démocratie, plusieurs s'inquiètent des conséquences sociales d'un recours trop systématique aux tribunaux. Comme le mentionne Renée Dupuis, avocate spécialiste du droit relatif aux Autochtones, une réflexion globale de société devient nécessaire étant donné le manque d'efficacité des mécanismes actuels. « Pour des questions de commodité politique, on a préféré laisser les tribunaux régler les conflits à la pièce, processus interminable et coûteux, qui a semé la grogne ou l'incompréhension dans l'ensemble de la population. On a voulu acheter la paix, et cela se solde aujourd'hui par un échec » (Dupuis, 2001). D'ailleurs, comme l'a bien exprimé Jean-Paul Jean, magistrat français, « le recours à la justice peut traduire une montée des exigences individuelles au détriment de la solidarité et faire ainsi échec aux devoirs et aux concessions réciproques qu'implique toute vie collective » (Jean, 2001, p. 22-23). Nous ne soutenons pas ici qu'il faille cesser de recourir aux tribunaux, mais nous croyons qu'il importe de ne pas se concentrer uniquement sur ce qui nous distingue et justifie un tel recours ; il convient de reconnaître également les ressemblances et les intérêts communs susceptibles de donner lieu à des alliances.

Dans le but d'approfondir davantage cette question, nous nous référons aux travaux de Martine Abdallah-Pretceille (1996) qui propose une réflexion sur la pédagogie interculturelle. Précisons, à l'instar de cette dernière, que nous ne préconisons aucunement, avec l'idée de rapprochement, une forme quelconque d'assimilation, d'indifférenciation, d'universalisme des conditions de minoritaire qui conduit à la négation des traits culturels et des conditions sociales de chacun. Au contraire, le rapprochement dans une perspective interculturelle cherche à reconnaître tant les différences que les ressemblances des cultures (Abdallah-Pretceille, 1996, p. 63). À l'évidence, il s'agit là d'un important défi à relever. En fait, la polarisation uniquement sur les ressemblances renferme le danger de l'assimilation, alors que la polarisation uniquement sur les différences peut conduire à l'intolérance et même au racisme.

Il faut voir que le fait de se centrer uniquement sur les différences aura entraîné, par le passé, des conséquences négatives pour la communauté autochtone. Par exemple, selon R. Preiswerk, « L'utilisation des différences culturelles a été une justification pour rejeter les minorités (autochtones) dans des réserves » (cité dans Abdallah-Pretceille, p. 64). La création de réserves est ainsi interprétée comme un outil qui mise sur la différence et assigne ainsi à un groupe une place spécifique afin d'assurer la domination de la majorité sur un groupe minoritaire et légitimer ainsi sa domination.

Dans de tels cas, la différence est certes négative et sert à marquer une catégorie d'individus, ce qui donne lieu à la construction de stéréotypes et à l'expression de préjugés. Le citoyen autochtone est alors étiqueté comme ivrogne et paresseux. Il profite d'un gouvernement trop généreux à son endroit et continue malgré tout de se plaindre. Il nous faut reconnaître l'expression de tels préjugés de la part d'Acadiens qui semblent, consciemment ou non, reproduire à l'égard des Autochtones un comportement similaire à celui de certains anglophones à leur endroit.

Ainsi, de la même manière qu'un grand nombre d'anglophones se demandent pourquoi les francophones du Nouveau-Brunswick continuent à réclamer des droits alors qu'ils ont, à leur actif, des avancées concrètes, notamment en matière de bilinguisme, certains Acadiens adopteront, à leur tour, un comportement de « majoritaire » en dénonçant l'attitude des Autochtones qui formulent constamment de nouvelles revendications afin d'obtenir de nouveaux « privilèges » du gouvernement. On peut penser que de tels propos seraient attribuables à un déficit d'information sur l'histoire et la condition spécifique des Autochtones, ce qui alimenterait en quelque sorte les nombreux préjugés. Dans un tel contexte, la seule option qui se présente est celle de l'assimilation en vertu des traits que peuvent avoir en commun les membres d'une même société. De la même manière que certains groupes anglophones dénoncent les coûts associés au bilinguisme et réclament une intégration de la minorité francophone à la majorité, certaines personnes d'origine acadienne relèvent les coûts reliés aux demandes des communautés autochtones et réclament leur intégration au système mis en place par les non-Autochtones.

Le modèle interculturel est ici très utile pour sortir d'un tel cercle vicieux et lutter contre le racisme et les préjugés. L'idée de départ est que les préjugés, s'ils s'expriment par un jugement de valeur sur l'autre, impliquent d'abord et avant tout un jugement sur soi-même. Si je dis que l'Autochtone est paresseux, c'est que je considère que je corresponds davantage à la définition du travailleur « idéal ». Si l'anglophone soutient que la traduction des lois en français coûte cher, c'est qu'il estime normal et acceptable le coût de la version anglaise. La pédagogie interculturelle suppose donc non seulement que l'on se familiarise avec la réalité de l'autre mais également que l'on s'interroge sur ses propres valeurs et préjugés (Abdallah-Pretceille, 1996, p. 117). La réciprocité des perspectives est donc centrale ; il importe de faire preuve d'ouverture aux autres cultures. Nous rejoignons en cela les propos de M. Tardy : « L'éthique de la différence, ce n'est pas chercher à comprendre totalement toutes les altérités, c'est admettre qu'elles existent et être capable d'en supporter l'existence » (cité dans Abdallah-Pretceille, p. 154).

L'approche interculturelle vise donc à combattre les préjugés par une analyse « interactionniste et situationnelle » (Abdallah-Pretceille, 1996, p. 181) qui conduit chacun à s'interroger sur ses propres croyances et préjugés en relation avec ses expériences. On y part de la prémisse que l'attitude d'une personne envers les autres repose sur la perception qu'elle a d'elle-même et de son groupe. Il ne s'agit pas tant de faire siens les traits de l'autre que d'y reconnaître une réponse à une conjoncture particulière ni meilleure ni pire que la sienne.

La poursuite d'une telle démarche chez les membres des communautés acadiennes et autochtones au Nouveau-Brunswick pourrait conduire à un important rapprochement autour de revendications communes de ces groupes minoritaires : le respect et la reconnaissance. Dans ce contexte, l'objectif du rapprochement est le développement de ces communautés minoritaires qui prendrait en compte tant les différences que les ressemblances.

Vers un modèle de coopération

Si la pédagogie interculturelle nous semble constituer une approche pertinente en vue de favoriser un rapprochement entre Micmacs et Acadiens du Nouveau-Brunswick et faciliter une participation accrue des citoyens à la formulation de politiques, elle comporte néanmoins ses limites. Étant donné que les membres de ces communautés poursuivent des intérêts divergents et même parfois contradictoires, nous croyons qu'il convient également de développer un modèle d'encadrement qui favoriserait la coopération entre les individus et les groupes issus de ces deux communautés. Nous pensons avoir trouvé dans les travaux de Michel Callon et Bruno Latour (Callon, 1988 ; Callon et Latour, 1991 ; Latour, 1992) une avenue intéressante, dont voici les principaux éléments. Leur réflexion sur l'émergence des découvertes scientifiques les conduit à proposer un modèle théorique qui traite des conditions permettant à des individus et à des groupes aux intérêts variés et concurrents de participer à un changement ou à une innovation. Leur principale originalité découle de ce qu'ils remettent en cause le cloisonnement existant entre les différents niveaux de connaissance (nature, économie, politique...), lequel ne permet pas de bien saisir toute la complexité des phénomènes. De même, ils refusent le cloisonnement habituel entre les humains et les non-humains et avancent que les choses peuvent tenir des rôles de première importance tout comme les humains peuvent parfois être chosifiés (p. ex. l'esclavage). Conséquemment, ils introduiront le concept d'« actant », qui fait référence tant aux humains qu'aux non-humains. Les phénomènes s'expliquent donc par l'activité des actants, leurs intérêts et leur niveau de convergence.

Cette approche a aussi pour mérite de préciser un concept souvent utilisé dans le débat sur la gouvernance : celui de réseau. Pour ces auteurs, le réseau est une forme d'organisation englobant plusieurs éléments, humains et non-humains, reliés entre eux, qui tiennent tous un rôle dans une situation donnée. Ces éléments formeraient une chaîne dans laquelle tout est en interaction pour donner naissance à des faits. Ainsi, si on voulait, par exemple, mieux comprendre la crise de Burnt Church, on devrait procéder à la reconstitution d'un réseau comprenant les traités, les juges, les Micmacs, les associations autochtones, les pêcheurs acadiens, les biologistes, les ressources de la mer, les fonctionnaires, les politiciens, etc. Tout événement renvoie à un réseau ; pour exister, un fait a besoin d'un réseau humain et non-humain auprès duquel il pourra s'ancrer.

De plus, pour comprendre et résoudre la crise de Burnt Church, il faudrait étudier les controverses à l'origine du phénomène. Pour Callon et Latour, la controverse est le processus qui engendre les faits ; si la controverse est à l'origine des crises, c'est aussi par elle que se développent les innovations, que s'introduit le changement. Il importe donc de se pencher sur les controverses non seulement pour comprendre la crise, mais aussi pour établir les fondements d'une éventuelle coopération.

Par ailleurs, il ne suffit pas de placer la controverse au centre de l'analyse, il faut aussi en imprégner notre forme de pensée lorsque nous appréhendons les faits. Les questions que l'on pose au terrain doivent être formulées dans cette perspective. Cette approche repose sur le postulat selon lequel la vérité n'existe pas en soi mais procède de l'expression et de la résolution des controverses. Pour poursuivre avec notre exemple de la crise de Burnt Church, tout débat sur la préservation du homard nécessiterait une formulation spécifique de questions à poser au terrain. Ainsi, plutôt que de se demander comment préserver le homard, il faudrait se demander en quoi devrait consister la conservation de la ressource. En formulant ainsi la question, on fait d'abord appel au sens, aux valeurs que chacun attribue à la ressource et à sa conservation. Ce n'est qu'à la suite de la confrontation des points de vue, à la résolution des controverses entre actants du réseau que se profilera une réponse, à savoir comment on doit s'y prendre pour préserver le homard.

Pour y arriver, il faudra donc faire appel à la « traduction » qui permettra d'établir une liaison intelligible entre des questions très diverses reliées entre elles. Dans une telle démarche, on peut très bien arriver au constat selon lequel la résolution d'un problème donné repose sur la recherche d'une solution préalable à un autre problème, qui ne lui était pas nécessairement associé au point de départ. Ainsi, pour comprendre et résoudre la crise de Burnt Church, il faudrait que notre réflexion tienne compte de nombreux éléments : les travaux des biologistes, ceux des juges, les revendications et l'histoire des Autochtones, les aspirations et l'histoire des Acadiens, les politiques des gouvernements en matière de pêche, de développement économique régional, de droits des minorités, etc. L'ensemble des éléments forme un tout indissociable et il importe de les prendre en compte si l'on souhaite favoriser la collaboration des actants du réseau. Dans cette perspective, le rapprochement entre les Acadiens et les Micmacs nécessiterait l'identification d'un traducteur, c'est-à-dire d'une personne ou d'un groupe ayant une légitimité reconnue, et pouvant faire l'analyse de la situation dans le but de faire ressortir les éléments de convergence entre les actants qui donnent lieu à la mise en place d'un réseau. Sans traducteur, il n'y aurait pas de compromis ; sans compromis, il n'y aurait pas de réseau. À notre avis, les universitaires, en raison de leurs connaissances et de leur relative « neutralité », pourraient jouer efficacement ce rôle de traducteur en fournissant les outils et mécanismes qui permettraient de mieux saisir la complexité d'un tel dossier (Savoie, 2000, p. 120). La convergence devient alors le point de passage obligé et la première étape de la construction d'un réseau.

Cette piste que nous venons d'explorer devrait nous amener à développer des outils efficaces permettant la constitution de réseaux, d'abord entre Acadiens et Micmacs autour de points de convergences et, ultimement, avec les autres communautés du pays. D'ailleurs, certains affirment que « la constitution d'une identité culturelle, nationale [...] ne peut plus se construire sur la négation de l'autre, mais par une prise de conscience réciproque et une reconnaissance mutuelle » (Abdallah-Pretceille, 1996, p. 158).

À l'évidence, il convient de tendre désormais vers une relation d'égal à égal dans laquelle chacun aura le sentiment que ses traditions culturelles et son identité sont non seulement respectées, mais également valorisées. Il importe de favoriser une nouvelle relation entre les Acadiens, les Micmacs, les gouvernements et leur environnement, et de définir ensemble une question qui rassemblera les parties prenantes. Le statut de groupe minoritaire et le rapport aux ressources issues de la mer et de la forêt pourraient favoriser le rapprochement entre Acadiens et Micmacs au Nouveau-Brunswick. Il s'agit là, selon nous, d'une avenue prometteuse qui permettrait de prévenir les crises en ce domaine et de favoriser une véritable participation des deux communautés au processus de formulation de politiques.

BIBLIOGRAPHIE

ABDALLAH-PRETCEILLE, Martine (1996), *Vers une pédagogie interculturelle*, Paris, Anthropos.

ARNAKAK, J. (2001), « Le Nunavut et le savoir traditionnel », *Management*, vol. 2, n° 1, p. 17-20.

BOUCHARD, Pier et Sylvain VÉZINA (2001), « Politiques autochtones : vers un modèle d'engagement des citoyens », rapport soumis au Centre canadien de gestion, novembre.

CALLON, Michel (1988), *La science et ses réseaux : genèse et circulation des faits scientifiques*, Paris, La Découverte.

CALLON, Michel et Bruno LATOUR (1991), *La science telle qu'elle se fait*, Paris, La Découverte.

CANADA. COMMISSION ROYALE SUR LES PEUPLES AUTOCHTONES, *Rapport de la Commission royale sur les peuples autochtones*, Ottawa, Ministre des Approvisionnement et Services Canada, 1992-1996.

ASSOCIATION DES JURISTES D'EXPRESSION FRANÇAISE DU NOUVEAU-BRUNSWICK (2002), *Colloque « Les droits linguistiques, une application symétrique ou asymétrique ? »*, Association des juristes d'expression française du Nouveau-Brunswick et Faculté de droit, Université de Moncton, 15 février.

DUPUIS, Renée (2001), *Quel Canada pour les Autochtones ? La fin de l'exclusion*, Montréal, Boréal.

JEAN, Jean-Paul (2001), « Des procès pour corruption à l'affaire Pinochet : la justice, pilier ou béquille de la démocratie ? », *Le Monde diplomatique*, janvier, p. 22-23.

KAZANCIGIL, Ali (1998), « Gouvernance et science : modes de gestion de la société et production du savoir empruntés au marché », *Revue internationale des sciences sociales*, n° 155 (mars), p. 73-84.

LATOUR, Bruno (1992), *Ces réseaux que la raison ignore*, Paris, L'Harmattan.

NICHOLAS, Andrea Bear (2002), Communication présentée dans le cadre d'une journée de réflexion sur les enjeux autochtones au Canada, Université de Moncton, 5 avril 2002.

PONTING, J. Rick (dir.) (1997), *First Nations in Canada : Perspectives on Opportunity, Empowerment, and Self-Determination*, Whitby (Ont.), McGraw-Hill Ryerson.

PREISWERK, Roy (s. d.), « Cultural and development self-reliance and basic needs », doc. Multigraphie, cité par M. ABDALLAH-PRETCEILLE (1996), p. 64.

RHODES, R.A.W. (1996), « The new governance : governing without government », *Political Studies*, vol. 44, p. 652-667.

SAVOIE, Donald J. (2000), *Aboriginal Economic Development in New Brunswick*, Moncton, The Canadian Institute for Research on Regional Development, Maritime Series.

SENARCLENS, Pierre de (1998), « Gouvernance et crise des mécanismes de régulation internationale », *Revue internationale des sciences sociales*, n° 155 (mars), p. 95-108.

STOKER, Gerry (1998), « Governance as theory : five propositions », *International Social Science Journal*, vol. 155, p. 17-28.

TARDY, M. (1983), « De la réconciliation à la quotidienneté des relations interculturelles. Les échanges franco-allemands de 1963 à 1983 », Colloque OFAJ, 14-18 novembre, Paris, doc. Multigraphie, cité par M. ABDALLAH-PRETCEILLE (1996), p. 154.

NOTES

1. Si notre analyse porte, pour cette raison, principalement sur le rapport entre Acadiens et Micmacs au Nouveau-Brunswick, il est entendu que plusieurs de nos observations peuvent s'appliquer à d'autres communautés. Aussi l'usage, dans ce texte, des termes « autochtones » et « non autochtones », s'il se rapporte d'abord aux communautés micmaques et acadiennes, invite à un éventuel élargissement de la problématique à d'autres communautés.

2. *Rapport de la Commission royale sur les peuples autochtones*, Ottawa, Ministre des Approvisionnement et Services Canada, 1992-1996. Rappelons que cette Commission, coprésidée par le juge René Dussault et l'ancien chef de l'Assemblée des Premières Nations, George Erasmus, a été mise sur pied en réaction à la radicalisation de la contestation autochtone illustrée notamment par la crise d'Oka, à l'été 1990. Le très large mandat confié à cette commission touchait tous les aspects de la réalité autochtone et visait à déterminer l'ampleur du problème et à amorcer l'établissement d'un plan d'action en vue d'une intervention rapide.

3. Au sujet du gouvernement du Nunavut, J. Arnakak soutient que, pour la première fois dans l'histoire du Canada, une philosophie différente de la tradition démocratique occidentale va façonner le mode de fonctionnement d'un gouvernement (voir ARNAKAK, 2001, p. 20).

4. Voir notamment à ce sujet le numéro 155 (mars 1998) de la *Revue internationale des sciences sociales* portant sur la gouvernance, et en particulier, les articles d'Ali KAZANCIGIL, « Gouvernance et science : modes de gestion de la société et production du savoir empruntés au marché », p. 73-84, et de Pierre de SENARCLENS, « Gouvernance et crise des mécanismes de régulation internationale », p. 95-108.

5. Aux fins de cette étude, nous avons eu recours à une variété d'outils méthodologiques : entretiens avec les principaux intervenants concernés, forums de discussion, allocutions de représentants autochtones des différentes réserves au Nouveau-Brunswick et journée de réflexion sur les enjeux autochtones au Canada.

6. Sur cette question, voir Pier BOUCHARD et Sylvain VÉZINA (2001).

7. Andrea Bear NICHOLAS (2002), communication présentée dans le cadre d'une journée de réflexion sur les enjeux autochtones au Canada, Université de Moncton, 5 avril 2002 ; colloque « Les droits linguistiques, une application symétrique ou asymétrique ? », Association des juristes d'expression française du Nouveau-Brunswick et la Faculté de droit, Université de Moncton, 15 février 2002.

8. Notons que ces écoles ont été imposées à la suite d'une modification, en 1894, de la Loi sur les Indiens, qui prévoyait la scolarité obligatoire des enfants autochtones. Or, pendant près d'un siècle, ces écoles ont, aux yeux de plusieurs, servi d'instruments d'assimilation de la minorité autochtone aux valeurs de la majorité.

9. Simon OSMOND, Atlantic Policy Congress, « Treaties and the Courts », communication présentée au colloque intitulé « Back to Basics », Université St. Thomas, Fredericton, 12-16 mars 2002.

10. On se souviendra de la lutte menée par la communauté franco-ontarienne pour défendre cette établissement de santé devant la volonté du gouvernement, exprimée par l'entremise d'une « Commission de restructuration des services de santé », de réduire sensiblement les soins et les services dispensés par l'unique hôpital universitaire francophone en Ontario. Appuyés par un regroupement de citoyens (S.O.S. Montfort), les dirigeants de l'hôpital ont choisi de soumettre le litige aux tribunaux. Or, le 7 décembre 2001, la Cour d'appel de l'Ontario leur a donné raison, en affirmant que l'hôpital Montfort était protégé par la Constitution canadienne dans la mesure où il était reconnu comme nécessaire à la survie de la minorité linguistique en Ontario.

11. Menée par un homme d'affaires de Moncton qui contestait la validité d'un arrêté municipal de la ville de Moncton adopté en anglais seulement, cette cause donna lieu à un jugement de la Cour d'appel du Nouveau-Brunswick (décembre 2001) établissant que les municipalités, en tant que créations des provinces, étaient assujetties à la Charte canadienne des droits et libertés. Elles sont donc tenues de respecter les mêmes obligations que la province en ce qui a trait aux droits linguistiques reconnus dans la Charte.

12. Spécifions qu'un autre défi relève de « l'opinion publique ». Si on note quelques progrès en ce qui concerne la question de la nécessité du bilinguisme au Nouveau-Brunswick, on ne peut en dire autant en ce qui a trait à l'évolution de l'opinion publique relativement aux questions autochtones. Voir notamment à ce sujet J. Rick PONTING (1997).

URBANITÉ ET IMMIGRATION : ÉTUDE DE LA DYNAMIQUE COMMUNAUTAIRE FRANCO-TORONTOISE ET DES RAPPORTS D'INCLUSION ET D'EXCLUSION

Diane Farmer, Adrienne Chambon et Normand Labrie
Université de Toronto

Cet article explore la question de l'immigration et de l'intégration au sein des francophonies. Il propose une réflexion au sujet des principaux enjeux relatifs à la capacité d'accueil d'une société qui a la particularité de constituer une minorité tout en jouissant, par contre, des privilèges que lui confère le statut de minorité de langue officielle. La réflexion proposée ici s'appuie sur une étude réalisée en 2001 à propos de la dynamique communautaire franco-torontoise par rapport à l'immigration francophone ; elle comprend les éléments suivants : une mise en perspective du propos, à l'aide de commentaires sur la question de l'équité concernant les populations de nouveaux arrivants francophones en milieu minoritaire et sur les dynamismes d'intégration institutionnels ; certains résultats de l'étude *L'immigration et la communauté franco-torontoise* (Chambon *et al.*, 2001), qui sert de cas particulier pour cette réflexion ; enfin, en guise de conclusion, les jalons d'un programme de recherche pancanadien sur l'immigration francophone et l'identification des partenaires de recherche pressentis.

Les populations immigrantes en milieu minoritaire francophone et les dynamismes institutionnels

Nous aborderons cette première partie en soulignant brièvement certains changements démographiques découlant de l'immigration ainsi que l'émergence de nouvelles « catégories d'analyse » visant à capter ces changements, pour ensuite aborder la question de l'intégration en rapport avec la dynamique communautaire. Si certains commentaires sont plus généraux, l'accent sera mis sur le cas de l'Ontario et, en particulier, celui de Toronto.

Émergence de nouvelles catégories d'analyse

L'examen du lieu de naissance nous renseigne sur les mouvements particuliers de population à l'intérieur d'une région ou d'un pays et en provenance de l'extérieur, sur la perméabilité des frontières politiques et la contribution de pays d'origine spécifique au renouvellement et à l'enrichissement de la population locale, ainsi que sur l'enracinement des populations sur un territoire donné. En s'interrogeant sur le lieu de naissance des personnes de langue maternelle française en Ontario – la définition statistique de francophone –, on retient d'abord la similarité des données avec le profil général des Ontariennes et Ontariens. Dans un cas comme dans l'autre, les deux tiers de la population sont nés en Ontario, ce qui est révélateur de familles et de collectivités bien établies.

La différence se trouve dans l'autre tiers ; le quart (26,6 %) de la population ontarienne est née à l'extérieur du pays. Chez les francophones de l'Ontario, la proportion de la population née à l'extérieur du Canada ne représente que 5,5 % du groupe, la migration au sein de la francophonie provenant très majoritairement du Québec et, dans une moindre mesure, du Nouveau-Brunswick (*Profil statistique*, 1999). Cette tendance contribue à renforcer l'idée que la francophonie ontarienne est homogène et que l'immigration en milieu francophone minoritaire est un phénomène marginal. Il faut toutefois rappeler un fait important : l'immigration est d'abord un phénomène urbain. Nous n'avons qu'à penser aux nombreux travaux qui, depuis ceux de l'école de Chicago des années 1920 et 1930 jusqu'aux études actuelles sur le rôle des villes comme centres nerveux des marchés mondialisés, mettent en évidence les liens étroits qui se tissent entre l'immigration et l'urbanité dans le contexte historique de la modernité en Occident. Au Canada, la très grande majorité des immigrants, y compris les personnes qui ont une connaissance du français, choisissent de s'établir dans les villes de Montréal, de Toronto et de Vancouver. Ainsi, dans le cas qui nous intéresse plus spécifiquement, c'est-à-dire la région de Toronto, le quart de la population francophone (de langue maternelle française) est née à l'étranger (Jedwab, 2002, p. 28-30). Par ailleurs, compte tenu des récents mouvements mondiaux de population, des bouleversements en Afrique – dans la région des Grands Lacs – et des mouvements migratoires antérieurs à partir d'Haïti, mais aussi de l'île Maurice, du Liban, de l'Algérie, de la Somalie, on constate un lien très étroit entre l'immigration et la diversité. À Toronto, plus du quart de la population francophone est de minorité raciale et ethnoculturelle. On évalue d'ailleurs à 80 % la proportion de la population membre d'une minorité raciale et ethnoculturelle francophone de l'Ontario *née à l'extérieur du Canada* (selon des données non publiées de l'Office des affaires francophones). Bien qu'influencée par les vagues récentes d'immigration, la diversité au sein des francophonies n'est pas exclusivement le lot des populations immigrantes, un fait qui est parfois négligé. Une telle perception tend d'ailleurs à accentuer les rapports d'exclusion, notamment au sein des institutions francophones. L'immigration en Ontario constitue donc, en premier lieu, un phénomène urbain, auquel participent activement les francophones de toutes origines.

Un des facteurs qui rendent difficile l'analyse d'un tel phénomène a trait à la façon dont les francophones ont été captés sur le plan statistique par le passé, c'est-à-dire soit à partir de la langue maternelle ou encore de la langue parlée à la maison, ce qui laisse croire que la famille constitue un microcosme linguistiquement homogène et le lieu primaire de transmission culturelle. Les travaux de Monica Heller (1999), entre autres, ont souligné que derrière l'homogénéité apparente des familles francophones se cache une très grande hétérogénéité sur le plan socio-économique et culturel. Des travaux récents, qui laissent entrevoir une multiplication des lieux et des moments de socialisation, présentent davantage la socialisation en tant que processus complexe d'interaction sociale par opposition à l'idée d'une transmission essentiellement passive de la culture (Gayet, 1998).

La définition statistique du francophone a, à cet effet, connu des transformations importantes au cours des dernières années, ce qui permet la construction possible de nouvelles catégories d'analyse. Au chapitre du pluralisme, rappelons que depuis 1986 le recensement de Statistique Canada permet au répondant d'indiquer plus d'une langue maternelle. Cette mesure, bien qu'un peu plus inclusive, demeurait toutefois trop restreinte pour capter statistiquement la population de minorité raciale et ethnoculturelle francophone. Statistique Canada fait appel depuis les années 1990 à une variable dérivée dans l'analyse du recensement pour tenter d'inclure au nombre des francophones les personnes bilingues ou multilingues qui utilisent le français comme langue d'intégration. Cette définition marque une tentative de mieux saisir la population francophone dans sa diversité, mais elle demeure néanmoins inadéquate aux yeux de plusieurs francophones. Ceux-ci voient dans les données recueillies une manifestation de mécanismes d'exclusion dont les effets se font sentir dans l'allocation des ressources collectives déjà très limitées (Quell, 1998), ce qui nous amène à conclure à une transformation inachevée de l'indicateur statistique du francophone. De nouvelles questions au sujet des langues parlées à la maison et au travail ont par ailleurs été ajoutées au recensement de 2001, ce qui pourra permettre de décrire d'autres foyers de socialisation et de bénéficier de catégories plus inclusives pour dépeindre les francophonies. Ces tentatives d'étoffer la définition statistique font état d'une reconnaissance accrue de la diversification au sein des francophonies. Nous commençons à peine à en saisir les incidences. Nous avons déjà mentionné les rapports étroits qui existent entre urbanité et immigration, mais nous aurions pu aussi décrire le secteur de l'emploi où les barrières semblent différentes au sein même de la francophonie (Farmer et Poirier, 1999, p. 275).

La question de l'intégration par rapport à la dynamique communautaire

Participation à la communauté

Nombre de chercheurs ont étudié les processus à l'œuvre dans le maintien des communautés et le rôle particulier que jouent les organismes en tant que mécanismes d'intégration et espaces de négociation entre l'individu et la société. Aujourd'hui se pose, de façon plus marquée, la question des rapports entre l'individu et ses diverses communautés d'appartenance (sur le plan de la langue, du sexe, de l'origine ethnique et autres), dont les intérêts dans les revendications identitaires sont souvent divergents. L'ouverture de la francophonie ontarienne aux nouveaux arrivants passe d'abord par l'accès aux associations francophones. Carsten Quell explique qu'à Toronto, les immigrants francophones qui parlent peu anglais gravitent autour des quelques institutions francophones – écoles, établissements d'enseignement postsecondaire, services de santé, services sociaux – et tentent de trouver des emplois qui nécessitent l'usage du français (1998, p. 174). Ils se retrouvent dans cette situation en partie à cause de l'image bilingue et multiculturelle projetée par le Canada à l'étranger. Depuis quelques années, la Fédération des communautés francophones et acadienne (FCFA) travaille d'ailleurs activement sur la question de l'élargissement de la capacité d'accueil au sein des francophonies, par des initiatives de consultations, des projets d'évaluation dans le cadre du Partenariat interministériel avec les communautés de langue officielle (PICLO) et, enfin, par sa participation au Comité directeur *Citoyenneté et Immigration Canada – communautés francophones en situation minoritaire*, créé en avril 2002 (FCFA, 2001, 2002). Par ailleurs, le rapport à la communauté francophone passe par le travail qu'ont réalisé diverses associations ethnoculturelles; il s'exprime aussi en relation avec les associations francophones bien établies. La compétition pour l'accès aux ressources matérielles et symboliques constitue un enjeu important dans la négociation de rapports d'inclusion et d'exclusion. Une question essentielle consiste à se demander : dans quelle mesure et de quelles façons les liens se tissent-ils entre des populations issues d'histoires communautaires différentes ? La participation à la communauté comme à la centralité, explique Quell (1998), prend forme enfin dans le rapport même à la citoyenneté que construit l'immigrant francophone, en relation avec le triangle que constituent les liens à la francophonie, à la diversité et au Canada anglais, ce qui donne lieu à l'élaboration de pratiques sociales très diversifiées. La participation à la communauté comporte ainsi une série de tensions qu'il importe de décortiquer davantage.

Langue officielle et immigration

Puisque nous nous intéressons à une minorité jouissant du statut de langue officielle, il est essentiel d'inclure dans notre analyse la question de l'articulation des politiques linguistiques et des politiques d'immigration. La nouvelle Loi sur l'immigration et la protection des réfugiés, qui a obtenu la sanction royale en novembre 2001, et la multiplication des ententes entre le fédéral et les provinces offrent un nouveau contexte à l'immigration et exercent de nouvelles pressions sur les communautés francophones qui ont pour effet d'accentuer leur rôle et leurs responsabilités en tant que société d'accueil. La nouvelle loi cible spécifiquement les francophonies puisque l'immigration doit entre autres « favoriser le développement des collectivités de langues officielles minoritaires au Canada » (Jedwab, 2002, p. 10). Les objectifs fixés par Citoyenneté et Immigration Canada reposent sur une étroite collaboration entre le ministère et les minorités de langues officielles, comme dans le cas du travail déjà accompli par la Société franco-manitobaine (p. 10-13).

Sur le plan des accords fédéral-provinciaux sur l'immigration, mis à part le Québec qui, au moyen de l'entente Couture-Cullen de 1978 (Bauer, 1994), s'est prévalu des dispositions constitutionnelles selon lesquelles l'immigration constitue un domaine de compétences partagées entre le gouvernement fédéral et les gouvernements provinciaux, l'immigration est demeurée jusqu'à tout récemment l'apanage du gouvernement fédéral, dans une large mesure. Cette situation tend toutefois à se modifier. Ainsi, des ententes ont été négociées récemment avec la Colombie-Britannique, le Manitoba, le Nouveau-Brunswick et Terre-Neuve (Jedwab, 2002, p. 16). L'Ontario s'intéresse aussi de très près à cette question. On assiste donc à une décentralisation des responsabilités et des services vers les provinces et, nécessairement, au positionnement de nouveaux acteurs institutionnels et sociaux. La mise en œuvre de la Loi sur l'immigration et la protection des réfugiés se trouve ainsi à orienter les débats et les enjeux du côté de l'arène provinciale, du moins là où des ententes ont été conclues. Comment le fédéral et les provinces s'y prendront-ils pour fournir ces services en français ? Certains considèrent qu'ils s'appuieront sur les ONG, ce qui reflète les pratiques communautaires déjà en place dans le domaine des services à l'immigration. Les réseaux francophones constituent bien souvent, comme l'illustrent les résultats de l'étude présentée plus loin, le point d'accès aux services et aux agences gouvernementales. On voit encore ici l'importance que revêt la question de l'équité d'accès aux associations et aux ressources collectives et le rôle très important que sont appelées à jouer certaines associations dans l'établissement et l'intégration des nouveaux arrivants en milieu francophone minoritaire.

Nous sommes en présence de processus d'adaptation qui touchent des domaines aussi vastes que l'emploi, la sécurité du revenu, le logement, l'éducation et la santé. Comment relever un tel défi en milieu minoritaire ? Quels modèles mettre de l'avant ? Et puisque l'intégration est un processus à double sens, par quelles transformations les communautés et les organismes passeront-ils ? Le cas de Toronto nous apporte quelques indications qu'il faudra approfondir à partir de recherches variées sur l'immigration.

Résultats de l'étude « L'immigration et la communauté franco-torontoise » (Chambon et al., 2001)

Nous avons mené une recherche de type ethnographique en 1999-2000, dont l'objectif était d'approfondir notre compréhension de la situation des nouveaux arrivants et immigrants francophones en milieu minoritaire à Toronto et d'examiner l'impact de leur présence sur l'évolution des institutions, des associations et des organismes franco-ontariens. À cette fin, nous avons établi, entre autres, deux études de cas auprès d'organismes du domaine communautaire et du secteur de la santé, à savoir le Franco-club et la Franco-clinique (noms modifiés pour assurer l'anonymat).

La transformation des institutions et organismes : le Franco-club et la Franco-clinique

Il existe une multitude d'institutions, d'organismes et d'associations francophones à Toronto qui ont été créés au cours des trente dernières années et qui se trouvent souvent en concurrence lorsqu'il s'agit d'être reconnus comme porte-parole légitimes de segments de la population francophone, et lorsqu'il s'agit d'avoir accès aux ressources matérielles sous forme de subventions. Les deux organismes auprès desquels nous avons travaillé dans le cadre de ce projet ont quelques points en commun. Tous deux sont la résultante des luttes menées dans les années 1960 et 1970 par des militants francophones, pour la plupart d'origine canadienne-française et européenne, afin d'obtenir des infrastructures francophones à titre de groupe de langue officielle, parallèles à celles du groupe majoritaire de langue anglaise. Tous deux existent depuis plusieurs années (le Franco-club depuis les années 1970, la Franco-clinique depuis les années 1980) ; il s'agit donc d'organismes bien établis, jouissant d'un degré élevé de reconnaissance, de crédibilité et de légitimité auprès des bailleurs de fonds. Tous deux ont dû réviser leur raison d'être et leur fonctionnement au cours des années 1990, compte tenu des nouvelles réalités démographiques de Toronto, d'une part, et de la transformation du rôle de l'État, d'autre part, rôle d'abord axé sur l'idéologie d'État-providence, puis sur celle du néo-libéralisme (Bagaoui et Laflamme, 1997 ; Laflamme et Bagaoui, 2000). Dans les deux cas, la clientèle pour laquelle ces organismes ont été fondés, celle d'origine canadienne-française ou européenne, se fait discrète et, à sa place, on trouve une clientèle d'origine ethnoculturelle qui a d'autres types de besoins.

Une des tensions principales au sein des organismes francophones relève des fonctions que ceux-ci remplissent. Un organisme peut cumuler une fonction symbolique de ralliement et d'identification, une fonction communautaire de regroupement par des activités et une fonction de pourvoyeur de services répondant aux besoins des usagers, membres des communautés. L'image idéalisée en milieu minoritaire serait celle d'un d'organisme communautaire « total » qui cumulerait les trois fonctions. Or, dans la situation actuelle, on observe des tensions particulières entre ces différentes fonctions et des contradictions dans leur mise en œuvre. Sur le plan démographique, ces tensions relèvent de la transformation des populations francophones. Sur le plan du soutien des organismes, elles relèvent d'une politique de financement dispersée, aux sources multiples, aux objectifs ciblés et limités dans le temps, qui contribue à la segmentation des communautés francophones.

Le Franco-club se voulait à l'origine un centre communautaire et culturel au service de la population francophone de Toronto, composée essentiellement d'Ontariens, de Québécois et d'Européens. Cette vocation a pu se développer dans un premier temps grâce à l'appui du gouvernement fédéral, intéressé à promouvoir sa vision du bilinguisme au cœur de Toronto, et grâce aux administrations provinciale et municipale, aussi longtemps que ces dernières ont participé activement au financement d'activités culturelles. Dans les années 1990, au moment où la migration vers Toronto s'est diversifiée pour inclure davantage de francophones des Antilles et d'Afrique, le gouvernement fédéral a vu dans le Franco-club un intermédiaire qui pourrait fournir des services aux populations de nouveaux arrivants francophones. Le Franco-club s'est transformé avec le temps en guichet de services d'accueil, de conseil en immigration, de recherche de logement et de préparation à l'emploi.

Quant à la Franco-clinique, elle s'est d'abord donné comme mission de servir à la fois de clinique médicale et de centre de santé communautaire. Toutefois, ce double rôle a été remis en question au cours des années 1990, après que le gouvernement provincial eut cessé de financer le volet communautaire. La Franco-clinique occupe une fonction symbolique autour du principe que les francophones sont en droit d'exprimer le corps et les soucis du corps dans leur « langue maternelle », le français. Outre la cohabitation de plusieurs types de « français », le français cache l'usage d'autres langues tout autant premières (créoles, langues africaines, etc.). Pour bien des nouveaux arrivants, le français est davantage la langue formelle et professionnelle. Il s'agit d'un outil servant à offrir des services et à s'en procurer [1]. Donc, entre ce qui relève des symboles et ce qui relève des services à offrir, les pratiques du corps et des soins satisfont des attentes culturelles et institutionnelles diverses.

Effets de désolidarisation découlant des politiques sociales

Si les changements démographiques ont donné lieu à des tentatives de renouvellement des organismes, les transformations de ces organismes découlent donc aussi largement des changements profonds dans les politiques sociales de l'Ontario. On peut noter quelques effets de désolidarisation résultant des politiques sociales :

- La segmentation des services et le fait qu'ils soient parfois réservés à des populations particulières créent ou renforcent des divisions au sein des populations francophones. Ainsi, des cours d'anglais destinés à des francophones, mais réservés aux « nouveaux arrivants » définis sur une base administrative, ne peuvent être suivis par des personnes d'origine québécoise qui cherchent à améliorer leur anglais ni par des immigrants ayant obtenu le statut de résidents. Deux personnes issues d'un même pays ne sont pas nécessairement admissibles au même cours, qui est aussi un lieu de rapprochement social. Ces distinctions provoquent du ressentiment à l'égard des populations qui bénéficient des services, ressentiment souvent exprimé. Il s'agit donc d'une source de tensions.
- Une partie importante de la population n'a pas du tout accès à ces ressources de médiation, à cause de la durée limitée des services (le service de logement pour nouveaux arrivants, par exemple)
- Ces distinctions entraînent des conflits au sein du personnel des agences qui a davantage tendance à adopter une approche communautaire et se refuse à exclure des segments de la population au nom d'exigences administratives. C'est une autre logique qui est mise en jeu.

- Sur le plan de l'emploi, la réduction des budgets de base des organismes freine considérablement l'accès à ces postes pour les nouveaux arrivants. Par contre, les emplois vers lesquels ils peuvent se tourner au sein d'organismes francophones (qu'ils recherchent par ailleurs), sont des emplois à contrat, à durée limitée, devant faire l'objet d'appels d'offres. À cela s'ajoute la non-reconnaissance des diplômes étrangers. Ainsi se forment des hiérarchies de statut et de conditions de travail au sein d'organismes francophones, ce qui crée des divisions supplémentaires.
- On peut observer non seulement des tensions dues à ces écarts, mais aussi des initiatives de recrutement et des initiatives pour tenter d'élargir la portée des programmes à une population plus diversifiée.

Une conséquence plus générale de ces politiques sociales et des actions relevant des bailleurs de fonds consiste en une mise en compétition sur le marché des services de ressources matérielles, mais aussi de ressources symboliques. Les divers organismes francophones et les associations plus récentes issues de l'immigration se voient ainsi transformés en concurrents pour l'obtention de ces biens. Dans certains cas, des alliances entre les associations et les organismes peuvent s'établir ; dans d'autres, c'est le chacun pour soi. Les acteurs sociaux des deux organismes étudiés se sont montrés très au fait de ce changement de paradigme et surtout des effets de ce changement. Malgré les contraintes structurelles et financières considérables, l'étude révèle qu'ils chercheraient à nouveau à relancer certaines initiatives communautaires, car l'accent placé uniquement sur les services est perçu comme appauvrissant les solidarités communautaires. L'examen des transformations des communautés et des organismes nous amène à la conclusion que la constitution d'une communauté francophone est un projet de société difficile à réaliser à Toronto. Il n'y a pas de milieu francophone unitaire ni de vision d'ensemble auxquels les nouvelles communautés francophones peuvent s'intégrer. On observe davantage des transformations et des dynamiques complexes qui aboutissent à une segmentation et à une multiplication des initiatives et des affiliations.

L'immigration francophone : problématiques émergentes et stratégies à développer

Nous avons présenté quelques réflexions sur la question de l'équité concernant les populations francophones immigrées en milieu minoritaire, à partir d'une discussion sur la dynamique communautaire et les politiques sociales à l'œuvre, pour ensuite présenter les résultats d'une étude ethnographique sur l'immigration francophone à Toronto et les transformations profondes qu'ont connues deux institutions francophones. Il reste à énoncer quelques avenues de recherche qui nous semblent prioritaires ainsi que les conditions nécessaires à leur réalisation. Soulignons d'abord le peu de recherches traitant des dimensions suivantes :

- la diversité des contextes et la spécificité des organismes qui interviennent dans la dynamique de l'intégration (besoin de recherches comparatives) ;

- les processus particuliers d'intégration et de changement institutionnel, c'est-à-dire les services d'intégration, les centres de santé, les écoles, les établissements d'enseignement postsecondaire et autres (recherches de type ethnographique) ;
- les politiques fédérales et provinciales (et les lois relatives à la politique linguistique) ainsi que leur incidence sur les questions d'immigration et d'intégration ;
- les trajectoires migratoires des francophones entre les grandes villes canadiennes ;
- enfin, le positionnement de la population immigrante par rapport au rôle du français et de l'anglais dans la société canadienne et, plus largement, par rapport au multilinguisme du marché mondialisé.

Le manque de structures et l'absence de financement pour appuyer la recherche sur l'immigration en milieu francophone minoritaire constituent présentement des obstacles majeurs. Les chercheurs universitaires et communautaires, les étudiants, les ONG ainsi que les agences gouvernementales travaillent dans l'isolement. La participation des membres d'une minorité raciale ou ethnoculturelle francophone dans le choix d'orientation et la recherche demeure trop timide. Les programmes d'études offerts en français ne donnent guère de formation concernant les questions d'immigration, de diversité, de lutte contre le racisme ou d'éducation interculturelle.

Les prochaines étapes que nous proposons s'inscrivent dans l'élaboration d'une stratégie de coordination qui regrouperait les éléments suivants : la mise sur pied d'un réseau de chercheurs qui comprendrait des membres d'une minorité raciale et ethnoculturelle francophone, des chercheurs universitaires et des étudiants de différentes régions, notamment des personnes associées aux divers centres canadiens du projet Metropolis, des ONG, ainsi que des agences gouvernementales. Ces partenaires contribueraient à l'élaboration de projets comparatifs, inter-centres et pancanadiens. Il est d'ores et déjà possible d'amorcer un réseau de recherche reliant Montréal, Ottawa, Toronto et Edmonton, qui serait prolongé ultérieurement. L'envergure d'un tel programme de recherche et de formation nécessiterait un engagement et un appui financier en conséquence.

BIBLIOGRAPHIE

BAGAOUI, Rachid et Simon LAFLAMME (1997), « Les organismes franco-ontariens face à la crise de l'État-providence : continuité et rupture », *Revue du Nouvel Ontario*, n° 21, p. 73-89.

BAUER, Julien (1994), *Les minorités au Québec*, Montréal, Les Éditions du Boréal.

CHAMBON, Adrienne, Monica HELLER, Fasal KANOUTÉ, Normand LABRIE, Amal MADIBBO, John MAURY et Mueni MALUBUNGI (2001), *L'immigration et la communauté franco-torontoise. Rapport final*, Toronto, Centre de recherches en éducation franco-ontarienne. [Le projet Immigration et communauté franco-torontoise a été financé par le Joint Centre of Excellence for Research on Immigration and Settlement-Toronto.]

FARMER, Diane et Jeff POIRIER (1999), « La société et les réalités francophones en Ontario », dans Joseph Y. THÉRIAULT (dir.), *Francophonies minoritaires au Canada. L'état des lieux*, Moncton, Éditions d'Acadie, p. 265-281.

FÉDÉRATION DES COMMUNAUTÉS FRANCOPHONES ET ACADIENNE (FCFA) (2001), *Dialogue en direct*, 2 et 3 mars, Ottawa, FCFA.

FÉDÉRATION DES COMMUNAUTÉS FRANCOPHONES ET ACADIENNE (FCFA) (2002), *Le bulletin francophone*, vol. 14, n⁰ 2, p. 1-2.

GAYET, Daniel (1998), *École et socialisation. Le profil social des écoliers de 8 à 12 ans*, Paris, L'Harmattan.

HELLER, Monica (1999), « Quel(s) français et pour qui ? Discours et pratiques identitaires en milieu scolaire franco-ontarien », dans Normand LABRIE et Gilles FORLOT (dir.), *L'enjeu de la langue en Ontario français*, Sudbury, Prise de Parole, p. 129-165.

JEDWAB, Jack (2002), *L'immigration et l'épanouissement des communautés de langue officielle au Canada : politiques, démographie et identité*, Ottawa, Commissariat aux langues officielles, Ministre des Travaux publics et Services gouvernementaux Canada.

LAFLAMME, Simon et Rachid BAGAOUI (2000), « Les leaders franco-ontariens après l'État-providence », *Recherches sociographiques*, vol. XLI , n⁰ 2, p. 239-269.

LAFONTANT, Jean (1996), « Les langues : entre le babil identitaire et le commerce universel », dans Khadiyatoulah FALL, Ratiba HADJ-MOUSSA et Daniel SIMEONI (dir.), *Les convergences culturelles dans les sociétés pluriethniques*, Québec, Presses de l'Université du Québec, p. 303-320.

Profil statistique (1999), Toronto, Office des affaires francophones, p. 8-9.

QUELL, Carsten (1998), « Citizenship concepts among francophone immigrants in Ontario », *Canadian Ethnic Studies*, vol. 30, n⁰ 3, p. 173-189.

NOTE

1. Pour un examen critique des liens entre langue, culture et diversité, voir entre autres Lafontant (1996).

RAPPORTS INTERGÉNÉRATIONNELS EN MATIÈRE RELIGIEUSE ENTRE JEUNES ADULTES ET AÎNÉS FRANCOPHONES ET ANGLOPHONES DU GRAND MONCTON : ÉTUDE EXPLORATOIRE[1]

Donald Poirier
Norma Poirier
et Sébastien Poirier
Université de Moncton

La présente étude s'inscrit dans un projet de recherche-action portant sur l'intégration des jeunes adultes (18-35 ans) dans les milieux du travail, les organisations religieuses et les organisations sociales, intégration étudiée selon une perspective sociopolitique. Santé Canada a accordé une subvention de trois ans pour la réalisation de ce projet pancanadien dans quatre villes : Vancouver, Toronto, Montréal et Moncton. Les objectifs du projet pour la région de Moncton étaient de mener une analyse des relations intergénérationnelles, notamment en ce qui a trait aux perceptions des organisations religieuses.

Cadre théorique

D'après plusieurs études (Garms-Homolova, 1984 ; Grand'Maison et Lefebvre, 1995 ; Lefebvre, Chatigny et Cloutier, 1999 ; Gaullier, 1998), la cohorte des jeunes adultes (18-35 ans) et celle des aînés (50-85 ans) font face à de multiples difficultés communes et à un déficit de solidarité entre elles, en ce qui concerne, par exemple, les valeurs religieuses. Parmi ces difficultés, mentionnons leur problème d'intégration comme acteurs dans la sphère sociale où le nombre d'actifs se réduit de plus en plus aux adultes âgés entre 35 et 50-55 ans (Denton et Spencer, 1998 ; Corak, 1997, 1998). Du côté des ressemblances, on note la stigmatisation et la période de transition qu'ils traversent, notamment en ce qui a trait aux valeurs culturelles et religieuses (Hill *et al.*, 1995).

Les études canadiennes font état d'une diminution générale de la pratique religieuse tant chez les jeunes adultes que chez les aînés (Clark, 2000 ; Townsend-Batten, 2002). Cependant cette diminution s'accentue entre le milieu de l'adolescence et la fin de la vingtaine. Par ailleurs, la pratique religieuse commence à augmenter de nouveau au début de la trentaine et semble attirer surtout les adultes mariés (Clark, 2000). Ces études récentes confirment les tendances déjà rapportées par Bibby (1988), Bibby et Posterski (1985) et par Baril et Mori (1991). Reginald Bibby fait cependant état d'une augmentation de la participation des adolescents aux cérémonies religieuses depuis une dizaine d'années (2002, p. 87). Il constate aussi que, comme pour les adultes, même si moins de jeunes adultes s'identifient aux Églises constituées, ceux qui s'y identifient s'engagent davantage. Enfin Bibby précise que la pratique religieuse est plus élevée dans les provinces de l'Atlantique qu'ailleurs au pays et que la pratique religieuse chez les catholiques a rejoint les proportions observées chez les protestants (1995, p. 126).

Toutefois, ces études quantitatives se limitent pour l'essentiel à mesurer la pratique religieuse et n'explorent pas les valeurs religieuses des jeunes adultes et des aînés ou ne les explorent guère. Sur ce point, des études récentes semblent indiquer un regain d'intérêt au sein de la population pour les valeurs religieuses (Bibby et Posterski, 1988) et notamment dans le milieu du travail (Lawless, 1989). De plus, si les jeunes rejettent la pratique religieuse dans le cadre des religions instituées, ils affirment vouloir définir leurs propres valeurs religieuses et poursuivre leur propre idéal de foi (Adams, 2000). Selon Reginald Bibby et Donald Posterski, les jeunes de 15 à 24 ans au pays ne semblent pas du tout être à la veille d'abandonner les croyances surnaturelles, et leur niveau d'adhésion à ces croyances égale celui des Canadiens plus âgés et les dépasse parfois (1988, p. 49).

Par ailleurs, des divergences d'opinion ont cours à savoir s'il existe ou non des différences entre les francophones et les anglophones en matière religieuse. Dans un sondage auprès de 2 487 fidèles catholiques répartis dans 49 diocèses canadiens, François-Pierre Gingras (1993) constate quelques différences, notamment dans le fait que les anglophones sont plus portés que les francophones vers la lecture de livres religieux, dont la Bible, alors que les francophones ont tendance à accorder plus d'importance à l'engagement pour la justice sociale et moins d'importance à la messe et à la prière personnelle. De plus, les francophones perçoivent un peu plus de changement dans les organisations religieuses que les anglophones, tout en étant moins portés à trouver qu'il y en a eu trop ou pas assez. Enfin, les francophones revendiquent une participation accrue des laïcs à la gestion de l'Église. Par contre, une étude antérieure ne trouvait aucune différence entre les deux groupes linguistiques au niveau universitaire (88 anglophones et 78 francophones) (McCarrey et Weisbord-Hemmingsen, 1981).

Hypothèses

Confrontés à ces divergences tant du point de vue des groupes linguistiques que du point de vue des groupes d'âge, nous avons formulé deux questions. Nous nous sommes d'abord demandé s'il existe des conflits et des tensions entre les jeunes adultes et les aînés au sujet des valeurs religieuses, puisque les valeurs sociales dans lesquelles les deux groupes ont évolué sont différentes. Les recherches font ressortir des divergences (Clark, 2000), notamment en ce qui a trait aux valeurs religieuses (Bibby et Posterski, 1988). Les Canadiens plus âgés fondent davantage leurs croyances sur la conception judéo-chrétienne de la divinité de la vie et de la vie après la mort (Bibby et Posterski, 1985, p. 116).

Deuxièmement, nous avons voulu examiner s'il existe des différences de valeurs religieuses entre les anglophones et les francophones, notamment chez les jeunes adultes, puisque les deux groupes linguistiques participent à des cultures différentes et que les recherches rapportent des données contradictoires à ce sujet (Gingras, 1993 ; McCarrey et Weisbord-Hemmingsen, 1981).

Méthodologie

Dans cette étude exploratoire, qui vise à dégager les sources de tensions et les nuances perçues par les participants de divers groupes, nous avons estimé qu'une démarche de nature qualitative s'imposait afin d'atteindre les objectifs visés (Stewart et Shamdasani, 1998). Nous avons donc organisé quatre groupes types comprenant de six à quatorze personnes. Un premier groupe réunissait treize aînés anglophones ; un deuxième, quatorze aînés francophones ; un troisième, huit jeunes adultes francophones ; enfin, un quatrième comprenait six jeunes adultes anglophones. Les participants âgés étaient tous membres de l'organisation Aînés en marche / Go Ahead Seniors de la grande région de Moncton. Quant aux jeunes adultes, ils ont été recrutés parmi les étudiants francophones de l'Université de Moncton et les étudiants anglophones de l'Atlantic Baptist University. Alors que l'Université de Moncton est une institution laïque où la plupart des étudiants acadiens sont de familles traditionnellement catholiques, l'Atlantic Baptist University est un établissement d'enseignement universitaire dirigé par les baptistes de la région de Moncton. Cet établissement recrute ses étudiants principalement chez les anglophones de la région de Moncton. Il offre des programmes de premier cycle, notamment en anglais, en sciences religieuses, en sciences humaines et en éducation. Il a développé des liens étroits avec l'Université d'Oxford (Angleterre) où ses meilleurs étudiants de dernière année sont régulièrement admis pour terminer leurs études de premier cycle. La clientèle de cet établissement est constituée pour une bonne part d'étudiants adultes qui ne sont pas nécessairement pratiquants. Enfin, même si la majorité des étudiants ont été élevés par des parents protestants, nous connaissons personnellement plusieurs étudiants catholiques, et pas nécessairement pratiquants, qui fréquentent cet établissement.

Chaque séance de consultation durait de 90 à 120 minutes. Nous avons préalablement averti les participants que trois grands thèmes seraient abordés lors des discussions : les rapports intergénérationnels entre les jeunes adultes (18-35 ans) et les aînés (50 ans et plus) en ce qui a trait au travail, à la religion et aux politiques sociales. Les discussions ont été enregistrées puis transcrites mot à mot par une secrétaire professionnelle.

Les textes résultant des transcriptions ont ensuite été découpés en énoncés, chaque énoncé contenant une idée complète. Chaque groupe a produit un nombre d'énoncés variant de 100 à 192 chacun. Suivant les techniques utilisées pour l'analyse de contenu, les énoncés ont été regroupés selon les principaux thèmes. Puis les énoncés portant sur la religion ont été soumis à une analyse plus détaillée. Le tableau 1 donne un aperçu de la ventilation des énoncés selon les groupes. On remarque que les participants âgés sont deux fois plus nombreux que les jeunes adultes, étant donné qu'Aînés en marche /

Go Ahead Seniors est une organisation bien établie, ayant des racines dans tous les clubs de l'âge d'or de la région métropolitaine de Moncton. Les aînés qui ont participé aux groupes types sont reconnus pour leur haut niveau d'engagement dans les causes communautaires et sociales et ils ne sont probablement pas représentatifs des aînés de la région, du moins quant à leur niveau de participation sociale.

Par contre, il s'est avéré difficile de réunir un nombre convenable de jeunes adultes, parce que ceux-ci sont moins bien organisés, plus dispersés et moins disponibles à cause des horaires de cours et de travail. Les jeunes adultes ont cependant fourni un plus grand nombre d'énoncés que les aînés. On remarque aussi que le groupe d'aînés francophones a fourni peu d'énoncés sur des thèmes autres que la religion. Cela tient au fait que ce groupe était le premier et qu'à la suite de cette séance, la stratégie de recherche a été modifiée pour inclure les deux autres thèmes. Cette modification est toutefois sans conséquence pour l'analyse détaillée des énoncés portant sur la religion.

Compte tenu des particularités des groupes, cette étude ne peut prétendre à l'universalité. La procédure de sélection des membres des groupes types dépendait de la disponibilité des participants, qui n'ont nullement été choisis au hasard.

Tableau 1

Comparaison des énoncés portant sur le travail, la religion et les politiques sociales faits par les aînés francophones et anglophones et les jeunes adultes francophones et anglophones

Thèmes	Aînés (fr.)		Aînés (angl.)		Jeunes (fr.)		Jeunes (angl.)	
Nombre de participants	14		13		8		6	
	N	%	N	%	N	%	N	%
Travail	2	1,9	24	26,4	51	32,5	63	32,3
Religion	78	73,5	16	17,6	69	43,9	96	50,0
Politiques sociales	0	0	6	6,6	11	7,0	18	9,4
Général	13	12,3	16	17,6	7	4,5	7	3,6
Pouvoir	0	0	0	0	14	8,9	0	0
Éducation	0	0	9	9,9	0	0	0	0
Projets aînés/jeunes	0	0	7	7,7	0	0	0	0
Bilinguisme	0	0	6	6,6	0	0	0	0
Autres	13	12,3	7	7,7	5	3,2	8	4,2
Total	106	100	91	100	157	100	192	100

Diversité des intérêts des participants

Le tableau 1 montre que les jeunes s'intéressent énormément au phénomène religieux. Cette constatation avait déjà été observée par Bibby (2002, p. 87) et par Bibby et Posterski (1988, p. 49). Près de la moitié des énoncés formulés par les jeunes adultes ont trait à la religion. Ce pourcentage est légèrement plus élevé chez les jeunes anglophones. Pourtant, lors des discussions en groupe, le thème de la religion a été abordé en deuxième lieu, après celui du travail. Les énoncés relatifs au travail occupent également une place prépondérante autant chez les jeunes que chez les aînés anglophones qui ont abordé ce thème.

Paradoxalement, les politiques sociales n'occupent pas beaucoup de place chez les divers groupes (moins de 10 % des énoncés). On se serait attendu à ce que les aînés fassent davantage d'énoncés à ce sujet, compte tenu de la place qu'occupent les politiques sociales en matière de santé et de services sociaux et communautaires qui les touchent directement.

La question du pouvoir au sein des organisations religieuses est abordée uniquement par les jeunes adultes francophones, alors que les thèmes du bilinguisme, des projets de collaboration entre jeunes et aînés et de l'éducation sont abordés uniquement par les aînés anglophones.

Tableau 2

Comparaison des énoncés portant sur la religion faits par les aînés francophones et anglophones et les jeunes adultes francophones et anglophones

Sous-thèmes	Aînés (fr.)		Aînés (angl.)		Jeunes (fr.)		Jeunes (angl.)	
Nombre de participants	14		13		8		6	
	N	%	N	%	N	%	N	%
Généralités	12	0	2	12,5	7	9,1	9	9,4
Désaffection des jeunes	26	33,3	1	6,3	8	10,3	5	5,2
Valeurs morales	2	2,6	2	12,5	17	21,8	4	4,2
Changement dans l'Église	2	2,6	0	0	13	16,7	6	6,3
Attitudes	9	11,5	1	6,3	4	5,1	0	0
Tensions	0	0	3	18,9	0	0	15	15,7
Religion/Travail	2	2,6	0	0	0	0	9	9,4

Choix personnel	0	0	0	0	10	12,8	0	0
Liberté	0	0	0	0	5	6,4	0	0
Foi/Relation à Dieu	0	0	1	6,3	0	0	6	6,3
Église/Définition	4	5,1	0	0	0	0	1	1,04
Christ/Définition	0	0	0	0	0	0	12	12,5
Christ/Bible	0	0	0	0	0	0	12	12,5
L'essentiel de la religion	4	5,1	0	0	0	0	0	0
Société meilleure	3	3,8	0	0	0	0	6	6,3
Solutions aux problèmes	11	14,1	3	18,8	6	7,7	0	0
Place des aînés	0	0	2	12,5	2	2,6	0	0
Place des jeunes	2	2,6	0	0	1	1,3	0	0
Pratique par habitude	0	0	0	0	2	2,6	2	2,1
Autres	1	1,3	0	0	1	1,3	0	0
Total	78	100	16	100	78	100	96	100

Similitudes entre les divers groupes

Plusieurs similitudes ressortent des énoncés formulés par les participants aux divers groupes. Tous ont abordé les attitudes des aînés envers les jeunes et celles des jeunes envers les aînés. Des participants de tous les groupes ont insisté sur les problèmes de communication entre les aînés et les jeunes adultes, problèmes qu'ils considèrent comme l'obstacle majeur à une harmonie accrue dans les rapports entre les générations. Ils ont également présenté les divergences relatives aux conceptions de l'Église et de la religion comme un obstacle à l'amélioration des communications intergénérationnelles. Ils reconnaissent aussi l'absence de respect mutuel et les préjugés de part et d'autre comme autant d'obstacles à l'harmonie dans les communications entre les générations. Ainsi, une jeune adulte dit : « On ne sera pas nécessairement respecté… On a beaucoup de préjugés, un envers l'autre ». Et un autre jeune d'enchaîner : « Le syndrome de repousser les aînés. On est toutes de bonnes personnes. Si on se connaissait plus, on se respecterait ».

Les aînés autant que les jeunes adultes reconnaissent qu'un certain pouvoir repose entre les mains des aînés et que ces derniers ne font pas suffisamment de place aux jeunes dans les institutions religieuses. Un jeune dit qu'il « ne sait pas trop où est sa place dans l'Église. Je me demande même s'il y a une place pour les jeunes ! ». Une aînée fait écho à cette préoccupation en s'exprimant ainsi : « Les jeunes n'ont pas de place dans l'Église. On ne met rien en place pour rencontrer leurs besoins. On les ignore ! ».

À des degrés divers, les différents groupes se sont longuement attardés à la désaffection des jeunes envers les Églises instituées. Diverses raisons ont été avancées pour expliquer cette désaffection. Tout d'abord, on n'invite pas suffisamment les jeunes adultes à participer aux conseils paroissiaux et aux offices religieux. Deuxièmement, les cérémonies religieuses n'ont pas de sens pour les jeunes, principalement parce qu'elles manquent de convivialité ; la liturgie est trop linéaire et ne fait pas suffisamment preuve de créativité et de sensibilité à l'égard des besoins des jeunes, notamment à celui de s'exprimer par le mouvement, la musique et le rythme. Autrement dit, les jeunes réclament du changement et plus de liberté et de créativité dans l'expression de leur spiritualité.

Tous les groupes, sauf les jeunes anglophones, ont formulé de nombreux énoncés relativement aux solutions à mettre de l'avant pour construire des ponts entre les générations. Ils ont insisté sur l'importance de rencontrer des personnes au lieu de se limiter aux stéréotypes générationnels. Afin de faciliter la communication intergénérationnelle, ils suggèrent d'établir des journées ou des ateliers de discussion entre les générations pour mettre en place des mesures susceptibles d'améliorer la participation des jeunes aux célébrations religieuses et aux décisions pastorales.

Enfin, les participants des divers groupes s'entendent sur l'importance des valeurs morales, mais ce sont surtout les francophones, et les jeunes en particulier, qui ont insisté sur cet aspect.

Différences intergénérationnelles chez les francophones

Les jeunes adultes, tant anglophones que francophones, se distinguent de leurs aînés par l'insistance qu'ils mettent sur le changement au sein des Églises instituées. Les jeunes adultes, et notamment les francophones, prétendent que la théologie ne suit pas le changement social et scientifique, que la pensée religieuse n'est pas contemporaine et que l'idéologie des chefs de l'Église est le principal obstacle au changement. De plus, ils considèrent que la question de la contraception et le refus de changement en la matière de la part de l'Église posent problème. Enfin, ils considèrent que la liturgie n'est pas adaptée au XXIᵉ siècle, notamment en ce qui a trait à la musique religieuse.

Les principales différences entre les jeunes adultes francophones et leurs aînés francophones portent sur leur conception de la spiritualité. Alors que les aînés font reposer leur spiritualité sur l'institution ecclésiale, les jeunes insistent sur les valeurs personnelles. Pour les aînés francophones, l'essentiel c'est la spiritualité, mais cette dernière se définit par rapport à l'Église catholique qui regroupe le peuple de Dieu. Par contre, les jeunes adultes francophones précisent avec force détails leur notion d'une spiritualité centrée sur les valeurs personnelles et la liberté. Ils s'opposent à leurs aînés principalement en ce qu'ils considèrent que l'Église ne leur permet pas de faire des choix de valeurs et d'exprimer leur liberté dans leur choix de valeurs personnelles. À l'instar de leurs aînés, ils croient dans les valeurs sociales véhiculées par le christianisme. Cependant, ils s'interrogent sur les dogmes imposés par l'institution, principalement parce qu'ils restreignent leur liberté de faire des choix personnels en matière de spiritualité. Ils estiment que les institutions religieuses sont dépourvues de vie spirituelle. Ils avouent avoir soif de spiritualité, mais estiment que cette dernière repose sur la liberté, les choix personnels et la connaissance de soi.

Bibby et Posterski (1985, p. 116) et Bibby (1988, p. 324-333) avaient déjà reconnu les tensions entre l'approche expérimentale dont les jeunes font la promotion et l'approche traditionnelle. L'approche expérimentale prétend que, puisque les temps étant aux changements, on doit s'attendre à voir la situation et le rôle de la religion changer aussi. Les jeunes adeptes de cette approche cherchent à créer leur propre expression de la religion au lieu d'accepter aveuglément des doctrines et des pratiques toutes faites. Bibby soulève les dangers de l'approche expérimentale et de la religion à la carte : « en essayant de faire face au nouveau avec du nouveau, les organisations religieuses s'exposent dangereusement à laisser la culture dicter le contenu et les formes de la foi » (1988, p. 326). Par contre, permettre que l'institution sape les énergies les plus fougueuses de la jeunesse au nom de la foi comporte aussi le risque de se couper, à plus ou moins court terme, de sa base éventuelle et de disparaître dans quelques générations.

Différences entre jeunes adultes anglophones et francophones

C'est principalement entre jeunes adultes anglophones et francophones que des différences apparaissent dans les discussions sur la religion. C'est sur la relation avec Dieu et la définition biblique du Christ qu'ont nettement insisté les jeunes anglophones et non sur la définition de l'institution ecclésiale, comme les aînés francophones, ou la spiritualité personnelle, comme les jeunes adultes francophones.

Pour les jeunes anglophones, l'essentiel de la foi et de la spiritualité repose sur la relation personnelle qu'ils ont développée avec Dieu, alors que les jeunes francophones insistent, eux, sur la liberté de faire des choix de valeurs qui correspondent à leurs aspirations personnelles et à leur désir de se connaître eux-mêmes. Par contre, les jeunes anglophones précisent à plusieurs reprises que « l'essentiel de la spiritualité se caractérise par l'authenticité de la relation à Dieu ». Ils précisent aussi – contrairement aux francophones – qu'il faut « éviter les définitions personnelles du Christ » : « il faut recourir à la définition biblique du Christ, aux commandements livrés dans la Bible, notamment dans le Nouveau Testament qui commande de suivre le Christ ». C'est donc le recours à des définitions trop personnelles de la relation à Dieu et au Christ qui est, selon eux, source de conflits entre les chrétiens.

Pour reprendre la terminologie de Bibby (1988, p. 324-333), les jeunes adultes francophones s'inscrivent dans l'approche expérimentale de la religion, qui insiste sur la nouveauté et met l'accent sur la religion à la carte. Ainsi, un jeune adulte émet l'opinion que « nous autres on a nos choix [...] Si on veut adopter une nouvelle religion, si on veut être de la religion bouddhiste, de la religion anglicane, c'est notre choix ». Un autre renchérit en disant : « Je pense que ceux qui sont plus sélectifs vont plus avoir tendance à aller vers des choses qui les aideront à se connaître un peu plus... Nous autres dans notre spiritualité, c'est un peu ce que les gens cherchent dans le New Age... D'être capable à mieux se connaître et à se questionner ».

Par contre, bien que les jeunes adultes anglophones s'inscrivent pour certains aspects dans l'approche expérimentale (notamment en ce qui a trait au renouvellement des formes et de la musique liturgiques), ils adhèrent toujours à la tradition protestante de fidélité à la Bible. En effet, alors que ni les jeunes ni les aînés francophones ne mentionnent la Bible une seule fois, les jeunes adultes anglophones font porter plus de 30 % de leurs énoncés sur la relation à Dieu et au Christ telle que la Bible la définit. Il s'agit là d'une caractéristique qui avait été constatée par Gingras pour faire la distinction entre les anglophones et les francophones catholiques du Canada, les anglophones étant plus portés que les francophones vers la lecture de livres religieux. Cette différence est encore plus accentuée chez les anglophones protestants que chez les catholiques (1993, p. 80).

Les jeunes adultes anglophones se distinguent aussi des jeunes francophones par l'importance qu'ils accordent à la solidarité, tant dans le milieu du travail que dans le milieu religieux. Selon eux, la solidarité dans le milieu du travail est possible « par l'appartenance à un même système de valeurs : les valeurs chrétiennes véhiculées par la Bible ». Contrairement aux jeunes anglophones, les francophones n'ont émis aucune opinion relativement à la perméabilité du milieu de travail aux valeurs religieuses. Cette caractéristique est également mentionnée par Gingras comme étant particulière aux anglophones, qui ont une perception moins morose que les francophones de l'influence de leur foi dans le quotidien (1993, p. 83-84).

Enfin, contrairement aux jeunes francophones, les anglophones ont beaucoup insisté sur les mésententes ou conflits entre jeunes adultes et aînés, alors que les francophones désignent la génération de leurs parents comme source de conflits et considèrent que la génération des aînés – celle de leurs grands-parents – est plus compatible avec la leur. Les jeunes anglophones associent ces conflits à des problèmes de communication – ou à l'absence de communication. Contrairement aux francophones, ils estiment que « les aînés sont moins ouverts au changement alors que les jeunes cherchent le changement comme fin en soi », ce qu'ils désapprouvent. En ce sens, les anglophones se démarquent des jeunes francophones qui cherchent une religion à la carte et s'inscrivent davantage dans la recherche d'une nouvelle synthèse entre la religion expérimentale et la tradition, synthèse qui considère que « la religion est faite pour apporter une contribution importante et unique à la quête humaine de sens » (Bibby, 1988, p. 337).

Que les jeunes adultes francophones rejettent la religion instituée en faveur de la construction d'une religion à la carte semble conforme aux tendances décrites par Bibby (1988), Bibby et Posterski (1985, p. 116) et Adams (2000). Par contre, les jeunes adultes anglophones de notre étude semblent s'inscrire en faux par rapport à ces tendances canadiennes.

Conclusion

Les chercheurs canadiens n'ont pas beaucoup exploré les différences de perceptions au sujet de la religion entre les jeunes adultes francophones et anglophones et entre les jeunes adultes et les aînés. Quoique de nature exploratoire, la présente étude visait à combler cette lacune.

Quelques constatations se dégagent de notre étude. Contrairement à ce qu'on aurait pu croire, les jeunes adultes, tant francophones qu'anglophones, s'intéressent énormément à la religion et, en particulier, à la spiritualité, autant sinon plus que leurs aînés. Cependant, alors que les aînés se concentrent davantage sur la pratique religieuse à l'intérieur d'Églises instituées, les jeunes rejettent l'institution pour se concentrer sur les valeurs spirituelles héritées, entre autres, du christianisme.

Il existe par ailleurs des différences importantes entre les jeunes adultes francophones et anglophones. La principale différence entre ces deux groupes repose sur leur conception de la spiritualité. Alors que les jeunes adultes francophones insistent surtout sur la liberté, le choix personnel et la démarche de croissance spirituelle conforme à leurs choix personnels, les jeunes adultes anglophones mettent l'accent sur la spiritualité ancrée dans les écrits bibliques et sur la relation à Dieu et au Christ, en particulier.

Cette étude ne prétend pas à la généralisation, parce qu'elle n'est pas fondée sur les opinions d'individus aléatoirement choisis. Malgré tout, les résultats concordent avec ceux de Gingras (1993) dans la mesure où ils montrent qu'il existe des différences d'opinions et de perceptions en ce qui a trait à la religion entre anglophones et francophones, non seulement du Québec, mais aussi hors du Québec. Il va sans dire qu'il faudrait faire des études plus poussées avant de se prononcer définitivement sur le sujet.

BIBLIOGRAPHIE

ADAMS, Michael (2000), *Better Happy than Rich? Canadians, Money and the Meaning of Life*, Toronto, Viking.

BARIL, A. et G.A. MORI (1991), « La baisse de la pratique religieuse », *Tendances sociales canadiennes*, automne, p. 21-24.

BIBBY, Reginald W. (1988), *La religion à la carte : pauvreté et potentiel de la religion au Canada*, traduit de l'anglais par L.-B. Raymond, Montréal, Fides.

BIBBY, Reginald W. (1995), *The Bibby Report : Social Trends Canadian Style*, Toronto, Stoddart.

BIBBY, Reginald W. (2002), *Restless Gods : The Renaissance of Religion in Canada*, Toronto, Stoddart.

BIBBY, Reginald W. et Donald C. POSTERSKI (1985), *The Emerging Generation : An Inside Look at Canada's Teenagers*, Toronto, Irwin Publications.

BIBBY, Reginald W. et Donald C. POSTERSKI (1988), *La jeunesse du Canada*, « *tout à fait contemporaine* » *: un sondage* *exhaustif des 15 à 24 ans*, Ottawa, Ministère d'État à la Jeunesse.

CLARK, W. (2000), « L'évolution de la pratique religieuse », *Tendances sociales canadiennes*, hiver, p. 26-31.

CORAK, Miles R. (dir.) (1997), *Les finances publiques et l'équité intergénérationnelle*, Statistique Canada.

CORAK, Miles R. (dir.) (1998), *Les marchés du travail, les institutions sociales et l'avenir des enfants au Canada*, Statistique Canada.

DENTON, Frank T. et B. G. SPENCER (1998), *Economic Costs of Population Aging* (QSEP Research Report No. 339), Hamilton (Ont.), Research Institute for Quantitative Studies in Economics and Population, Faculty of Social Sciences, McMaster University, décembre, ronéo.

GARMS-HOMOLOVA, Vjenka *et al.* (dir.) (1984), *Intergenerational Relationships*, Lewiston (N.Y.) et Toronto, C.J. Hogrefe Inc.

GAULLIER, Xavier (1998), « Âges mobiles et générations incertaines », *Esprit*, octobre, p. 5-44.

GINGRAS, François-Pierre (1993), « Divergences ou convergences ? Les laïcs anglophones et francophones dans le catholicisme canadien », *Studies in Religion / Sciences religieuses*, vol. 22, n° 1, p. 75-92.

GRAND'MAISON, Jacques *et al.* (dir.) (1995), *Le défi des générations*, Montréal, Fides.

HILL, R. G., V. M. OTTO et E. A. GUILLETTE (1995), « Adolescence and old age : I. Terminal, problem cultures in American society », *Educational Gerontology*, vol. 21, n° 3, p. 275-283.

LAWLESS, David J. (1989), « Religious values in the workplace : Implications for management in Canada », *Organization Development Journal*, vol. 7, n° 1, p. 83-88.

LEFEBVRE, S., E. CLOUTIER et C. CHATIGNY (1999), *La transmission entre groupes d'âge dans la construction des savoirs : étude de cas dans deux entreprises expérimentant un programme de compagnonnage*, rapport préliminaire remis à Emploi-Québec, manuscrit.

McCARREY, Michael W. et Judith WEISBORD-HEMMINGSEN (1981), « Impact of ethnicity and sex on personal values and socialization experiences of Canadian Anglophones and Francophones », *Journal of Psychology*, vol. 104, n° 1, p. 129-138.

STEWART, David W. et Prem N. SHAMDASANI (1998), « Focus group research : Exploration and discovery » dans Leonard BICKMAN et Debra J. ROG (dir.), *Handbook of Applied Social Research Methods*, Thousand Oaks (CA), Sage Publications, p. 505-526.

TOWNSEND-BATTEN, B. (2002), « Staying in touch : Contact between adults and their parents », *Canadian Social Trends*, printemps, p. 9-12.

NOTES

1. L'étude s'inscrit dans le cadre d'un projet de recherche-action financé par Santé Canada et présenté par Solange Lefebvre, chercheure principale, au nom du Groupe de recherche sur les pratiques sociales et religieuses de la Faculté de théologie de l'Université de Montréal (GRPSR). Les auteurs ont aussi obtenu l'appui financier de la Faculté des études supérieures de l'Université de Moncton.

PORTRAIT DES FRANCOPHONES DU NOUVEAU-BRUNSWICK ET DE L'ONTARIO VIVANT EN MILIEU RURAL ET EN MILIEU URBAIN

Louise Marmen
et Jean-Pierre Corbeil
Statistique Canada

Les membres des communautés de langue maternelle française, que nous appellerons francophones dans le présent texte, sont dispersés dans neuf provinces et trois territoires à l'extérieur du Québec. Les francophones des provinces du Nouveau-Brunswick et de l'Ontario sont regroupés dans un nombre limité de régions et ils y représentent une proportion importante de la population. De ce fait, leur suréchantillonnage est beaucoup plus facile dans le cadre d'enquêtes, et il est même possible d'obtenir une répartition de cette population selon le milieu de vie (rural-urbain).

Le présent texte vise à tracer un portrait sommaire des membres des communautés francophones du Nouveau-Brunswick et de l'Ontario vivant en milieu rural ou urbain, à partir des statistiques du recensement de 1996 ainsi que de celles de deux enquêtes d'envergure : l'Enquête internationale sur l'alphabétisation des adultes (EIAA-1994) et l'Enquête du Programme international sur le suivi des acquis des élèves (PISA-2000). La première partie traitera de certaines caractéristiques géographiques et démographiques de ces communautés. La seconde partie abordera des aspects liés à leurs niveaux de scolarisation et d'alphabétisation.

La distinction rural-urbain en ce qui concerne les statistiques du recensement et l'EIAA est basée sur la définition utilisée dans le recensement. Ainsi, au recensement de 1996, une région était considérée comme urbaine si elle avait une concentration démographique d'au moins 1 000 habitants et une densité de population d'au moins 400 habitants au kilomètre carré, d'après les chiffres du recensement précédent. Tous les territoires situés à l'extérieur des régions urbaines sont considérés comme des régions rurales. Dans l'enquête du PISA, cette distinction est plutôt fondée sur la taille de la population des unités géographiques : villages (moins de 3 000 habitants) ; petites municipalités (3 000 à 15 000) ; villes (15 000 à 100 000) ; etc.

Caractéristiques géographiques et démographiques des communautés francophones

Les francophones du Nouveau-Brunswick

La province du Nouveau-Brunswick était constituée de 15 grandes régions lors du recensement de 1996. Les francophones sont fortement regroupés dans celles du Nord et de l'Est de la province.

Proportion de francophones par région,
Province du Nouveau-Brunswick, recensement 1996

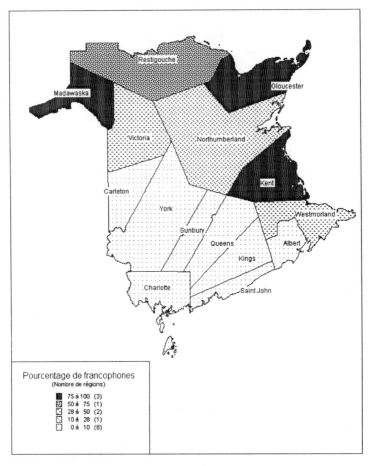

En 1996, six des quinze grandes régions regroupaient 89 % des francophones de la province. La région de Gloucester comptait la plus forte proportion
d'entre eux (29,7 %) et sa population se composait à 84,1 % de francophones.
Elle était suivie de celle de Westmorland, région qui comprend la ville de
Moncton, où l'on retrouvait 20,1 % des francophones de la province, lesquels
comptaient pour 41,7 % de la population. Trois de ces régions, soit Kent, Restigouche et Madawaska, regroupaient chacune moins de 15 % des francophones de la province, et ils y représentaient une très forte proportion de la
population. Quant à la région de Northumberland, on retrouvait 5,8 % des
francophones et ceux-ci représentaient 27,5 % de la population.

Répartition des francophones du Nouveau-Brunswick
et proportion des francophones au sein des régions,
Recensement de 1996

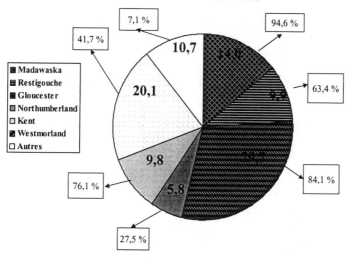

De ces six régions, seule celle de Westmorland avait une proportion plus élevée de francophones vivant en milieu urbain (66 %) que de francophones vivant en milieu rural. Dans celles de Madawaska et de Restigouche, un peu plus de la moitié vivaient en milieu rural, alors que dans celles de Gloucester et de Northumberland, il s'agissait d'un francophone sur dix, et dans celle de Kent, de près de neuf sur dix.

Distribution par âge de la population francophone, N.-B., 1996

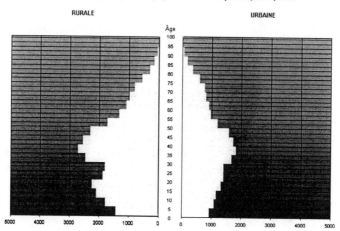

La comparaison des distributions par âge des populations francophones rurale et urbaine permet de juger du renouvellement des générations. Comme on peut le constater, en 1996, l'effectif des jeunes de 0-9 ans est beaucoup plus faible que celui des 30-39 ans, tant en milieu rural qu'en milieu urbain. En fait, en milieu rural, l'effectif des francophones de 0-9 ans représente 75 % de celui des 30-39 ans, alors qu'en milieu urbain il est de 64 %.

En outre, la structure par âge de la population francophone évolue dans le même sens entre 1971 et 1996, et ce, tant en milieu rural qu'en milieu urbain : baisse de la proportion des jeunes de moins de 15 ans et augmentation de la proportion des 65 ans et plus. Il en est résulté une forte augmentation de l'âge médian de ces populations au cours de cette période de vingt-cinq ans. L'âge médian représente l'âge qui divise la population en deux groupes d'effectifs

Proportion de la population des milieux rural et urbain selon certains groupes d'âge, Nouveau-Brunswick, Recensement de 1996

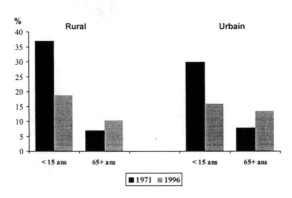

égaux, soit ceux qui sont d'un âge supérieur à cet âge et les autres qui sont d'un âge qui lui est inférieur. Ainsi, l'âge médian des francophones en milieu rural est passé de 20,0 ans en 1971 à 35,9 ans en 1996, alors que celui des francophones en milieu urbain est passé de 24,5 ans à 37,6 ans. On observe la même évolution dans le cas des anglophones, mais avec un peu moins

Migrants francophones intraprovinciaux du Nouveau-Brunswick, 1991-1996

Régions du Nouveau-Brunswick	Entrant	Sortant	Variation nette
Westmorland	3 320	1 910	1 410
Kent	990	1 120	-130
Northumberland	445	755	-310
Victoria	325	510	-185
Madawaska	835	775	60
Restigouche	560	965	-405
Gloucester	1 205	1 870	-665

Total des migrants intraprovinciaux francophones : **9 460** d'ampleur, surtout en milieu rural. Alors qu'en 1971 l'âge médian de l'ensemble des anglophones était supérieur de 2,5 ans à celui de l'ensemble des francophones (22,2 ans), en 1996, on note une situation inverse. L'âge médian des anglophones (34,3 ans) est alors de 2,3 ans inférieur à celui des francophones (36,6 ans).

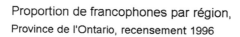

Proportion de francophones par région,
Province de l'Ontario, recensement 1996

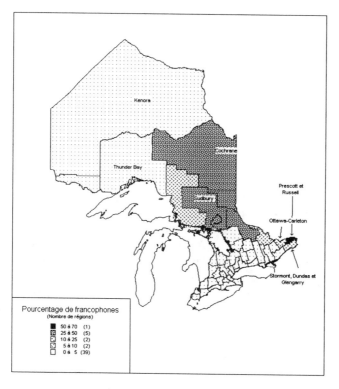

Lorsqu'on analyse les déplacements des francophones au sein même de la province, on constate qu'ils se font du nord vers le sud et, jusqu'à un certain point, du milieu rural vers le milieu urbain. En fait, les populations francophones des régions de Restigouche (-405) et de Gloucester (-665) ont enregistré les pertes migratoires intraprovinciales les plus importantes, et ce, au profit de la ville de Moncton, dans la division de Westmorland.

Les francophones de l'Ontario

La province de l'Ontario comptait 49 grandes régions lors du recensement de 1996. Les francophones se retrouvaient principalement dans celles situées dans le Nord-Est et dans le Sud-Est de la province.

Répartition des francophones en Ontario et proportion des
francophones au sein des régions, Recensement de 1996

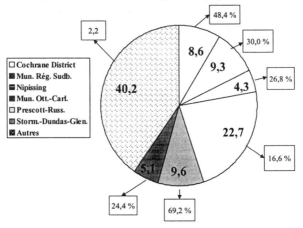

En 1996, six des 49 grandes régions regroupaient 60 % des francophones de
la province. La région d'Ottawa-Carleton comptait 22,7 % des francophones
de la province. Les régions de Prescott-Russell et de la municipalité régionale
de Sudbury en comptaient chacune un peu moins de 10 % et celle de
Cochrane, près de 9 %. Quant aux deux autres régions, elles regroupaient
chacune environ 5 % des francophones de la province. Toutefois, contrairement au Nouveau-Brunswick, la présence francophone au sein de ces régions
est beaucoup moins importante. À part Prescott-Russell, qui compte 69 % de
francophones au sein de sa population, dans les cinq autres régions, les francophones représentent moins de la moitié de la population. En outre, la
région de Prescott-Russell se distingue des autres régions quant à la localisation des francophones. En effet, la majorité des francophones (54 %) y vivent
en milieu rural, alors que dans les autres, ils vivent en majorité en milieu

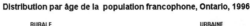

Distribution par âge de la population francophone, Ontario, 1996

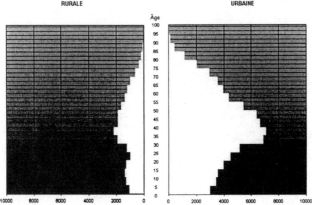

urbain. À l'exception de Stormont-Dundas-Glengarry, où seulement un peu plus de la moitié des francophones sont en milieu urbain (54 %), dans les quatre autres régions plus de 70 % d'entre eux vivent en milieu urbain.

Proportion de la population des milieux rural et urbain selon certains groupes d'âge, Ontario, Recensement de 1996

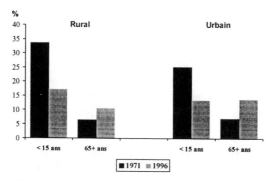

La comparaison des distributions par âge des populations francophones rurale et urbaine en 1996 met en lumière une situation plus contrastée qu'au Nouveau-Brunswick. En milieu urbain, l'effectif des jeunes de 0-9 ans est très faible comparativement à celui des 30-39 ans, puisqu'il ne représente même pas la moitié de ceux-ci (46 %). En milieu rural, la situation est relativement meilleure, l'effectif des 0-9 ans représentant 65 % de celui des 30-39 ans.

Migrants francophones intraprovinciaux de l'Ontario, 1991-1996

Régions de l'Ontario	Entrant	Sortant	Variation nette
Cochrane	1 450	2 700	-1 250
Mun. Rég. Sudb.	2 970	2 785	185
Nipissing	1 375	1 685	-310
Mun. rég. Ott.-Carl.	5 035	5 845	-810
Prescott-Russell	3 545	2 195	1 350
Storm.-Dundas-Glen.	940	1 205	-265
Mun. Tor. Metro	2 120	3 915	-1 795
Toutes les autres régions	18 560	15 665	2 895

Total des migrants intraprovinciaux francophones : **35 995**

En Ontario, tout comme au Nouveau-Brunswick, les francophones font face à un vieillissement de leur population. Entre 1971 et 1996, la population tant urbaine que rurale a connu une forte baisse de la proportion des moins de 15 ans et une hausse appréciable des 65 ans et plus. Ainsi, l'âge médian de la population francophone en milieu rural est passé de 24,3 ans à 38,7 ans au cours de la période, alors qu'en milieu urbain, il est passé de 24,7 ans à 39,8 ans. Par comparaison, les anglophones ont connu eux aussi un vieillissement de leur population, mais il était moins accentué. Alors qu'en 1971 l'âge médian de l'ensemble des anglophones (25,2 ans) était comparable à celui de l'ensemble des francophones (24,4 ans), en 1996, on observait un écart de six ans et demi entre l'âge médian des deux groupes, soit 33,2 ans pour les anglophones et 39,6 ans pour les francophones.

Les statistiques sur la migration intraprovinciale des francophones de l'Ontario ne semblent pas indiquer de déplacements marqués vers une région en particulier. En fait, les francophones des régions où l'on retrouve les plus grands centres urbains, soit Toronto métropolitain et Ottawa-Carleton, semblent aussi susceptibles de migrer vers les autres régions que le sont ceux des régions plus petites.

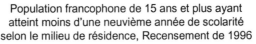

Population francophone de 15 ans et plus ayant atteint moins d'une neuvième année de scolarité selon le milieu de résidence, Recensement de 1996

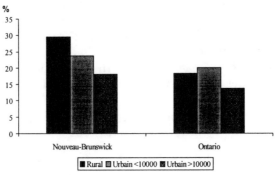

Scolarisation et alphabétisation des francophones

Scolarisation

Le niveau de scolarité atteint par les membres des communautés francophones du Nouveau-Brunswick et de l'Ontario est l'une des caractéristiques sociales importantes pouvant servir d'indicateur de développement et de vitalité de ces communautés. Les données du recensement de 1996 permettent de constater que des écarts importants existent entre les francophones résidant soit en milieu rural soit en milieu urbain.

Ainsi, dans l'ensemble du Nouveau-Brunswick, on retrouvait 26,3 % de francophones qui n'avaient pas atteint une neuvième année de scolarité. Il existe un écart appréciable entre les résidants des communautés rurales et urbaines. Dans l'ensemble des communautés rurales, ces taux y sont plus élevés que ceux observés dans les communautés urbaines. Ainsi, 29,6 % des francophones résidant dans des communautés rurales n'avaient pas terminé leur neuvième année de scolarité comparativement à 18,1 % des francophones vivant dans les centres urbains de plus de 10 000 habitants.

En comparaison, les taux en Ontario sont plus faibles que ceux observés au Nouveau-Brunswick. Dans l'ensemble de cette province, 15,9 % des francophones n'avaient pas atteint ce niveau de scolarité. Les écarts entre milieu rural et milieu urbain sont également moindres. Chez les Franco-Ontariens, on trouve en effet peu d'écart entre la proportion de ceux qui n'ont pas atteint la neuvième année et qui résident en milieu rural (18,3 %) et la proportion de ceux qui résident dans des communautés urbaines de moins de 10 000 personnes (20,1 %), et de ceux des communautés urbaines dont le nombre d'habitants est supérieur à 10 000 (13,7 %).

Proportion des francophones de 25 à 34 ans ayant
atteint moins d'une neuvième année de scolarité
selon le milieu de résidence, Recensement de 1996

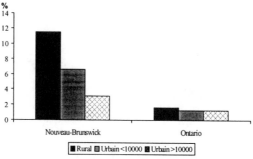

Fait important à signaler, le Nouveau-Brunswick se démarque nettement de l'Ontario en ce qui concerne plus particulièrement la scolarité des jeunes de 25 à 34 ans. La proportion des jeunes francophones de l'Ontario n'ayant pas atteint la neuvième année se situe à environ 1 %, et ce, peu importe le milieu de résidence. Les jeunes francophones du Nouveau-Brunswick sont dans une tout autre situation, puisque près de 12 % de ceux qui habitent en

Population francophone de 15 ans et plus ayant
obtenu au moins un diplôme universitaire
selon le milieu de résidence, Recensement de 1996

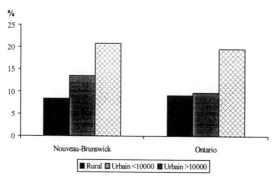

milieu rural n'ont pas atteint ce niveau ; il en va de même de 7 % de ceux des milieux urbains dont la population est inférieure à 10 000. La situation actuelle des jeunes francophones du Nouveau-Brunswick vivant en milieu rural doit cependant être envisagée dans une perspective historique puisqu'en 1971, 57 % des jeunes de ce groupe linguistique avaient moins d'une 9e année de scolarité. Même en nuançant ces résultats pour tenir compte des changements survenus dans les critères de définition des régions rurales et urbaines entre 1971 et 1996, on peut tout de même constater qu'une progression remarquable a eu lieu. En Ontario, la proportion correspondante en 1971 était de 41 %.

Proportion des francophones de 25 à 34 ans ayant obtenu au moins un diplôme universitaire selon le milieu de résidence, Recensement de 1996

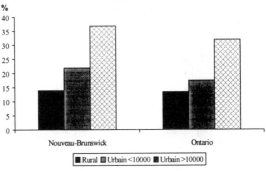

Compte tenu du fait que les jeunes francophones des milieux urbains de plus de 10 000 habitants sont proportionnellement plus nombreux à fréquenter les établissements d'enseignement postsecondaire, ils sont par le fait même moins nombreux à être peu scolarisés (3 %).

La proportion des personnes qui obtiennent un diplôme universitaire varie également selon le milieu de résidence. Puisque les universités sont habituellement situées dans les grandes agglomérations urbaines, c'est également là qu'on trouve la plus forte proportion de détenteurs de diplômes universitaires. Ainsi, les diplômés universitaires ne représentaient que 8,4 % des populations rurales francophones du Nouveau-Brunswick. En Ontario, la proportion était un peu plus élevée, soit 9,1 %. En comparaison, dans les deux provinces, les francophones des milieux urbains de plus de 10 000 habitants affichaient des taux d'obtention de diplômes universitaires équivalents (entre 20 et 22 %).

Fait notable, c'est parmi les jeunes francophones de 25 à 34 ans du Nouveau-Brunswick résidant dans les agglomérations urbaines de plus de 10 000 habitants que l'on trouve la proportion la plus élevée de diplômés universitaires (36,7 %). En Ontario, cette proportion est de 31,7 % chez les francophones de ce groupe d'âge. Pour les raisons déjà évoquées, il existe des écarts considérables entre le milieu rural et les grandes régions urbaines en ce qui a trait à la proportion de diplômés universitaires. Chez les jeunes francophones en particulier, cette proportion est plus de deux fois supérieure dans les agglomérations de plus de 10 000 habitants.

Tout comme c'est le cas pour le seuil de la neuvième année de scolarisation, la progression dans la proportion de détenteurs d'un diplôme universitaire entre 1971 et 1996 a été remarquable chez les francophones. En 1971, au Nouveau-Brunswick, les jeunes francophones de 25 à 34 ans vivant en milieu urbain de plus de 10 000 habitants (à Moncton, pour l'essentiel) qui détenaient un diplôme universitaire représentaient 10 % de l'ensemble des francophones de ce groupe d'âge. Vingt-cinq ans plus tard, non seulement les jeunes francophones détenant un diplôme universitaire y ont-ils presque quadruplé en proportion, mais ils sont également proportionnellement plus scolarisés que les jeunes anglophones[1]. En 1971, les jeunes francophones des agglomérations ontariennes de plus de 10 000 habitants qui détenaient un diplôme universitaire (7,8 %) étaient proportionnellement beaucoup moins nombreux que les jeunes anglophones (12,6 %). Un rattrapage important a donc eu lieu en Ontario, puisque l'écart entre les jeunes des deux groupes linguistiques a presque été comblé.

Dans le cas du Nouveau-Brunswick, bien que la proportion de jeunes francophones de Moncton détenant un diplôme universitaire ait atteint près de 37 % en 1996, la majorité (58 %) des jeunes francophones du Nouveau-Brunswick, tout comme l'ensemble de la population francophone du reste, résidaient en milieu rural, là où la proportion de diplômés universitaire atteignait plutôt 14 %.

Alphabétisation

Dans un contexte économique et social où une place de plus en plus importante est accordée aux industries et aux technologies centrées sur le savoir, plusieurs enquêtes sont menées afin de mesurer les niveaux de compétences et d'alphabétisation de la population. Au cours des dix dernières années, le Canada a ainsi participé et contribué à l'élaboration d'enquêtes majeures sur le sujet. En 1994, le Canada a participé au premier cycle de l'Enquête internationale sur l'alphabétisation des adultes (EIAA). Dans la foulée ont également été menées l'Enquête du programme international sur le suivi des acquis des élèves (PISA) et l'Enquête sur les jeunes en transition (EJET), pour n'en nommer que deux. L'EIAA mesurait les niveaux d'alphabétisation des personnes de 16 ans et plus, alors que les enquêtes PISA et EJET visaient respectivement les jeunes de 15 ans et ceux de 18 à 20 ans.

Ces enquêtes ont permis de mettre au jour des résultats éclairants en ce qui a trait aux niveaux d'alphabétisation des membres des communautés francophones du Canada vivant en milieu minoritaire. Les tests de l'EIAA visaient à mesurer les capacités de compréhension et d'analyse d'information à partir de trois types de textes faisant appel à des compétences en lecture utilisées au quotidien : textes suivis, textes schématiques et textes au contenu quantitatif. Ces tests ne visaient donc pas seulement la seule capacité de lecture.

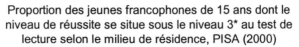

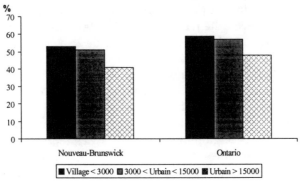

* Sur une échelle allant de 0 à 5

Sur une échelle allant du niveau 1 au niveau 5, des spécialistes ont déterminé que le niveau trois correspondait au seuil minimal requis pour pouvoir participer pleinement aux activités d'une société moderne en pleine transformation.

Seuls 21 % de la population rurale francophone du Nouveau-Brunswick avaient atteint au moins ce niveau lors des tests de l'EIAA, alors qu'en milieu urbain (toutes tailles de municipalités confondues), cette proportion était de 41 %. La situation en Ontario est plutôt différente, puisque l'écart entre les performances des francophones vivant en milieu rural (34 %) et en milieu urbain (41 %) y est moins important qu'au Nouveau-Brunswick. Toutefois, comme on peut le constater, la proportion de francophones vivant en milieu urbain qui ont atteint au moins le niveau 3 est équivalente à celle du Nouveau-Brunswick.

Des analyses précédentes (Corbeil, 1998, 2000) ont montré que les disparités entre les performances des personnes habitant en milieu rural et celles des personnes habitant en milieu urbain étaient essentiellement le fait d'un niveau de scolarisation plus élevé chez ces derniers, mais également d'habitudes liées à la lecture et à l'écriture plus fréquentes. Ainsi, par exemple, à niveau de scolarité égal, les résultats des francophones du Nouveau-Brunswick vivant en milieu rural sont, pour l'essentiel, similaires à ceux vivant en milieu urbain. Les francophones n'ayant suivi tout au plus qu'un cours primaire font exception, puisque les résultats de ceux qui vivent en milieu rural sont sensiblement inférieurs à ceux des francophones qui vivent en milieu urbain. On fait un constat analogue en Ontario. En effet, à niveau de scolarité égal, les disparités tendent à s'estomper entre ceux qui habitent en milieu urbain et ceux qui habitent en milieu rural.

Les résultats des élèves de 15 ans qui fréquentaient les systèmes scolaires français au moment des tests de l'Enquête PISA sont tout aussi intéressants. Une forte proportion des jeunes francophones du Nouveau-Brunswick et de l'Ontario n'ont pas atteint le niveau 3 lors des tests de lecture. La performance des jeunes Ontariens était passablement moins bonne que celle des jeunes du Nouveau-Brunswick tant en milieu urbain qu'en milieu rural. Dans ces deux provinces, on observe peu d'écarts entre les résultats des élèves du milieu rural et des petites régions urbaines, mais des écarts plus prononcés entre les résultats de ces derniers et ceux des élèves des milieux urbains de plus de 15 000 habitants.

Conclusion

Ce bref aperçu de quelques-unes des statistiques du recensement canadien et des enquêtes EIAA et PISA a mis en lumière certaines similitudes et différences concernant communautés francophones du Nouveau-Brunswick et de l'Ontario selon qu'elles vivent en milieu rural ou urbain.

Comme on a pu le constater, les communautés francophones des deux provinces connaissent un vieillissement de leurs populations francophones, tant en milieu urbain qu'en milieu rural. Partout, on assiste à une forte baisse de la proportion des moins de 15 ans et à une hausse appréciable de la proportion des 65 ans et plus. Par rapport à l'Ontario, le milieu rural au Nouveau-Brunswick semble avoir plus de difficultés que le milieu urbain à conserver sa population francophone.

En ce qui a trait aux niveaux de scolarisation et d'alphabétisation, les francophones du Nouveau-Brunswick se démarquent de ceux de l'Ontario. Une plus forte proportion de francophones néo-brunswickois âgés de 15 ans et plus sont faiblement scolarisés, et les différences sont plus accentuées entre ceux qui vivent en milieu rural et ceux qui vivent en milieu urbain. En outre, en milieu rural, même chez les francophones âgés de 25 à 34 ans, on observe un écart considérable entre les deux provinces. Toutefois, parmi ceux qui vivent dans des agglomérations urbaines de plus de 10 000 habitants, la proportion de francophones qui détiennent un diplôme universitaire est comparable dans les deux provinces. De plus, les jeunes francophones de 25 à 34 ans du Nouveau-Brunswick sont proportionnellement plus nombreux que ceux de l'Ontario à détenir un tel diplôme. Au Nouveau-Brunswick, la migration intraprovinciale du milieu rural vers le milieu urbain est sans doute une explication à ce phénomène. Cela donne à penser que les jeunes qui se dirigent vers des centres urbains, tel Moncton, pour poursuivre leurs études postsecondaires auraient une plus forte propension à s'y installer par la suite.

Ces écarts entre les niveaux de scolarisation des francophones en milieu rural et en milieu urbain au Nouveau-Brunswick et en Ontario se traduisent en écarts dans leurs niveaux d'alphabétisation. Là encore, la performance des francophones du Nouveau-Brunswick vivant en milieu rural est beaucoup moins bonne que celle des francophones vivant en milieu urbain, et l'écart observé est plus considérable qu'il ne l'est pour les francophones de l'Ontario.

En ce qui concerne les résultats des jeunes francophones de 15 ans relativement à l'enquête PISA, tant au Nouveau-Brunswick qu'en Ontario, plus de la moitié de ceux qui vivent en milieu rural ont un niveau de réussite inférieur au niveau 3, sur une échelle de 0 à 5, au test de lecture. Même dans les agglomérations urbaines de plus de 15 000 habitants, la proportion de ceux qui ont moins bien réussi dépasse les 40 %, même s'ils ont mieux réussi que ceux du milieu rural ou des agglomérations urbaines plus petites. Il faut souligner que les francophones du Nouveau-Brunswick ont relativement mieux réussi que ceux de l'Ontario, tant en milieu rural qu'en milieu urbain.

Les résultats obtenus par les francophones vivant en milieu minoritaire lors des enquêtes EIAA et PISA ont eu pour conséquence, d'une part, l'élaboration d'un module linguistique spécifique et d'un suréchantillonnage des minorités de langue officielle dans l'Enquête sur l'alphabétisation et les compétences des adultes de 2003 et, d'autre part, l'élaboration d'une proposition de recherche approfondie concernant les résultats de l'enquête PISA. Cette dernière recherche devrait permettre de dégager les principaux facteurs pouvant expliquer les écarts entre les élèves fréquentant le système scolaire français et ceux fréquentant le système scolaire anglais au Manitoba, en Ontario, au Nouveau-Brunswick et en Nouvelle-Écosse.

BIBLIOGRAPHIE

CORBEIL, Jean-Pierre (1998), « Alphabétisme : la langue parlée fait-elle une différence », *Tendances sociales canadiennes*, Statistique Canada, hiver.

CORBEIL, Jean-Pierre (2000), *Littératie au Canada : disparité entre francophones et anglophones* : une analyse des données de l'enquête internationale sur l'alphabétisation des adultes de 1994, Statistique Canada, publication gratuite que l'on peut trouver sur le site Internet de Statistique Canada.

NOTE

1. Notons qu'en 1996, la population francophone de Moncton âgée de 15 ans et plus représentait près de 35 % de la population de cette agglomération, comparativement à 63 % pour les anglophones. En outre, 18 % des francophones y détenaient un diplôme universitaire contre 12 % des anglophones. De plus, les diplômés universitaires francophones de cette municipalité y constituaient 43 % de l'ensemble de tous les diplômés universitaires.

LE PARADOXE DU FRANÇAIS À MONCTON : FRAGILITÉ ET FORCE ÉCONOMIQUE ?
LE CAS DU QUARTIER SUNNY BRAE

Guy Vincent
Université de Moncton

À Moncton, région urbaine où se côtoient francophones et anglophones, le climat social a bien changé depuis les tumultueuses années 1960, époque où les droits de la minorité francophone étaient constamment bafoués par la majorité anglophone. Depuis, quoique toujours minoritaire et menacée par le danger constant d'assimilation, la population francophone n'a cessé de faire des gains tant sur le plan politique que sur le plan démographique ou même économique. Naguère plutôt ouvrière et soumise, cette population s'est émancipée au point de devenir une importante clé dans la relance de Moncton après les difficiles années 1980 marquées par de nombreuses pertes d'emplois. Sunny Brae, l'un des quartiers résidentiels de Moncton, a connu un sort semblable. Majoritairement anglophone dans les années 1960, il a vu sa population francophone, stimulée par la présence d'organismes publics et parapublics, croître sans cesse depuis. Nous nous proposons ici de documenter et d'analyser les transformations démographiques, sociales et économiques qui se sont opérées dans Sunny Brae entre 1960 et 2000. De cette étude émergera le portrait d'une population francophone apparaissant d'abord fragile, mais constituant tout de même un atout considérable pour la vitalité de la région. La présente étude fait partie intégrante d'un projet plus large visant à étudier les transformations socio-économiques dans la ville de Moncton depuis 1960.

La région urbaine de Moncton

La région urbaine de Moncton regroupe un ensemble de municipalités situées le long de la rivière Petitcodiac. Bien que constituant des villages indépendants depuis très longtemps, les municipalités voisines de Riverview et de Dieppe se sont développées grâce à l'étalement urbain de l'après-guerre et, aidées par un processus d'annexion de territoire, elles ont acquis le statut de ville. Plutôt villes-dortoirs au début, elles se sont graduellement diversifiées sur le plan économique. Leurs caractéristiques socio-démographiques ont eu toutefois tendance à se spécialiser. Dieppe a connu une croissance fulgurante depuis les années 1980 et attire une population plutôt jeune et majoritairement francophone, alors que Riverview voit sa grande majorité anglophone stagner. Moncton, à plusieurs égards, se situe entre les deux, avec une croissance démographique moyenne et une légère majorité anglophone (voir carte). Ainsi, la région du Grand Moncton comptait 117 727 habitants en 2001, soit 61 046 à Moncton, 14 951 à Dieppe et 17 010 habitants à Riverview, respectivement (Statistique Canada, 2001).

Le quartier de Sunny Brae (avec l'Université de Moncton en arrière-plan).
Source : Carte postale de The Postcard Factory (Waverley, N.-É.).

Les hauts et les bas de la région du Grand Moncton

La devise de Moncton, *Resurgo* («Je me relève»), illustre bien le cheminement tortueux qu'a connu la région au cours de son histoire. Plus d'une fois, la ville a dû affronter et relever des défis de taille. Se sont succédées des périodes d'essor et de déclin. Région rurale et agricole avant la déportation des Acadiens en 1755, Moncton devint la terre d'accueil d'immigrants allemands de la Pennsylvanie vers la fin du XVIIIe siècle ; elle prospéra ensuite au milieu du XIXe siècle comme chantier naval à l'époque des goélettes, avant que celles-ci ne soient remplacées par les navires à coque d'acier qui ne pouvaient naviguer sur la Petitcodiac. Le passage du chemin de fer et la construction d'ateliers de réparation du Canadien National favorisèrent la relance de Moncton par un bref essor industriel. Pendant la majeure partie du XXe siècle, Moncton devint un centre important de transport, battant au rythme du Canadien National jusqu'à la fermeture de l'atelier du CN en 1986. Depuis, la région s'est relevée une fois de plus en demeurant un centre de services et de distribution régional, mais aussi en exploitant les technologies de l'information.

Mieux branchée sur le monde, elle devient le creuset du développement d'une expertise locale en matière de télécommunications.

La ville de Moncton s'est donc transformée. Son centre-ville, ses quartiers centraux, ses municipalités voisines ainsi que le profil de la population tendent à refléter ces étapes de développements successifs. Le quartier Sunny Brae en est un bon exemple.

Le quartier Sunny Brae

Situé en périphérie est de la ville de Moncton, Sunny Brae a été une municipalité indépendante jusqu'à son annexion à Moncton en 1955 (voir carte). La partie étudiée correspond à la portion ouest que Brun (1999) présente comme majoritairement anglophone en 1960, alors que la partie est (à l'extérieur de l'espace étudié et à l'est) regroupait une population surtout francophone. Le quartier est situé sur une légère pente couverte d'arbres, faisant face au sud. Encore aujourd'hui, Sunny Brae apparaît quelque peu enclavé par une configuration de rues et une topographie limitant l'accès. De plus, le quartier est bordé par un chemin de fer au sud, et par les rues Elmwood puis McLaughlin à l'est, lesquelles constituent un axe d'entrée vers Moncton. L'Université de Moncton couvre la majorité du pourtour restant.

Presque essentiellement à vocation résidentielle, Sunny Brae était déjà, en 1960, plutôt périphérique par rapport au développement urbain de Moncton. Une succession de changements au cours des années 1960 allaient contribuer à transformer petit à petit la nature du quartier et son climat social. Étant à la fois retranché, à l'écart de la ville et jouxtant un espace qui allait s'avérer stratégique, Sunny Brae s'est francisé, embourgeoisé, mais aussi diversifié.

Moncton depuis les années 1960...

Comme pour l'ensemble de la société nord-américaine, la région de Moncton a été grandement marquée par les changements d'après-guerre. L'étalement urbain, le déclin du centre, la désindustrialisation, l'intensification de la société de consommation, les modifications dans la structure des emplois, ont eu des répercussions à Moncton. Comme le note Donald Savoie, l'Acadie allait s'affirmer au cours des années 1960 tant sur le plan économique que sur le plan culturel (1988, p. ii). Quelques faits marquants de cette époque illustrent ces changements.

Tableau 1

**Caractéristiques linguistiques de la région de
Moncton et de ses constituantes, 1961**

1961	Région de Moncton	Moncton	Dieppe	Coverdale (Riverview)	Total des 3 municipalités
Population	55 768	43 840	4 032	3 920	51 792
Anglais langue officielle	63,1 %	63,4 %	26,6 %	94,8 %	62,9 %
Français langue officielle	4,5 %	4,0 %	14,7 %	0,4 %	4,6 %
Anglais et français langue officielle	32,0 %	32,3 %	57,9 %	4,5 %	32,2 %
Anglais langue maternelle	66,2 %	66,6 %	30,4 %	96,0 %	66,0 %
Français langue maternelle	32,5 %	32,2 %	67,4 %	2,6 %	32,7 %

Source : Statistique Canada, *Recensement de 1961*.

L'Université de Moncton en 1963

Une décennie de changements s'amorce en 1960, par suite de l'élection de Louis J. Robichaud comme premier ministre du Nouveau-Brunswick. En effet, Robichaud, premier Acadien francophone élu à ce poste, allait mettre sur pied une commission chargée de procéder à la restructuration de l'enseignement supérieur dans la province. Par conséquent, le programme « Chances égales pour tous » allait être le fer de lance du nouveau gouvernement afin de pallier les inégalités économiques et sociales évidentes dans la province. Largement marginalisés jusqu'alors, les francophones du Nouveau-Brunswick allaient en être les plus grands bénéficiaires.

Une université francophone dans une ville anglophone ! Coup de génie ou œuvre d'un grand stratège ? Le contexte émergeant au début des années 1960, les recommandations de la Commission Deutsch et le programme « Chances égales pour tous » du gouvernement Robichaud (Young, 2001) mènent à la centralisation de l'enseignement supérieur francophone et à l'établissement, en 1963, de l'Université de Moncton, sur un terrain contigu au quartier Sunny Brae. (Dans le même contexte, un campus de l'Université du Nouveau-Bruswick à St. John allait voir le jour.)

« [L]a colline de Sunny Brae n'offrait rien de pittoresque. Vue de la ville, elle n'était guère accueillante à cause du marais couvert de foin fou, traversé par un ruisseau tortueux, capricieux, sale, hostile » (Cormier, 1975, p. 99). Néanmoins, au fil des ans le campus connaît une croissance appréciable pour devenir un point de convergence de la jeune population francophone. Ainsi, par suite d'une succession d'achats et de constructions, le terrain dénudé se transforme en campus aménagé sur lequel sont aujourd'hui érigés une vingtaine d'édifices. Comptant 33 professeurs en 1963-1964, il passe à 325 en 1991-1992 et à 317 en 1996-1997 ; quant à la population étudiante, elle passe de 615 étudiants la première année à 4 321 en 1991-1992 puis à 3 700 en 1996-1997. Dans les deux cas, les chiffres sont à peu près constants depuis. Ainsi, selon le bureau du registraire, plus de 25 000 diplômés (27 689 entre 1964 et 2002) allaient défiler à Moncton entre 1963 et 2000 (un peu moins de 35 000 pour l'ensemble des trois campus qui constituent maintenant le réseau de l'Université de Moncton, les deux autres étant situés à Edmundston et à Shippagan). Le campus de Moncton devient également l'un des employeurs les plus importants de la région : en 1986-1987, son budget de fonctionnement se chiffrait à plus de 50 millions de dollars, ce qui engendrait alors des retombées de 140,8 millions de dollars (Higgins et Beaudin, 1988, p. 18). Et Sunny Brae devient un espace courtisé, sollicité, convoité par une population de plus en plus francophone.

Sur le plan municipal, le maire de Moncton à l'époque, Leonard Jones, dont les actions reflétaient le manque de sympathie envers les francophones et l'opposition au bilinguisme officiel, cherche désespérément à revitaliser « son » centre-ville en perte de vitesse. Pour pallier ce déclin, en juillet 1970, un projet à sa mesure est soumis, accepté et réalisé : ironie du sort, le complexe L'Assomption, siège d'une entreprise acadienne, abrite également des services gouvernementaux provinciaux et fédéraux dans les deux langues officielles du Nouveau-Brunswick.

La fin des années 1960 est une période d'effervescence à laquelle Moncton n'échappe pas. Au début de la décennie, les Acadiens avaient acquis des droits nouveaux grâce à la modernisation du Nouveau-Brunswick, sous Louis J. Robichaud, et à la désignation du Nouveau-Brunswick comme province officiellement bilingue. Comme ailleurs dans le monde, les étudiants de Moncton manifestent : pour la paix dans le monde, contre l'augmentation des frais de scolarité, et pour que soit respecté le bilinguisme, voire le français, au Nouveau-Brunswick. Ils accèdent en plus grand nombre à l'enseignement universitaire et, par la suite, à des postes de décision sur le marché du travail. Cette effervescence est très évidente à Moncton, point névralgique d'interface entre les deux groupes linguistiques.

Le gonflement de l'appareil public provoqué par une croissance démographique sans précédent et par une politique de bilinguisme officiel au Nouveau-Brunswick allait assurer l'accroissement de la présence francophone au sein des différents services gouvernementaux et dans les milieux hospitaliers et scolaires. Une population francophone beaucoup plus encline au bilinguisme (ou à une plus grande « flexibilité linguistique ») que les anglophones allait prouver que l'oppression linguistique subie dans le passé a pu, à long terme, se transformer pour elle en avantage en lui ouvrant de nombreuses possibilités d'emploi.

En quelques décennies, de plaque tournante du transport qu'elle était, Moncton est devenue une ville de services. Les entreprises Canadien National, Eaton's, Swift, le dépôt des Forces armées canadiennes ont fait place à L'Assomption, à la Croix Bleue et à d'autres institutions financières, à des centres commerciaux et à une panoplie de services publics, personnels et professionnels visant une diversification économique accrue. Ainsi se développe entre l'Université de Moncton et le centre-ville de Moncton un axe important le long duquel se déploient des établissements devenus nécessaires à une population francophone plus visible. La rue Archibald, renommée depuis 1999 rue de l'Université, a été témoin de la croissance des effectifs de l'Université de Moncton, de la Société Radio-Canada et de l'hôpital Georges L. Dumont au cours des dernières décennies. De plus, certains cabinets de services professionnels (médecins, spécialistes, publicitaires, etc.), de même que Pêches et Océans Canada, qui s'est établi dans l'ancien collège Notre-Dame d'Acadie, se sont agglutinés à ces pôles importants. Il est alors justifié de prévoir que les espaces résidentiels contigus, voisins ou à proximité, comme Sunny Brae, attireront une proportion accrue de résidants francophones.

Le campus devient aussi un incubateur important de main d'œuvre et d'entreprises. En effet, plusieurs de ses diplômés vont travailler dans la fonction publique et dans l'entreprise privée, mais ils vont aussi créer de nouvelles entreprises et d'autres emplois. Ainsi, l'Université de Moncton a-t-elle exercé un magnétisme certain auprès d'étudiants qui, une fois diplômés, ont choisi d'élire domicile dans une région garante d'emplois et d'avancement ; ce faisant, ils contribuent à élargir la part francophone dans la région de Moncton et à assurer la croissance économique du Grand Moncton (Allain, 1998).

Les technologies de l'information, les services : une base économique fragile ?

À l'heure des technologies de l'information, la région semble s'acheminer une fois de plus vers une spécialisation de sa base économique. La présence à la fois d'une population bilingue et instruite, d'un coût de la vie modéré et d'une expertise reconnue en télécommunications incite des entreprises à établir leurs centres d'appels à Moncton. Cette spécialisation constitue certes un danger, mais aussi un gage d'avenir, car les possibilités d'effets multiplicateurs et d'exportation de produits et de services locaux sont évidentes.

Tableau 2

**Connaissance des langues officielles par la population,
selon la langue maternelle, Grand Moncton, 1996**

	Total		Anglais		Français		Anglais/ Français	
Langue maternelle								
Total – Langue maternelle	111 795	100,0%	58 975	52,8%	2 845	2,5%	49 925	44,7%
Réponses uniques	110 435	98,8%	58 770	53,2%	2 820	2,6%	48 800	44,2%
Anglais	73 615	65,8%	57 620	78,3%	25	0,0%	15 960	21,7%
Français	35 575	31,7%	315	0,9%	2 775	7,8%	32 485	91,3%
Langues non officielles	1 240	1,1%	835	67,3%	25	2,0%	355	28,6%

Source : Statistique Canada, *Recensement de 1996* – 95F0219XDB96002

Ainsi, un portrait d'ensemble émerge et le contexte récent semble davantage sourire à la population qui maîtrise les deux langues officielles. Une grande part des francophones de la région paraît jouir de son « ouverture linguistique ». Comme l'indique le tableau 2, en 1996, 15 960 des 73 615 anglophones déclarent connaître les deux langues, alors que près de la totalité des francophones disent connaître l'anglais et le français (22 % et 91 % respectivement, bien que les anglophones soient deux fois plus nombreux). Toutefois, on devine une augmentation de la population anglophone bilingue depuis 1960. Les rôles semblent s'inverser.

Problématique de l'étude d'une petite ville

La majorité des études sur les transformations des quartiers centraux ne portent sur aucune ville plus petite que Halifax ou Kitchener-Waterloo, par exemple. L'étude de la dynamique des populations à l'intérieur de « petites villes », ou même de quartiers, représente donc un certain défi. Ce défi se situe principalement dans la difficulté de recueillir des données et des informations, afin d'indiquer et de localiser clairement les changements dans le profil de la population qui s'opèrent dans une région urbaine relativement peu peuplée. Un des problèmes provient du fait que la région de Moncton n'est l'objet de publications de statistiques par secteur de recensement (SR) que depuis 1981. Les comparaisons avec les périodes antérieures sont donc difficiles. De plus, malgré la possibilité de dresser un portrait statistique détaillé, la structure des SR, qui englobe un espace plus grand que celui étudié, ne permet pas de distinguer les nombreuses « réalités » qui peuvent exister à l'intérieur de celui-ci. Ainsi, Sunny Brae est « submergé » dans le SR 10 01 pour les recensements de 1986, de 1991 et de 1996 (voir carte), et encore plus dans le SR 10 en 1981. Le secteur de dénombrement offre un découpage plus fin, mais dont les limites varient d'un recensement à l'autre et qui ne comprend pas nécessairement l'espace voulu. Les secteurs de dénombrement (SD) (1996) qui comprennent Sunny Brae débordent les limites du quartier (voir carte). Bien qu'il soit essentiel d'utiliser l'information contenue dans ces sources pour dresser un portrait d'ensemble, il faut aussi puiser à d'autres sources.

Les annuaires de villes constituent un inventaire de la population d'un « marché » donné destiné principalement aux entreprises désireuses d'orienter leurs campagnes de mises en marché (marketing) et de sonder la clientèle. L'utilité des annuaires de villes a déjà été validée par Harris et Moffat (1986). Deux sections du *Moncton City Directory* sont particulièrement utiles. La première comporte une énumération des ménages de la région de Moncton (surtout Moncton, Dieppe et Riverview) par ordre d'adresse. Sont indiquées dans cette section le(s) nom(s) des personnes majeures habitant à une adresse donnée, le nombre d'années qu'elles ont vécu à cette même adresse et si elles sont propriétaires du logement. La seconde section présente une liste des personnes inventoriées dans la première section de même que, dans environ 70 % des cas, leur profession et leur employeur. La qualité de l'information dépend essentiellement de la nature de l'information à la source – le répondant –, puisque ces renseignements sont transcrits tels quels. Ainsi, aucun effort de classification ou de catégorisation des emplois ni de standardisation grammaticale de l'information n'est accompli dans le processus d'édition. Il en résulte parfois, entre autres, des omissions, des inversions de noms-prénoms ou des éléments d'information vagues, et ce, particulièrement dans les plus récentes éditions, en raison de l'utilisation de la technologie de numérisation et du désir d'une proportion croissante de la population de protéger sa vie privée.

Les données d'évaluation foncière de 2001 de la Corporation géographique du Nouveau-Brunswick permettent de combler une partie de ces lacunes. En effet, à défaut de comporter des informations sur l'emploi, sont inclus les noms des occupants et des propriétaires (et leur adresse, si elle diffère) ainsi que la valeur d'évaluation de la propriété dans une proportion voisine de 100 %.

Outre ces sources, nous avons mené des entrevues semi-dirigées auprès de résidants possédant une expérience de vie dans le quartier, de durée variée, pour tenter de sonder la qualité de vie dans Sunny Brae et la perception du changement.

Sunny Brae, 1960-2000 : portrait statistique d'une évolution socio-linguistique

Du recensement de 1996 se dégagent des données comparables à celles du Grand Moncton en ce qui a trait à la « flexibilité linguistique » des francophones du secteur de recensement (SR) 10 01, secteur beaucoup plus grand dans lequel s'insère Sunny Brae. En effet, 170 des 900 anglophones déclarent connaître l'anglais et le français contre 770 des 885 francophones. Les données à l'échelle des secteurs de dénombrement (SD) ne permettent pas le même croisement d'information. On devine tout de même une tendance semblable, puisque très peu de répondants affirment ne connaître que le français, alors qu'il y en a environ 250 dans chacun des SD qui disent connaître l'anglais et le français.

Sunny Brae et les secteurs de dénombrement.

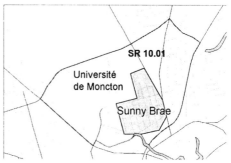

Sunny Brae dans le secteur de recensement 10.01.

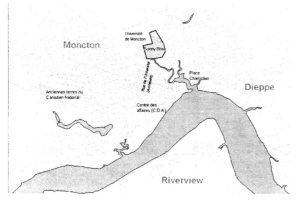

Sunny Brae et quelques points de repères pour situer le quartier dans le contexte régional.

Source : Fonds de cartes de Statistique Canada, fichiers Gfrr305r, Gsr_305b, Gsd_305n et Gfrr305s.

141

Tableau 3

Connaissance des langues officielles par la population, selon la langue maternelle, SR 10.01, 1996

Langue maternelle	Total		Anglais		Français		Anglais/ Français	
Total – Langue maternelle	1 830	100,0 %	745	40,7 %	115	6,3 %	960	52,5 %
Anglais	900	49,2%	730	81,1 %	0	0,0 %	170	18,9 %
Français	885	48,4%	0	0,0 %	105	11,9 %	770	87,0 %
Langues non officielles	35	1,9%	15	42,9 %	10	28,6 %	0	0,0 %

Source : Statistique Canada, *Recensement de 1996* – 95F0219XDB96002

Même si le portrait qui ressort des données du recensement est révélateur, beaucoup de détails sont engloutis dans un découpage des unités géographiques impropres au présent exercice. De plus, ces informations ne sont pas disponibles pour l'ensemble de la période étudiée. Il apparaît donc nécessaire d'utiliser une autre méthode afin d'évaluer l'évolution de la présence francophone dans le quartier Sunny Brae tel que nous le définissons dans la présente étude. Aussi dressons-nous un portrait linguistique du quartier en tenant compte du patronyme comme indicateur de l'appartenance linguistique à l'anglais ou au français des personnes résidant en ménage. Bien qu'imparfait, cet outil nous permet tout de même d'obtenir un portrait assez représentatif de la réalité et très proche des données de recensement de 1996. De la même façon, il est possible de retracer l'évolution du profil sociolinguistique de Sunny Brae depuis 1960. Les cartes permettent de se rendre compte des particularités spatiales de cette progression.

Tableau 4

Portrait linguistique selon le patronyme, Sunny Brae, 1961-2000 (compilé à partir du *Moncton City Directory*)

	1961		1971		1981		1991		2000	
Logements	311	100,0 %	330	100,0 %	347	100,0 %	334	100,0 %	338	100,0 %
Réponses	293	94,2 %	313	94,8 %	314	90,5 %	255	76,3 %	326	96,4 %
Français	32	10,3 %	72	21,8 %	116	33,4 %	118	35,3 %	171	50,6 %
Anglais	261	83,9 %	241	73,0 %	196	56,5 %	137	41,0 %	155	45,9 %

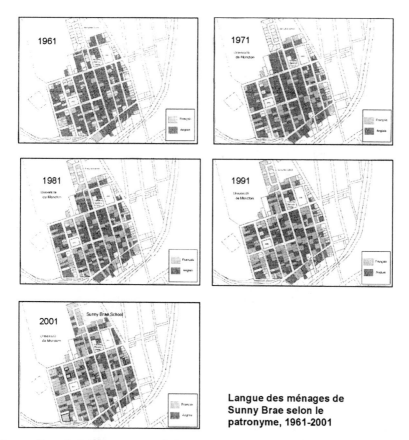

Langue des ménages de Sunny Brae selon le patronyme, 1961-2001

Source : Compilation des annuaires de la ville de Moncton (1961, 1971, 1981, 1991, 2001) et évaluation foncière de la Corporation géographique du Nouveau-Brunswick, 2001.

La « francisation » de Sunny Brae est évidemment impressionnante. En effet, alors qu'il s'agissait d'un quartier majoritairement anglophone en 1961, Sunny Brae est devenu au fil des ans un microcosme de la montée du français à Moncton. Ainsi, selon notre indicateur, la moitié des ménages de Sunny Brae étaient francophones en 2000. Toutefois, la composition des ménages a également changé. Les ménages familiaux traditionnels ont graduellement laissé place à de nouveaux types d'arrangements d'habitation comme le partage de logements, le « chambrage », la cohabitation de personnes non apparentées, etc. De ce fait, beaucoup plus de personnes se qualifient comme répondants au recensement des annuaires de villes, parfois plus de deux par ménage. Donc, pour l'année 2000, en considérant tous les répondants plutôt que les ménages, on obtient 398 répondants sur une possibilité de 477, dont 261 seraient francophones et 137 anglophones (donc 66 % de francophones).

La francisation de Sunny Brae s'accompagne d'un changement important du profil d'emploi de la population ainsi que d'une modification évidente dans la relation résidence-travail. Le profil d'emploi demeure cependant mul-

143

tipolarisé. En effet, en 1961, la population – plutôt anglophone – travaillait dans les métiers, les finances, les ventes et services ; en 2001, celle-ci, surtout francophone, est partagée entre l'enseignement et les ventes et services. Toutefois, le nombre important de retraités dans les deux groupes retient l'attention. La proportion de retraités anglophones tend à diminuer depuis 1981, alors que celle des retraités francophones augmente. D'autre part, la présence d'étudiants dans le quartier s'accroît considérablement. Même si certains ont grandi dans le quartier et demeurent encore à la maison, des facteurs tels que l'atteinte d'un sommet dans les inscriptions à l'Université de Moncton en 1994, le départ de retraités, la conversion de résidences en maisons de chambres et la location de chambres ou d'appartements au sous-sol se conjuguent pour expliquer cette croissance. Finalement, la forte représentation de retraités et d'étudiants révèle une tendance très nette à la polarisation démographique. D'ailleurs, le quartier comptait, en 2000, 32 propriétaires absents, dont certains habitent en dehors de la région, phénomène qui semble être en hausse. Les pôles d'emplois qu'étaient Eaton's, le CN, les Forces armées canadiennes sont aujourd'hui disparus. L'Université de Moncton est un employeur important, et Sunny Brae, par sa proximité, un lieu d'accueil pour employés et étudiants.

Les pôles d'emplois qu'étaient Eaton's, le CN, les Forces armées canadiennes sont aujourd'hui disparus. L'Université de Moncton est un employeur important, et Sunny Brae, par sa proximité, un lieu d'accueil pour employés et étudiants.

Sunny Brae : à l'ombre de l'Université ?

Depuis l'arrivée de l'Université de Moncton, en 1963, dans le pré ensoleillé qu'était Sunny Brae (comme son nom l'indique), le quartier a évolué dans l'ombre de cette institution. La présence de l'Université a fortement influencé l'évolution du profil de sa population, sans toutefois anéantir son caractère mixte particulier et très urbain. Ainsi, Sunny Brae demeure un « melting pot », une courte-pointe contrastée où se côtoient l'anglais et le français, le vieux et le neuf, les résidences imposantes et les maisons plus modestes, les retraités et les étudiants.

Au cours des ans, le quartier s'est vu attribuer le sobriquet de « nick à profs » et il est devenu à certains égards un quartier d'accueil. Pour des raisons évidentes, Sunny Brae s'est avéré un milieu de vie idéal pour ses résidants, qui y apprécient non seulement la proximité de leur lieu de travail, mais aussi la qualité de vie. Celle-ci se traduit par une offre de logements abordables, un esprit communautaire sain, un environnement vert et paisible quelque peu retranché, qui constitue un juste milieu entre la vie de ville et la vie de banlieue, un village urbain. Des employés de l'Université s'y sont établis après avoir pris en considértion les avantages qu'offrait Sunny Brae. En effet, une présence francophone plus intense sur le marché du travail a contribué à former un axe de services important entre le centre-ville et l'Université, ce qui, par ricochet, ajoute à l'attrait que représentent les quartiers voisins, dont Sunny Brae.

Tableau 5

**Profil de l'emploi selon le secteur d'activité des ménages
anglophones et francophones,
% du total des employés, Sunny Brae 1961-2000**

	1961		1971		1981		1991		2000	
	A	F	A	F	A	F	A	F	A	F
Industrie										
Gestion	9,3	1,0	10,5	1,7	3,0	2,5	2,8	2,8	1,5	0,4
Affaires, finance, Administration	31,4	2,6	19,2	4,7	13,4	6,9	5,3	5,3	0,8	2,3
Sciences naturelles et appliquées	2,1	0,0	4,1	1,2	2,0	0,0	0,8	1,2	1,1	1,9
Santé	1,5	0,0	2,3	0,6	1,0	0,5	0,0	0,4	0,0	2,6
Sciences sociales, enseignement, administration publique	6,2	0,0	4,1	4,1	5,4	15,3	2,0	12,6	2,6	9,0
Arts, culture, sports, loisirs	0,0	0,5	0,0	0,0	1,0	0,5	0,4	0,4	0,0	0,8
Ventes, services	22,2	0,5	22,7	4,1	8,9	3,5	4,1	1,6	3,4	9,8
Métiers, transports	14,4	5,2	21,5	8,1	8,9	4,0	4,5	3,3	2,3	4,1
Transformation, fabrication	3,1	0,0	4,1	2,3	0,5	1,5	0,4	0,0	0,4	1,9
Retraités	0,0	0,0	0,0	0,0	35,6	5,4	30,5	10,2	19,2	15,8
Étudiants	0,0	0,0	0,6	1,7	1,0	1,0	0,0	4,1	0,4	18,0
N	175	19	153	49	163	83	125	103	84	182

Un lieu semblable possède pratiquement tous les atouts pour devenir un quartier convoité par d'éventuels « gentrificateurs ». Le relèvement substantiel du statut social d'une population provoque souvent une flambée de la valeur des propriétés. Parmi les cas célèbres, mentionnons des quartiers tels que Cabbagetown à Toronto, le plateau Mont-Royal à Montréal ou le South End à Halifax. Or la manifestation d'un tel embourgeoisement à Sunny Brae, que l'on reconnaîtrait à des rénovations flamboyantes, demeure très discrète, et la valeur des propriétés du quartier reste encore très abordable et se situe sous la moyenne régionale. Un lotissement plus récent situé au nord, qui comporte des propriétés s'apparentant aux pavillons que l'on retrouve en banlieue, fait toutefois exception. L'examen de la condition des bâtiments de ce lotissement révèle qu'ils sont généralement dans un état assez stable et qu'ils respectent le caractère d'origine du quartier ; l'entretien paysager soigné témoigne d'ailleurs de la fierté des résidants. Tout cela fait dire à certains que « les profs cools s'embourgeoisent avec classe » ! Il s'agirait cependant d'un embourgeoisement plutôt tranquille... ou inachevé ! Plusieurs habitants sont retraités depuis peu ; d'autres le seront bientôt. Le quartier demeure modeste, mais qu'en adviendra-t-il après le départ d'une cohorte vieillissante ? Certains résidants craignent une « dé-gentrification », un délabrement des propriétés et une dégradation du climat social causés par l'accroissement d'une population en transit, parfois « anarchique » de l'avis de certains, et par l'incidence accrue de l'absentéisme des propriétaires, phénomènes qui seront le symptôme d'une cohabitation devenue difficile. Les particularités de Sunny Brae feraient-elles du quartier un lieu de transition constante ?

Un examen approfondi des mutations successives des occupants pourrait révéler l'existence d'une chaîne de transfert de logements. En effet, des informateurs mentionnent l'existence d'un réseautage informel par lequel s'organisent les transactions en matière de logement. Ainsi, il paraîtrait que très peu de propriétés font l'objet de publicité par les moyens traditionnels et que des ventes ou des locations de propriétés sont conclues en quelques jours. De plus, cette pratique semble particulièrement bien organisée dans la population francophone. Il n'est pas rare d'entendre un locataire faire la liste des connaissances qui se sont succédé dans le même logement !

L'avenir pour Sunny Brae : lieu transitoire ou lieu d'investissement ?

Justement pour les raisons évoquées précédemment, on serait en droit de se demander si Sunny Brae, en partie à cause de sa position stratégique, ne serait pas devenu le lieu d'une population en transit. Certains résidants actuels affirment y demeurer « en attendant ». De plus, en examinant les listes des résidants dressées à partir du *Moncton City Directory*, on remarque le passage momentané de « gentrificateurs potentiels ». Plusieurs scénarios plausibles sont décelés : le médecin spécialiste qui arrive à Moncton, qui habite près du travail avant de mieux connaître le marché immobilier et les quartiers du

Grand Moncton ; le professeur qui s'y établit en attendant la permanence d'emploi ; l'étudiant qui y vit pendant ses études, etc.

D'autres scénarios, qui constituent des variations sur le thème de la transition, peuvent laisser présager d'éventuels changements. L'investissement temporaire de la part de « propriétaires étudiants » est sûrement un phénomène peu documenté, qui, quoique peu fréquent, est bien présent à Sunny Brae. Ainsi, pour ceux qui en ont la possibilité, le fait de posséder son logement pendant quelques années, de louer quelques chambres, quitte à revendre au même prix, apparaît comme une solution originale et économique pour se loger pendant les études, et ce, à deux pas de l'Université. Par ailleurs, l'investissement que représente l'achat d'une propriété dans le quartier constitue pour certains un « potentiel qu'il faut garder ». Par conséquent, certains propriétaires quittent sans vendre, du moins pas dans l'immédiat. Pour d'autres, il s'agit d'une occasion à ne pas rater. D'autres encore investissent dans l'ajout d'un appartement au sous-sol. Dans chacun de ces cas, l'action est posée en vue de profiter de la proximité enviable de l'Université et du roulement régulier de la population. De l'aveu de quelques-uns, « le marché immobilier est actuellement très tranquille ». De plus, le parc situé vers le centre de Sunny Brae serait apparemment convoité par des promoteurs. Cependant, ces formes d'investissement ont sûrement un motif. Des cas semblables ont déjà été remarqués ailleurs dans des quartiers offrant les mêmes avantages. Les cas du « ghetto étudiant » de l'Université McGill, des secteurs Kitsilano et Point Grey à Vancouver, l'Annex à Toronto ne sont que quelques-uns de nombreux exemples qui ont vu une vague d'embourgeoisement s'intensifier par la suite. Toutefois, la conjoncture est différente.

La concurrence de Dieppe ou l'impossibilité d'une élitisation française complète ?

La région de Moncton est différente de celles de Montréal, de Toronto ou de Vancouver. La dynamique du Grand Moncton, région bilingue, est également particulière. Comme on l'a vu, elle attire une population francophone importante qui provient en grande partie des régions francophones du Nouveau-Brunswick et qui trouve à Dieppe, municipalité voisine, un environnement de banlieue et majoritairement francophone (à 80 %). De plus, la différence de prix entre les maisons neuves et les propriétés existantes tend à régresser, ce qui accentue l'attrait de Dieppe. Ainsi, Dieppe attire en grande partie des « gentrificateurs » potentiels, dont quelques-uns proviennent justement de Sunny Brae, et connaît depuis quelques années des taux de croissance annuelle d'environ 2 %. Dans l'un ou l'autre des cas, le phénomène est presque semblable : un regroupement des francophones !

Conclusion : la « ghettoisation » volontaire des francophones ?

La présence francophone dans le Grand Moncton est très évidente. Elle constitue d'ailleurs un des atouts importants de la région, tant sur le plan économique que sur le plan culturel. Elle contribue également à bouleverser l'ordre établi. La ville de Moncton se targue d'être la première ville à être offi-

ciellement bilingue (disposition votée le 6 août 2002). La population anglophone se plie à cette nouvelle réalité en devenant, elle aussi, graduellement
plus bilingue. Toutefois, cette apparente harmonie s'accorde sur les airs d'une
concentration, d'un retranchement, qu'il soit volontaire ou non, de la population francophone vers des espaces francophones. Bien que cette création
d'espaces francophones représente des points d'ancrage importants dans la
région du Grand Moncton, elle ressemble néanmoins à la formation de
« ghettos » se situant sur les marges d'espaces anglophones outre marais et
« foins fous » : Sunny Brae à l'ombre de l'Université ; Dieppe de l'autre côté
du ruisseau Hall. La présence francophone dans un milieu majoritairement
anglophone représente certes une force, mais cette force n'est-elle pas fragili-
sée par la formation d'îlots francophones ?

BIBLIOGRAPHIE

ALLAIN, Greg (1998), « L'entrepreneurship minoritaire et le développement économique local : le rôle des gens
d'affaires acadiens dans la croissance récente du Grand Moncton », communication présentée au colloque
« Centralité de la marginalité », 66e Congrès de l'ACFAS, Université Laval, 14 mai 1998.

BRUN, Régis (1999), *Les Acadiens à Moncton : un siècle et demi de présence française au Coude*, Moncton, [s.n.]

BUREAU FÉDÉRAL DE LA STATISTIQUE (1970), *Recensement du Canada de 1961*, Bulletin SP-5, Ottawa, Bureau fédéral de la statistique.

CORMIER, Clément (1975), *L'Université de Moncton : historique*, Moncton, Publications du Centre d'études acadiennes.

HARRIS, R.S. et B. MOFFAT (1986), « How reliable is the Modern City Directory ? », *The Canadian Geographer / Le
géographe canadien*, vol. 30, n° 2, p. 154-158.

HIGGINS, Benjamin et Maurice BEAUDIN (1988), *Impact de l'Université de Moncton sur les régions de Moncton,
d'Edmundston et de Shippagan*, Moncton, Institut canadien de recherche sur le développement régional.

MIGHT DIRECTORIES (1961), *Might's Greater Moncton City Directory*, Toronto, Might Directories Atlantic.

MIGHT DIRECTORIES (1971), *Might's Greater Moncton (Westmorland County) New Brunswick, City Directory*,
Toronto, Might Directories.

MIGHT DIRECTORIES (1981), *Moncton, New Brunswick, City Directory*, Toronto, Might Directories.

MIGHT DIRECTORIES (1991), *Moncton, New Brunswick, City Directory*, Toronto, Might Directories.

R. L. POLK & CO. (2000), *Polk's Moncton City Directory*, Toronto, Polk.

SAVOIE, Donald (1988), « Préface », dans Benjamin HIGGINS et Maurice BEAUDIN, *Impact de l'Université de
Moncton sur les régions de Moncton, d'Edmundston et de Shippagan*, Moncton, Institut canadien de recherche sur le
développement régional

STATISTIQUE CANADA, *Recensement de 1996*, Ottawa, 95F0219XDB96002.

YOUNG, R.A. (2001), « Le programme "Chances égales pour tous" : une vue d'ensemble », dans *L'ère Robichaud,
1960-1970, actes du colloque*, Moncton, Institut canadien de recherche en développement régional, p. 23-39.

LA RELÈVE EN POLITIQUE MUNICIPALE : UN ENJEU POUR LES FEMMES FRANCOPHONES DE L'ONTARIO

Linda Cardinal
et Caroline Andrew
Université d'Ottawa

Les minorités ethniques, nous rappelle Raymond Breton, constituent des communautés politiques, c'est-à-dire des espaces de coordination de l'action ou de gouvernance, de débats et de luttes pour le pouvoir de définition et d'orientation du groupe (Breton, 1983). Ainsi, les acteurs s'initient à la politique et à la gouvernance dans le but ultime de contribuer au développement du groupe, notamment à l'accroissement de sa capacité institutionnelle et organisationnelle. Les rapports entre les minorités et les différents ordres de gouvernement sont déterminés par cet impératif et visent la plupart du temps l'obtention de ressources en vue d'assurer le développement du milieu. Selon Breton, plus un groupe aura un niveau élevé de « complétude institutionnelle » – c'est-à-dire plus son réseau d'institutions sera complet –, plus il pourra assurer sa reproduction dans le temps et dans l'espace.

L'objectif du texte qui suit est d'expliquer pourquoi les domaines de la politique municipale et du développement local sont importants pour les francophones et, en particulier, pour les femmes francophones de l'Ontario. Ce sont des lieux de pouvoir souvent accessibles aux élites des groupes minoritaires et susceptibles de contribuer à leur capacité organisationnelle et institutionnelle. Il s'agit également d'un niveau politique pouvant favoriser une participation plus directe des minorités au pouvoir de la collectivité dans son ensemble. Dans certains cas, lorsque la minorité constitue la majorité au plan local, son engagement en politique municipale devient crucial. La politique locale incite les minorités – et notamment les femmes appartenant à ces milieux – à participer au développement d'un espace démocratique à l'intérieur duquel elles peuvent faire valoir leurs préoccupations comme une question de développement et de cohésion pour l'ensemble du milieu et non uniquement comme un enjeu réservé à la minorité.

Nous tenterons, dans un premier temps, de situer notre problématique dans le cadre des débats théoriques sur la reconfiguration des échelles de la politique, le *rescaling*, inspirés par la réflexion en cours sur la mondialisation des rapports sociaux et politiques. Dans un deuxième temps, nous présenterons les données d'une recherche sur la relève francophone en politique municipale ontarienne que nous avons réalisée à l'été 2001[1]. Dans un troisième temps, nous tenterons d'expliquer pourquoi la politique municipale doit dorénavant constituer un enjeu pour les femmes francophones de l'Ontario.

Remarques théoriques : la politique municipale à l'ère de la mondialisation

Pour plusieurs, il s'avère de plus en plus important d'approfondir notre façon de concevoir les processus complexes de reconfiguration des échelles de la politique dans le contexte de la mondialisation des rapports sociaux et politiques. Parmi les auteurs clés dans ce débat, nous pensons à Neil Brenner (1998), Roger Keil (1998), Rianne Mahon (2002), Neil Smith (1992) et Edward Soja (1989). Ceux-ci insistent sur l'importance de penser la multiplicité des niveaux de la vie politique, les liens complexes entre eux et l'émergence et/ ou la reémergence de nouveaux lieux d'action politique comme le niveau local. À la différence de ceux qui considèrent que les niveaux local et mondial sont en train de se substituer à l'État nation, ces auteurs réfléchissent plutôt sur les rapports possibles entre les différents échelons de la politique. Sur le plan méthodologique, ils insistent également sur l'importance de multiplier les études empiriques afin, justement, de favoriser une plus grande compréhension des différentes échelles de l'action politique. Ils privilégient l'étude de la mise en contexte de l'action et la question de l'articulation des différences entre les multiples secteurs de la vie politique, entre les sociétés et à travers le temps.

Le contexte dans lequel notre étude se situe est caractérisé, en partie, par un processus rapide de décentralisation, qui a été mis en branle par le gouvernement ontarien de Mike Harris vers la fin des années 1990 ; il l'est aussi par ne bureaucratisation et une institutionnalisation accrues des rapports entre le gouvernement fédéral et les minorités de langue officielles pendant les années 1990[2]. Pour simplifier, rappelons que l'Ontario est l'endroit au Canada où le palier municipal a le plus de responsabilités dans le domaine social. Il s'agit là d'une particularité du système ontarien qui a été accentuée sous le gouvernement Harris. Le logement social, l'assistance sociale, les soins de longue durée, le transport public : voilà tout un ensemble de domaines relevant de la formulation des politiques sociales provinciales que le gouvernement a décidé de transférer au palier municipal. Dans certains cas, comme le logement social, c'est aussi la part de responsabilité des municipalités qui a été élargie.

Dans le domaine scolaire, par contre, c'est plutôt le phénomène contraire qui a caractérisé l'action gouvernementale des dernières années Le mouvement de décentralisation vers les municipalités a certes été spectaculaire en Ontario, mais la même tendance existe à l'échelle mondiale. À peu près tous les pays tentent des expériences de décentralisation vers les pouvoirs régionaux ou locaux, que l'on pense au développement des administrations régionales en France (Paillard, 2001) ou au processus de la dévolution au Royaume-Uni (Jeffery, 2002). Ces processus de décentralisation confèrent une importance accrue aux administrations municipales. Dans ces conditions, une réflexion sur le rôle clé des femmes devient également importante, afin de voir comment celles-ci peuvent davantage se saisir de l'occasion pour influencer en leur faveur le mouvement de décentralisation en cours. Certes, plusieurs groupes féministes se sont opposés à ce mouvement en Ontario, dont la Table féministe francophone de concertation provinciale de l'Ontario qui a dénoncé le lien entre la décentralisation en Ontario et le néo-libéralisme. Pour la Table féministe, le gouvernement ontarien a contribué à rendre plus difficile la situation des femmes, notamment les plus démunies comme les femmes chefs de familles monoparentales, les assistées sociales, les personnes à faibles revenus. Malgré ce vent de protestation, les groupes de femmes reconnaissent qu'il est important d'intervenir encore plus dans ce nouveau contexte où la politique est dorénavant caractérisée par une subsidiarité accrue. La déclaration de l'Union internationale des villes et pouvoirs locaux (mieux connue sous le sigle du nom anglais, IULA) va dans ce sens. Selon celle-ci, les femmes doivent s'inscrire doublement dans le débat en cours sur les orientations des administrations municipales. Dans un premier temps, elles doivent continuer d'intervenir afin de favoriser l'égalité des sexes pour l'accès à des services et, dans un deuxième temps, elles ont aussi pour tâche de voir à la construction, à l'échelle locale, d'une sphère démocratique de participation à l'intérieur de laquelle elles pourront occuper plus de place.

Prenons d'abord la question de l'égalité d'accès à des services. Les municipalités ontariennes sont désormais chargées des domaines d'activité extrêmement importants pour les femmes. Les garderies, les soins de longue durée, le transport public, le logement public, les services de loisirs, la santé publique constituent autant de dimensions importantes de la vie des femmes à l'heure actuelle. Ces domaines représentent des défis particuliers, notamment pour cette génération de femmes qui soignent à la fois leurs enfants et leurs parents, tout en étant actives à temps plein sur le marché du travail. Et encore plus de défis pour les femmes doublement ou triplement marginalisées, soit pour cause de pauvreté, soit en raison d'un handicap ou encore en raison de leur âge, de leur race, de leur langue ou de leur orientation sexuelle. Certes, en théorie, les enjeux visant la conciliation famille-travail ne sont pas seulement une question qui doit concerner les femmes, mais il est indéniable qu'en pratique, ce sont des questions qui interpellent presque uniquement les femmes.

La question de la construction d'un espace démocratique à l'échelon local et municipal interpelle également les groupes de femmes, tout comme les membres des minorités visibles dont les préoccupations recoupent souvent celles des femmes (Stasiulis, 1997). Les débats sur les fusions municipales en Ontario, à Toronto comme à Ottawa ou ailleurs dans la province, ont révélé l'importance de favoriser la participation des différents groupes à la transformation de la vie politique locale[3]. Ils ont démontré, entre autres, que la construction d'un véritable espace démocratique, sur le plan local, passe par la création d'espaces publics sécuritaires pour tous. Les débats entourant les élections municipales de 1997 à Toronto ont montré que le thème de la reconnaissance de la diversité était un objectif central de la campagne (Siemiatycki et Isin, 1997). À Ottawa, la question de savoir si la ville allait se donner une politique des langues officielles et si le nouveau maire allait demander au gouvernement de la province de déclarer la capitale du pays officiellement bilingue a constitué un enjeu important.

Enfin, la plus grande possibilité de contacts entre les acteurs sociaux engagés au sein de différentes expériences d'intervention à l'échelon local et la reconnaissance de plus en plus grande de l'importance de la société civile sur le plan mondial constituent également des points de repère essentiels pour comprendre la redéfinition de l'action à l'échelle locale. À titre d'exemple, mentionnons le travail de l'organisme « Habitat » des Nations Unies qui s'intéresse aux liens entre la bonne gouvernance et les femmes. Cet organisme envisage, comme stratégie, le renforcement des liens et des contacts entre les acteurs et actrices concernés, notamment dans différentes expériences de gouvernance locale. La Commission Hairiou, un organisme international qui représente des groupes communautaires de femmes, fait de la sensibilisation et travaille à l'intégration des femmes (*engendering*) dans la politique municipale par l'intermédiaire d'un programme « de local à local », qui met directement en contact des femmes travaillant dans leur milieu respectif et engagées dans différents types de partenariats avec les administrations municipales. Le contexte mondial offre donc des modèles de pratiques exemplaires intéressants et utiles en vue de leur utilisation ou application. Autrement dit, l'apprentissage collectif pouvant découler d'une ouverture accrue aux différentes expériences d'intégration des femmes engagées en politique locale peut favoriser la transformation de la vie politique locale.

La politique municipale en Ontario : état de la situation

L'état de la situation que nous présentons ici est tiré d'une recherche que nous avons réalisée à l'été 2001[4]. Celle-ci avait pour objectif de proposer un état de la situation des francophones et des femmes francophones en politique municipale et de sensibiliser ces groupes à la nécessité d'une réflexion plus poussée sur les fusions municipales et leur impact sur les services en français. Un deuxième objectif de l'étude était de proposer des moyens afin d'inciter les femmes francophones, dans leur diversité, à s'engager davantage en politique municipale.

Une partie de nos données provient de compilations relatives aux francophones faites par l'Office des affaires francophones de l'Ontario à partir du recensement de 1996[5]. Une autre partie s'appuie sur les données touchant les municipalités dans les 23 régions désignées bilingues en vertu de la Loi sur les services en français[6]. Nous avons aussi consulté les sites Internet de l'Association française des municipalités de l'Ontario, de l'Association ontarienne des municipalités, du ministère des Affaires municipales et du Logement, et des municipalités situées dans les 23 régions désignées bilingues de la province. Même si nous avons puisé à de nombreuses sources, les données que nous avons colligées sont fragmentaires et approximatives. Comme dans bien d'autres domaines, il n'y a pas de statistiques précises et fiables sur les francophones de l'Ontario en politique municipale. Pour cette raison, le portrait dressé ici de la population et des femmes francophones s'avère plutôt le point de départ d'une recherche à compléter qu'une véritable radiographie du milieu. Pour cette raison également, nous avons des données fiables sur la taille des conseils municipaux et le nombre de conseillères pour seulement 56 des 120 municipalités que nous avons répertoriées dans les régions désignées bilingues. De plus, étant donné qu'il n'existe pas de liste des municipalités bilingues en Ontario ni de répertoire des services en français, nous ne pouvons donc pas dire, formellement, dans quelles municipalités les francophones peuvent obtenir de tels services. Selon l'Office des affaires francophones, 44 municipalités en Ontario offrent officiellement des services en français. L'AFMO considère que 120 municipalités offriraient de tels services, mais de façon plus ou moins uniforme. Ces données sont également approximatives.

Malgré ces limites importantes, nous avons néanmoins réussi à dresser un premier état de la situation. Les quelques tableaux ci-dessous permettent de prendre connaissance de l'évolution des municipalités en Ontario depuis les fusions, de données récentes sur la population francophone de l'Ontario et de la politique municipale dans les régions désignées bilingues (dont la répartition des municipalités selon la taille et les groupements de population).

L'évolution des municipalités en Ontario

Depuis 1996, les mesures importantes de décentralisation et de partage des responsabilités entre le gouvernement de l'Ontario et les municipalités ont donné lieu à une recomposition de ces dernières. La province a été marquée par un grand nombre de restructurations et de fusions. Le tableau 1 donne un aperçu de l'évolution de la situation en Ontario depuis le début du processus en 1996. Ainsi, 155 ordres et arrêtés de restructuration ont été signés, dont 146 arrêtés du ministre et 9 ordres d'une commission. Il s'agit d'une perte totale de 368 municipalités (566 ont été fusionnées pour en créer 198 nouvelles). Notons que, de juillet 1996 à août 2001, 1 783 postes de représentantes et de représentants municipaux ont été éliminés.

Les francophones et la politique municipale

Le tableau 2 donne un aperçu de la répartition de la population francophone selon les régions. Notons que le pourcentage le plus important – 40,8 % – se situe dans l'Est. Toutefois, les francophones ne représentent que 15 % de la population totale de cette région. Une autre concentration importante de francophones se trouve dans le Nord-Ouest, où ces derniers représentent 27,5 % de la population francophone de l'Ontario et 25,6 % de la population totale de la région. Le Centre de la province se démarque également, avec 23,4 % de la population francophone qui, toutefois, ne constitue que 1,8 % de la population totale de la région.

Tableau 1

Évolution des municipalités et des conseils municipaux en Ontario depuis 1996

Année	Nombre de municipalités	Nombre de conseillères et de conseillers
1996	815	4 586
1997	787	-----
1998	650	-----
1999	586	3 527
2000	571	3 457
2001	447	2 804

Source : ministère des Affaires municipales et du Logement. Sur Internet : <www.mah.gov.on.ca/business/flashnews/flashnews-e.asp#map > (14 décembre 2001).

Tableau 2

Population francophone selon les régions

Région	Population totale	Population francophone totale	Pourcentage de francophones dans la population totale	Distribution régionale de la population francophone
Centre	7 008 625	126 650	1,8 %	23,4 %
Est	478 160	221 100	15,0 %	40,8 %
Nord-Est	244 120	9 760	4,0 %	1,8 %
Sud-Ouest	1 440 510	35 870	2,5 %	6,6 %
Nord-Ouest	582 160	148 955	25,6 %	27,5 %
Ontario	10 753 570	542 340	5,0 %	100,0 %

Source : Office des affaires francophones et Statistique Canada, *Profil statistique. Les francophones en Ontario*, données du recensement de 1996, p. 4. Sur Internet : < www.ofa.gov.on.ca >.

Cela dit, la majorité des francophones de la province (81,7 % ou 443 345 personnes) habitent dans les 23 régions désignées bilingues en vertu de la Loi sur les services en français[7]. Au total, 5 417 940 personnes, soit 50,4 % de la population ontarienne, vivent dans les régions dites bilingues. Seulement 8,2 % sont de langue maternelle française. La présence de Toronto dans ces régions explique ce fort pourcentage.

En 2001, les régions désignées bilingues regroupent environ 120 municipalités, soit 27 % de l'ensemble des municipalités de la province. Sur ce nombre, 35 sont membres de l'Association française des municipalités de l'Ontario (AFMO), soit 29,1 %[8]. À l'époque de sa fondation, en 1990, l'AFMO regroupait 45 municipalités considérées comme d'expression française et situées dans les régions désignées en vertu de la Loi sur les services en français. Les fusions municipales ont donc eu pour effet de réduire le nombre de ses membres potentiels.

En 2001, les municipalités de la région de l'Est au sein de l'AFMO sont : les cantons d'Alfred et de Plantagenet ; le village de Casselman ; le canton de Champlain ; la cité de Clarence-Rockland ; la ville de Hawkesbury ; le canton de Hawkesbury-Est ; le canton de la Nation ; la ville d'Ottawa ; les comtés unis de Prescott-Russell ; le canton de Russell. Les membres de la région du Nord sont : la ville de Blind River ; la ville de Cochrane ; le canton de Dubreuilville ; la ville d'Elliot Lake ; le canton de Fauquier-Strickland ; la ville de Geraldton ; le canton de Glackmeyer ; la ville du Grand Sudbury ; la ville de Hearst ; la ville d'Iroquois Falls ; la ville de Kapuskasing ; le canton de Mattice-Val Côté ; le canton de Moonbeam ; le canton d'Opasatika ; la ville de Rivière des Français ; la ville de Smooth Rock Falls ; le canton de St. Charles ; la cité de Timmins ; le canton de Val Rita-Harty ; la municipalité de Warren-Markstay. Les membres de la région du Centre et du Sud-Ouest sont : la ville de Lakeshore ; la ville de Toronto ; la cité de Welland ; la ville de Windsor.

Ainsi, parmi les municipalités membres de l'AFMO, 10 sont situées dans l'Est, y compris la ville d'Ottawa ; 31 dans le Nord, y compris la ville de Sudbury ; et 4 dans le Centre et le Sud-Ouest, y compris Toronto. Il peut sembler étrange de considérer Toronto comme une « municipalité française ». En 1996, les francophones ne constituaient que 1,6 % de la population de la région torontoise, soit 38 215 personnes sur un total de 2 385 425. Il est toutefois tout aussi étonnant de constater que les conseils municipaux de la région de Stormont, Dundas et Glengarry, qui comprennent 25,2 % de francophones, ne font pas partie de l'AFMO. Le Timiskaming est dans la même situation[9].

Selon l'AFMO, le territoire qu'elle dessert comprend plus de 85 % de la population française de l'Ontario. Toutefois, force est de rappeler que la Loi sur les services en français ne s'applique pas aux municipalités[10]. Selon l'Office des affaires francophones, celles-ci ne sont pas obligées d'offrir des services en français, même dans les régions désignées. C'est aux conseils municipaux que revient la décision à cet égard, d'où la pertinence d'une association comme l'AFMO. Toutefois, dans certaines régions comme le Nord, on compte 11 régies régionales de services publics au sein desquelles la Loi sur les services en français est appliquée. Dans la région de Prescott-Russell, ce rôle de pourvoyeur de services publics revient aux comtés unis de Prescott-Russell. Selon l'Office des affaires francophones, lors du transfert aux municipalités de certains services qui étaient auparavant offerts par la province, les services en français ont été maintenus. Lors du transfert d'un programme ou d'un service de compétence provinciale à une municipalité, un protocole d'entente entre les deux parties assure le maintien des services en français.

Tableau 3

Taille des conseils municipaux dans les régions désignées bilingues

Nombre de conseillers et conseillères*	Nombre de conseils
3	5 (Casselman, Essa, Hawkesbury-Est, South Stormont et Tiny)
4	15 (Alfred-Plantagenet, Bonfield, Dubreuilville, Fauquier Strickland, Homepayne, Hawkesbury, Marathon, Mattice-Val Côté, Moonbeam, Nation, Opasatika, Prince, Russell, St. Charles et Val Rita)
5	3 (Blind River, La Salle et North Glengarry)
6	12 (Black-River Mathesson, Elliot Lake, Halleybury, Hearst, Iroquois Falls, Kapuskasing, Kirkland, Mattawa, New Liskeard, Rivière des Français, Smooth Rock Falls et Tecumseh)
7	1 (Penetanguishene)
8	8 (Champlain, Clarence-Rockland, Cochrane, Greenstone, Nipissing Ouest, Pembroke, Port Colborne et Timmins)
9	1 (Mississauga)
10	2 (North Bay et Windsor)
11	1 (Cornwall)
12	3 (Sault-Sainte-Marie, Sudbury et Welland)
14	1 (London)
15	1 (Hamilton)
17	1 (Chatham-Kent)
21	1 (Ottawa)
44	1 (Toronto)
Total	56

* Ces chiffres n'incluent pas les maires ou les maires adjoints.
Source : Données du recensement de 1996 sur la population de langue maternelle française vivant en Ontario et nouvelles données de 2001 sur les municipalités de l'Ontario. Sur Internet : <www.199.202.235.157/ylg/ontario.html>.

Taille des municipalités dans les régions désignées bilingues

Le tableau 3 indique la taille de 56 des 120 conseils municipaux situés dans les régions désignées bilingues.

La grande majorité des conseils municipaux dans les régions désignées bilingues compte de quatre à six et huit conseillers et conseillères. Ces petits conseils semblent avoir été épargnés par les restructurations municipales, notamment parce qu'ils sont situés dans le Nord, loin des grands centres. En tout, les 56 conseils municipaux se composent de 430 conseillers et conseillères. Les seules données dont nous disposons sur le nombre de francophones sont de l'AFMO. Selon cette dernière, 53,6 % de ses membres sont des élus et élues francophones, soit 165 personnes sur un total de 308. Soulignons que l'on trouve la majorité des conseils municipaux membres de l'AFMO dans la liste des 56 conseils du tableau 3.

Force est cependant de reconnaître que les maires et mairesses ou conseillers et conseillères membres de la seule association représentant les francophones à l'échelon municipal ne sont pas tous francophones ou bilingues. On y trouve aussi des anglophones unilingues. Selon l'AFMO, certains sont toutefois francophiles.

Dans la mesure où ils sont principalement représentés dans les petites villes, les francophones ont plus de chances d'y influencer l'organisation de la vie locale dans les grandes agglomérations. Malgré la dépopulation des petits centres, il reste une masse critique de francophones qui permet à ces derniers de constituer une force sur le plan local. Le tableau 4 donne un aperçu plus détaillé des regroupements de population selon les municipalités dans les régions désignées bilingues. Nous constatons que la plupart des municipalités sont de taille moyenne ou petite (75 sur 120). Celles de moins de 1 000 habitants sont surtout concentrées dans les régions désignées bilingues du Nord, notamment dans les districts d'Algoma, de Cochrane, de Nipissing, de Thunder Bay et de Timiskaming ; on en trouve aussi quelques-unes dans l'Est ontarien. Les données du tableau 4 et celles de l'AFMO permettent de confirmer l'importance des petites agglomérations pour le développement d'un pouvoir local aux couleurs de la francophonie.

Toutefois, la majorité des francophones est concentrée dans les villes de 100 000 habitants et plus, ainsi que dans celles de 10 000 à 24 999 habitants. Ainsi, l'image d'une multitude de petites municipalités à caractère francophone peut être trompeuse. Les francophones vivent aussi beaucoup dans les villes et les banlieues. De fait, ils s'y établissent de plus en plus, mais y sont cependant très minoritaires. Le tableau 5 révèle qu'ils ne représentent que 4,6 % de l'ensemble des villes de 500 000 habitants et plus, et que 6,1 % des villes de 100 000 à 499 999 habitants. C'est ici que se pose le problème des services en français, dans des contextes de vie mixte où anglophones et francophones se côtoient davantage qu'auparavant.

Tableau 4

Répartition des municipalités dans les régions désignées bilingues selon la taille de la population

Taille de la population	Nombre de municipalités	Pourcentage de francophones
Moins de 1 000 habitants	35	27,6 % (6 300)
1 000 à 4 999 habitants	40	30,0 % (28 042)
5 000 à 9 999 habitants	15	35,5 % (37 670)
10 000 à 24 999 habitants	18	24,1 % (76 855)
25 000 à 49 999 habitants	3	28,6 % (41 060)
50 000 à 99 999 habitants	2	9,4 % (12 715)
100 000 à 499 999 habitants	4	6,1 % (71 440)
500 000 habitants et plus	3	4,6 % (171 090)
Total	120	n/a (445 172)[11]

Source : Données du recensement de 1996 sur la population de langue maternelle française vivant en Ontario et nouvelles données de 2001 sur les municipalités de l'Ontario. Sur Internet : <www.199.202.235.157/ylg/ontario.html>.

Par ailleurs, l'intégration accrue des francophones dans ces lieux de vie mixte risque de rendre plus difficile le développement de services homogènes en français au profit de services bilingues. Les francophones devront alors faire preuve de vigilance s'ils souhaitent maintenir des milieux de langue française au sein de mers anglophones sans se faire accuser de vouloir construire des ghettos.

Selon l'AFMO, certaines municipalités fonctionnent en français, dont Moonbeam dans le Nord et Casselman dans l'Est. Toutefois, pour être officiellement bilingue, une municipalité doit être reconnue dans la loi provinciale, comme l'a montré la fusion municipale à Ottawa. À ce propos, on se rappellera l'épisode de Sault-Sainte-Marie, en 1988. À l'époque, environ 92 municipalités s'étaient déclarées unilingues anglaises pour s'opposer à la Loi sur les services en français, même si cette dernière ne s'appliquait aucunement à leur ordre de gouvernement. Bien que, sur le plan constitutionnel, ces déclarations n'aient eu aucune valeur, elles en avaient beaucoup sur le plan symbolique, car elles contribuaient à renforcer le clivage linguistique dans la province.

Les femmes francophones et la politique municipale

Le tableau 5 présente le pourcentage de femmes selon les divers ordres de gouvernement au Canada avant les élections de 2000. À cette époque, les femmes constituaient 33,9 % des élus à l'échelon municipal.

Tableau 5

Pourcentage de femmes selon les paliers de gouvernement au Canada avant les élections fédérales, municipales et scolaires de 2000

Ordre de gouvernement	Pourcentage de femmes
Chambre des communes	20,6 %
Sénat	30,5 %
Provinces	19,2 %
Mairies	26,6 %
Conseils municipaux	33,9 %
Conseils scolaires (estimations)	40,0 %
Gouvernement Chrétien	21,6 %

Source : Karen BIRD (Université McMaster), communication présentée lors du colloque « La citoyenneté des femmes en étages », Université d'Ottawa, 2 et 3 novembre 2000, et reproduit dans Lucie BRUNET, Geneviève GUINDON et Charlotte SEMBLAT, *Les femmes et le pouvoir politique : un moment de questionnement pour les femmes francophones de l'Ontario*, Ottawa, Table féministe francophone de concertation provinciale de l'Ontario, mars 2001, p. 6

Sur les 56 municipalités pour lesquelles nous avons des données, nous avons réussi à identifier neuf mairesses, soit 1, 6 % des postes de maires comparativement à 10 % au Québec. Il s'agit d'Anne-Marie De Cicco (London), de Réjeanne Desmeules (Smooth Rock Falls), d'Anita Dubeau (Penetanguishene), de Cindy Forster (Welland), de Lucie Lemieux (St. Charles), de Jamie Lim (Timmins), de Lou Madonna (Prince), de Hazel McCallion (Mississauga) et de Narry McCarthy (Bonfield). Sur un total de 14 postes, une seule femme occupe un poste de sous-préfet ou de maire adjoint : Suzanne Charette de Casselman. Qui plus est, les municipalités gérées par une mairesse ne sont pas toutes membres de l'AFMO.

Lorsqu'on compare les divers ordres de gouvernement, les études ont tendance à révéler que les femmes, sans distinction de langue, sont habituellement plus nombreuses à se faire élire à l'échelon municipal. Au Canada, la moyenne est de 33,9 %. À ce chapitre, les régions désignées bilingues font encore une fois figure d'exception. Selon les données limitées dont nous disposons, sur un total de 430 conseillers, 81 sont des femmes, soit 18,8 %. Dans 39,2 % des cas, on ne trouve qu'une femme par conseil municipal[12].

Il y a toutefois quelques exceptions. La ville de Toronto compte 13 femmes sur 44 conseillers, soit 29 %. Le conseil municipal de Moonbeam a une représentation paritaire de deux femmes dans un conseil de quatre personnes. Et dans le cas de la ville de Mississauga, une majorité de femmes siègent au conseil, soit cinq sur neuf.

Louise Harel, au moment où elle était ministre des Affaires municipales du Québec, avait déclaré avec raison que les femmes « sont mieux représentées dans les villes de plus de 100 000 habitants, où il y a des règles, et dans les petites municipalités de moins de 500 personnes, où ces fonctions ne sont pas payantes, presque du bénévolat en fait » (Guénette, 2001, p. 26). Ainsi, les femmes se font habituellement élire plus facilement dans les petites agglomérations. En principe, elles devraient donc avoir plus de chances dans les petites municipalités situées au cœur de l'Ontario français. Toutefois, dans les régions désignées, 15 conseils (soit 34 % du nombre total) ne comptent aucune conseillère et constituent ainsi de véritables *boys' clubs*.

Bref, il est difficile de ne pas constater la très faible représentation des femmes francophones de l'Ontario en politique municipale. Ce qui ne veut pas dire qu'elles ne sont pas présentes dans le développement local. Entre autres, elles sont très actives dans le domaine de la politique scolaire où elles représentent 39,5 % des effectifs. Les études montrent qu'elles sont aussi très engagées dans le domaine du développement communautaire (Bagaoui et Dennie, 1999). Ainsi, elles se retrouvent à œuvrer dans des secteurs directement concernés par la question des services et des politiques sociales. Par contre, si le domaine du développement communautaire constitue un lieu d'habilitation important pour les femmes, il ne représente pas un lieu de pouvoir dans le même sens que le milieu de la politique municipale. Il s'agit plutôt d'un espace de représentation et de décisions qui vise à influencer le pouvoir de décision.

La faible présence des femmes francophones en politique municipale montre que, dans le contexte franco-ontarien en particulier, celles-ci se retrouvent sans représentantes pour y défendre leurs intérêts. Par ailleurs, quelles femmes souhaiteront faire le saut en politique municipale ? Une étude de Sonia Pitre sur les femmes en politique municipale au Nouveau-Brunswick a montré que les 13 mairesses du Nouveau-Brunswick (11,7 %) avaient été très actives dans les organismes bénévoles avant de se lancer en politique (Pitre, 1998). Les travaux d'Évelyne Tardy sur la question au Québec ont donné lieu aux mêmes résultats (Tardy *et al.*, 1997). Faudra-t-il donc pousser davantage les femmes déjà engagées dans le milieu communautaire à faire le saut en politique municipale ? Une telle situation pourrait d'ailleurs amener les groupes de femmes francophones en Ontario à mieux articuler leurs interventions auprès des municipalités, ce qu'ils ne font pas beaucoup, sauf dans le cas de groupes de femmes immigrantes, notamment, qui n'ont pas le choix compte tenu des besoins de structures d'accueil dans les villes où elles immigrent avec leur famille.

Au Québec, le programme « À égalité pour décider » aura permis de mener un exercice de réflexion sur les femmes et la politique locale dans certaines régions. Le programme, mis sur pied en 1999 pour une durée de cinq ans, a ainsi permis de verser un million de dollars par année à des groupes locaux et régionaux. Visant à augmenter la participation des femmes aux échelons local et régional, les projets subventionnés ont pris plusieurs formes, dont une composante sur la formation ; cet aspect pourrait être adapté à l'Ontario français pour favoriser une participation accrue des femmes franco-ontariennes à la vie politique locale. En effet, une formation dans le domaine de la politique municipale pourrait inciter les femmes à élargir leur engagement communautaire et à articuler leurs différents niveaux d'intervention, afin d'accroître leur positionnement stratégique et leur présence dans la prise de décision. Elles pourraient ainsi mieux se situer par rapport aux divers échelons de la politique et y incorporer davantage l'aspect local. On trouve le même type d'initiative en Australie, dans l'État de Victoria, où un programme a été mis sur pied afin de favoriser davantage la participation des femmes à l'administration locale[13].

Conclusion

Notre étude semble bien montrer toute la pertinence de l'articulation des différentes échelles de la politique, à partir du local jusqu'au mondial. Pour les différentes raisons que nous avons soulignées dans nos remarques théoriques, les femmes devraient se sentir de plus en plus interpellées par la politique municipale. Entre autres, depuis les fusions municipales en Ontario, les possibilités d'action favorable aux intérêts des femmes dans le domaine des services n'ont pas encore été pleinement exploitées à fond, notamment en milieu minoritaire. Les compressions budgétaires qui ont accompagné la décentralisation constituent en soi un facteur important pour inciter les femmes à s'engager davantage en politique municipale. Enfin, la vision traditionnelle des élus et des fonctionnaires selon laquelle la politique municipale porte essentiellement sur des décisions concernant les infrastructures pour appuyer le développement profitable de la propriété exige une importante remise en question. Il faudrait plutôt lui substituer une réflexion sur les conditions d'un espace démocratique sur le plan local.

Le contexte de la décentralisation municipale est également crucial pour les francophones et les femmes francophones, car il crée la possibilité de mise en place de nouveaux lieux de prise en charge où se pose dorénavant la question de leur participation au développement des nouvelles institutions municipales et de l'autorité qu'ils pourront exercer sur elles. À cause de la démographie et de la localisation de la population francophone en Ontario, il y a des municipalités où les francophones sont majoritaires alors que dans d'autres, comme à Ottawa, ils constituent une part importante de la population. Il faut donc réfléchir davantage à la façon dont les francophones pourront, d'une part, mieux utiliser les pouvoirs municipaux pour renforcer la communauté francophone dans les milieux où ils partagent le pouvoir avec la majorité et, d'autre part, mieux répondre à la question de savoir à quoi doit ressembler une municipalité francophone dans les situations où la population de langue française constitue la majorité.

Bref, au terme de cette étude, il nous semble que, pour les femmes, faire le saut en politique municipale devrait apparaître de plus en plus comme un bon choix, un choix qui tient compte à la fois de leurs intérêts et de ceux des milieux minoritaires.

Annexe

Les 23 régions désignées

1.1 Cité de Toronto : la totalité.
1.2 Cité de Hamilton : la totalité de la cité de Hamilton telle qu'elle existait le 31 décembre 2000.
1.3 Municipalité régionale de Niagara : les cités de Port Colborne et de Welland.
1.4 Ville d'Ottawa : la totalité.
1.5 Municipalité régionale de Peel : la cité de Mississauga.
1.6 Ville du Grand Sudbury : la totalité.
1.7 Comté de Dundas : le canton de Winchester.
1.8 Comté d'Essex : la cité de Windsor ; les villes de Belle River et de Tecumseh ; les cantons d'Anderdon, de Colchester North, de Maidstone, de Sandwich South, de Sandwich West, de Tilbury North, de Tilbury West et de Rochester.
1.9 Comté de Glengarry : la totalité.
1.10 Comté de Kent : la ville de Tilbury ; les cantons de Dover et de Tilbury East.
1.11 Comté de Prescott : la totalité.
1.12 Comté de Renfrew : la cité de Pembroke ; les cantons de Stafford et de Westmeath.
1.13 Comté de Russell : la totalité.
1.14 Comté de Simcoe : la ville de Penetanguishene ; les cantons de Tiny et d'Essa.
1.15 Comté de Stormont : la totalité.
1.16 District d'Algoma : la totalité.
1.17 District de Cochrane : la totalité.
1.18 District de Kenora : le canton d'Ignace.
1.19 District de Nipissing : la totalité.
1.20 District de Sudbury : la totalité.
1.21 District de Thunder Bay : les villes de Geraldton, de Longlac et de Marathon ; les cantons de Manitouwadge, de Beardmore, de Nakina et de Terrace Bay.
1.22 District de Timiskaming : la totalité.
1.23 Comté de Middlesex : la ville de London.

BIBLIOGRAPHIE

BAGAOUI, Rachid et Donald DENNIE (1999), « Le développement économique communautaire : nouveau départ pour le mouvement associatif franco-ontarien », *Reflets*, vol. 5, n° 1 (printemps), p. 75-94.

BRENNER, Neil (1998), « Global cities, global states : global city formation and state territorial restructuring in contemporary Europe », *Review of International Political Economy*, vol. 5, n° 1, p. 1-37.

BRETON, Raymond (1983), « La communauté ethnique, communauté politique », *Sociologie et sociétés*, vol. 15, n° 2, p. 23-37.

CARDINAL, Linda et Marie-Ève HUDON (2001), *La gouvernance des minorités de langue officielle au Canada. Une étude préliminaire*, Ottawa, Commissariat aux langues officielles.

CARDINAL, Linda et Caroline ANDREW (2002), *Un pouvoir à partager : les femmes francophones de l'Ontario dans la politique municipale et scolaire, état de la situation*, Ottawa, Association française des municipalités de l'Ontario.

CARDINAL, Linda et Luc JUILLET (2002), *La gouvernance des minorités de langues officielles et la francophonie ontarienne. Document de réflexion*, Ottawa, Direction générale de l'Entente Canada-communautés Ontario.

LA GAZETTE DES FEMMES (2001), Dossier sur les femmes et la politique, vol. 23, n° 3 (septembre-octobre), p. 15-27.

GUÉNETTE, Françoise (2001), « Entretien avec Louise Harel. Plus optimiste que nostalgique », *La Gazette des femmes*, vol. 23, n° 3 (septembre-octobre), p. 26.

JEFFERY, Charlie (2002), « La dévolution au Royaume-Uni : anatomie d'un processus de réforme », *Politique et sociétés*, vol. 21, n° 1, p. 3-23.

KEIL, Roger (1998), « Globalization makes states : perspectives of local governance in the age of the world city », *Review of International Political Economy*, vol. 5, n° 4, p. 616-646.

MAHON, Rianne (2002), « Childcare : toward what kind of "social Europe" ? », *Social Politics*, vol. 9, n° 3 (automne), p. 343-379.

OFFICE DES AFFAIRES FRANCOPHONES (s.d.), *Profil statistique. Les francophones en Ontario*, Toronto, OAF. Sur Internet : <www.ofa.gov.on.ca>.

PAILLARD, Jacques (2001), « Le système français d'action publique en mutation ? La gouvernance comme manière de faire », dans Linda CARDINAL et Caroline ANDREW (dir.), *La démocratie à l'épreuve de la gouvernance*, Ottawa, Presses de l'Université d'Ottawa, p. 173-195.

PITRE, Sonia (1998), « Les femmes et le pouvoir municipal au Nouveau-Brunswick », *Égalité*, n° 43, p. 37-67.

Revue canadienne des sciences régionales (2000), « Numéro spécial. La restructuration provinciale-municipale au Canada : une évaluation des attentes et des résultats », vol. 23, n° 1.

SIEMIATYCKI, Myer et Engin ISIN (1997), « Immigration, diversity and urban citizenship in Toronto », *Revue canadienne des sciences régionales*, vol. 20, n° 1-2, p. 73-102.

SMITH, Neil (1992), « Geography, difference and the politics of scale », dans Joe DOHERTY, Elspeth GRAHAM et Mo MALEK (dir.), *Postmodernism and the Social Sciences*, New York, St. Martin's Press, p. 57-79.

SOJA, Edward (1987), « Economic restructuring and the internationalization of the Los Angeles region », dans Michael Peter SMITH et Joe FEAGIN, *The Capitalist City*, Cambridge (Mass.), Blackwell, p. 178-199.

STASIULIS, Daiva (1997), « La participation des immigrants et des membres des communautés ethnoculturelles et des minorités visibles à la vie politique canadienne ». Sur Internet : <www.canada.metropolis.net/events/civic/dstasiulis_fhtml>.

TARDY, Évelyne, Manon TREMBLAY et Ginette LEGAULT (1997), *Maires et mairesses : les femmes et la politique municipale*, Montréal, Liber.

NOTES

1. Cette recherche a été rendue possible grâce à une subvention de l'Association française des municipalités de l'Ontario (AFMO). Nous remercions Réjean Nadeau, directeur général de l'AFMO, pour son appui et son assistance.

2. Pour plus de détails, voir Linda CARDINAL et Marie-Ève HUDON (2001) ; voir aussi Linda CARDINAL et Luc JUILLET (2002).

3. Voir *Revue canadienne des sciences régionales* (2000).

4. Voir Linda CARDINAL et Caroline ANDREW (2002).

5. Voir OFFICE DES AFFAIRES FRANCOPHONES (s.d.).

6. Voir, en annexe, la liste des 23 régions désignées. Pour obtenir une carte des régions désignées, voir sur Internet : <www.ofa.gov.on.ca>.

7. Pour obtenir une carte des régions désignées, voir sur Internet : <www.ofa.gov.on.ca>. Pour simplifier, une

région est désignée bilingue lorsqu'elle comprend 5 000 francophones et plus ou encore lorsque 10 % de sa population est de langue maternelle française.

8. L'AFMO se définit comme un organisme à but non lucratif de services et de représentation pour ses membres. Elle offre des services professionnels aux élus et élues ainsi qu'aux cadres municipaux. Elle compte parmi ses objectifs celui de « promouvoir et encourager l'utilisation de la langue française dans les affaires municipales ». Ses buts sont : 1) d'agir comme porte-parole des membres dans les dossiers d'intérêt commun ; 2) de favoriser le développement et le perfectionnement professionnel de ses membres ; 3) de servir de forum d'échange et de concertation pour ses membres ; 3) d'entretenir des liens avec les autres intervenants du monde municipal en Ontario et au Canada ; 4) de favoriser l'adoption de mesures législatives et gouvernementales visant le mieux-être des communautés francophones ; 5) de promouvoir et d'encourager l'utilisation de la langue française dans les affaires municipales.

9. L'AFMO comprend également 22 membres associés : l'Alliance des caisses populaires de l'Ontario ; l'Association de la police provinciale de l'Ontario ; l'Association des municipalités de l'Ontario ; l'Association canadienne-française de l'Ontario ; l'Association for Clerks, Managers and Treasurers of Ontario ; la Banque de développement du Canada ; la Chambre économique de l'Ontario ; la Cité collégiale ; le Collège Boréal ; le Collège d'Alfred de l'Université de Guelph ; le Collège des Grands Lacs ; le Conseil d'administration des services sociaux des districts de Manitoulin-Sudbury ; le Conseil d'administration des services sociaux du district d'Algoma ; la Fédération des caisses populaires de l'Ontario ; l'Ontario Good Roads Association ; l'Ontario Municipal Social Services Association ; le Regroupement des organismes du patrimoine franco-ontarien ; la Télévision française de l'Ontario ; Kevin Costante, sous-ministre, Services sociaux et communautaires ; Michael Fenn, sous-ministre, Affaires municipales et du Logement ; Donald Obonsawin, sous-ministre du Tourisme de l'Ontario.

10. En effet, la Loi sur les services en français stipule que sont exclus les municipalités et les conseils locaux au sens de la Loi sur les affaires municipales, à l'exception des conseils locaux désignés aux termes de l'alinéa e) (« government agency »).

11. Nous obtenons une différence de 1 827 francophones par rapport aux données du recensement de 1996.

12. Voir un sommaire des données sur le Québec dans le dossier sur les femmes et la politique, *LA GAZETTE DES FEMMES* (2001).

13. Il s'agit du programme *A Gender Agenda* de la Stegley Foundation à South Yarra, Australie (1998).

URBANITÉ FRANCOPHONE ET CRÉATION

Michel Marchildon

Je suis né à Zénon Park, village francophone du centre-est de la Saskatchewan. Il s'agit d'un milieu rural encadré par une économie agricole, une politique socialiste, des principes capitalistes et des valeurs catholiques. Les fondateurs de Zénon Park étaient d'origine franco-américaine. Mes grands-parents sont Franco-Ontariens, Québécois et Français. Le clan des Marchildon représente en Saskatchewan ce que représentent les Tremblay au Québec.

Je suis donc issu de parents fiers de leur héritage canadien-français, de parents artistes, mon père étant sculpteur et ma mère, chanteuse. Mon amour du chant vient de ma mère. Enfant, je l'accompagnais à ses répétitions avec la chorale de l'église. Quand je pense à la chanson de Luc Plamondon « Ma mère chantait toujours », c'est à elle que je pense. Mon enfance sera donc partagée entre le chant, le sport, la lecture et les travaux de la ferme. Vinrent l'adolescence, la participation aux Camps Voyageurs, les activités culturelles de l'Association jeunesse fransaskoise et deux années d'études secondaires au collège Mathieu de Gravelbourg ; ensuite, la décision consciente de poursuivre mes études postsecondaires – et de vivre ma vie – en français.

Pendant ce temps, la musique continuera à germer en moi. Tout en étudiant le journalisme et ensuite la littérature française, je compose mes premières chansons sur des accords empruntés aux artistes québécois, que j'avais découverts sur le tard. Après un bref passage au journal hebdomadaire fransaskois *L'Eau vive*, je choisis de poursuivre mes études en littérature à l'Université Laval où je continue d'écrire des chansons et des poèmes. De retour en Saskatchewan, les Éditions Louis Riel acceptent de publier mon recueil de poèmes et chansons : *Fransaskroix*. Avec mon frère Francis et quelques amis, je forme le groupe *Cri de folie* qui se veut le porte-étendard d'une jeunesse francophone qui ne connaît que la musique anglo-américaine. Je poursuivrai cet élan musical avec Francis dans les écoles francophones et les écoles d'immersion de la Saskatchewan et du Manitoba. Les *Frères Marchildon* présentent aux élèves un spectacle multidisciplinaire portant sur l'histoire des francophones de l'Ouest canadien : un voyage dans le temps qui commence par la tribu des Cris et passe par le découvreur français Pierre de la Vérendrye, qui raconte l'immigration des francophones venus du Québec, mais aussi de France et de Belgique, qui s'attarde sur la vie des pionniers et qui termine sur une note contemporaine avec Gabrielle Roy et Daniel Lavoie. C'est au cours de cette période que je joue un rôle de formateur auprès de la jeunesse fransaskoise, donnant des ateliers d'écriture de chansons et de nouvelles dans les écoles.

Tout ce cheminement est étroitement lié à la question identitaire qui me préoccupe. Si je ne suis ni Québécois ni Anglo-Saskatchewanais, alors il me reste à définir ce qu'est pour moi un Fransaskois. Si Louis Riel représente un traître aux yeux des historiens anglo-canadiens et un héros méconnu pour les Québécois, pour moi, qu'en était-il ? Il me restait la difficile tâche de me faire de lui une vision contemporaine et représentative. À cette époque, je sentais l'urgence d'entreprendre un tel projet, et je creusais partout et par tous les moyens à ma disposition pour trouver réponses à mes questions. Malheureusement, le terrain n'avait pas été défriché avant moi, ou alors très peu, tant sur le plan de l'imaginaire que sur celui de la recherche universitaire.

En tant qu'artiste, j'ai dû composer avec le manque d'infrastructures, qui limite la progression des artistes francophones vivant hors des frontières du Québec. En ce qui me concerne, il y a eu le Gala fransaskois de la chanson. J'ai vu aussi naître l'Association des artistes de la Saskatchewan, outil sans pareil pour l'avancement des artistes fransaskois, peu importe leur discipline. L'AAS a organisé des ateliers de formation, dont les retraites d'artistes au lac Emma, dans le nord boisé de la province, qui m'ont permis de m'arrêter le temps d'une semaine pour me concentrer sur l'écriture et la composition. Mais les diminutions des subventions ont vite eu raison de cette association. Il reste les ateliers InPac, où je tente de transmettre mes connaissances limitées aux futurs auteurs-compositeurs et interprètes : il s'agit d'ateliers consacrés aux techniques d'écriture de chansons : l'écriture de textes, la composition, la performance vocale. Ce manque d'appui fait en sorte que je commence à m'interroger sur l'importance de l'artiste dans un milieu minoritaire. La Saskatchewan a été défrichée par des hommes et des femmes qui ont travaillé de leurs mains pour se tailler une vie. L'éthique du travail est hautement développée, et, malheureusement, j'ai toujours senti que l'expression artistique n'était pas perçue comme un travail sérieux qui pouvait jouer un rôle social pertinent. Le refrain est semblable au sein d'autres communautés francophones de l'Ouest canadien, où les défis sont nombreux et où beaucoup des énergies sont concentrées dans la lutte politique qui nous oppose à la majorité anglophone. Trop préoccupés par les objectifs politiques, nous sommes en danger de nous retrouver un jour avec des droits, mais aussi avec une population active numériquement infime. Et moi ? Pendant dix ans, j'ai tenté de me faire une place dans tout ce tralala où le financement est concentré sur le plan scolaire et communautaire, et où le rôle de l'artiste est confiné à celui de joueur solitaire et de miroir identitaire.

Nouvelle stratégie

Poète et chanteur, j'ai choisi de concentrer mes efforts dans le domaine de la chanson. Après dix ans d'écriture, j'ai compris que je devais maintenant produire un premier album.

J'ai pu profiter d'un projet d'artiste en résidence qui m'a permis de retourner habiter un an dans mon village natal. J'y partageais mon temps entre la formation de talents locaux et l'enregistrement d'un premier album de mes chansons. Grâce à cet appui du Saskatchewan Arts Board, j'ai pu coordonner le financement, les sessions de studio, la participation des musiciens et la production. Beaucoup de gens ont donné généreusement de leur temps et de leurs connaissances pour que ce projet se concrétise. Une piste cédérom est venue compléter le tout.

Changer de peau est né d'un an et demi d'efforts. Vint alors le temps d'en faire la promotion par l'intermédiaire de spectacles, d'entrevues, et cela, dans un marché relativement restreint. Il m'est vite devenu clair que si je voulais chanter pour des francophones, il faudrait sortir de l'Ouest canadien. L'absence de salles et de réseaux rendait mon travail d'autant plus difficile... Mes tomates avaient été semées et récoltées en Saskatchewan, mais mon marché était ailleurs.

Les choix qui s'imposent

Je me trouvais à la croisée des chemins : soit que je poursuive mon élan et que je m'investisse davantage dans ma carrière musicale, soit que je prenne du recul afin d'étudier les autres avenues professionnelles qui s'offraient à moi. Chercheur ou chanteur ? Un choix s'imposait. Je suis donc parti faire un voyage exploratoire à Montréal. Ceux à qui je demandais conseil me répétaient : « Déménage à Montréal et trouve-toi un gérant. »

Donc, je suis retourné en Saskatchewan terminer un certain nombre de projets, mais avec la ferme intention de me refaire une vie dans la métropole francophone d'Amérique. Comme Hart Rouge, Daniel Lavoie, Patrice Desbiens, Marie-Jo Thério et tant d'autres, et malgré le fait de devoir quitter famille, amis et sécurité, j'ai dû prendre la décision d'aller m'installer à Montréal.

En route pour Montréal

De retour en Saskatchewan, j'ai à peine eu le temps de me préparer pour les spectacles de la Fête fransaskoise et du *Prairie Music Awards*. Le premier spectacle a eu lieu dans mon village, ce qui m'a permis de faire mes adieux. Le second s'est tenu à Saskatoon, où mon album *Changer de peau* avait été mis en nomination dans la toute nouvelle catégorie : « Francophone Album ».

Par la suite, j'ai fait mes boîtes et entreposé mes meubles avant de mettre le strict nécessaire dans ma petite voiture et de prendre la route pour Sudbury, où mon guitariste devait me rencontrer pour un spectacle marathon, la *Nuit sur l'étang*. Par la suite, j'ai dû me trouver un musicien pour m'accompagner dans la première partie du spectacle des Sœurs McGarrigle à la Maison de la Culture Frontenac à Montréal dans le cadre du *Coup de cœur francophone*.

Ensuite, il y a eu toute une période d'adaptation : j'ai dû apprendre à connaître le rythme, les lois d'une ville dont je ne connaissais ni les coutumes ni les rituels ; trouver un endroit où habiter ; savoir de quel côté de la rue garer mon auto, quel jour sortir les poubelles. Puis, comme j'étais sur le terrain, je devais aussi voir quelle stratégie adopter pour atteindre mes objectifs : rencontrer les médias, les producteurs, les compagnies de disque, leur faire savoir que j'existais. En même temps, je devais poursuivre mes objectifs créateurs : écrire de nouvelles chansons, dresser les grandes lignes d'un nouveau spectacle multidisciplinaire, entrevoir les étapes à franchir pour le prochain album.

Chose intéressante : j'ai constaté que je faisais partie d'une vague de jeunes artistes déménagés de la Saskatchewan (Polly-Esther), de l'Alberta (Lise Villeneuve, Pierre Sabourin) et du Nouveau-Brunswick (Zéro Celsius, Michel Thériault) afin de poursuivre leur carrière musicale.

Montréal, ville laboratoire

Mes connaissances de l'industrie de la musique s'améliorent. L'initiation se poursuit. Je rencontre des gens de l'industrie et d'autres artistes. J'apprends les rouages de mon métier. Je prépare des outils promotionnels qui serviront à annoncer ma présence. J'écris de nouvelles chansons qui témoignent de mon nouvel environnement. Je cherche à jouer dans des salles, des clubs. Je cherche un gérant qui connaît les réseaux et avec qui je pourrai cheminer et faire avancer ma carrière.

On dit que « Montréal est une femme ». Si c'est le cas, elle est à la fois belle et sauvage, généreuse mais difficile d'approche. Je n'avais jamais habité une ville qui compte trois millions d'habitants. Ça m'a pris un certain temps à m'habituer à ses courbes, à cette réalité urbaine, moi qui ai toujours habité des villes modestes. Au départ, je croyais retrouver la ville de Québec multipliée par dix. J'ai vite compris qu'il y avait l'Est et l'Ouest de Montréal. Dans l'Ouest, il y a des moments où l'on se croirait à Toronto ou à Regina tellement tout se déroule uniquement en anglais. Mais bon, une fois la déception encaissée, j'ai vite compris la richesse que m'offrait une ville aussi multiethnique.

Du côté de la création, j'ai compris qu'il s'agissait d'un lieu qui me stimulerait constamment sur le plan des idées, des influences. Le nombre d'artistes au pied carré à Montréal est tout à fait remarquable. Les événements artistiques et les concerts de tout genre abondent. Montréal est aussi une véritable fenêtre sur le monde. Ma conscience planétaire s'est aiguisée. J'habite un quartier de Juifs hassidiques, je me fais servir par des Italiens unilingues au dépanneur du coin et par des Grecs multilingues au bureau de poste, je croise Lucien Francœur au *Second Cup* ou Paul Piché au *Café Souvenir* : tout ça dans mon quartier ! Extraordinaire !

Montréal est le plus important pivot francophone d'Amérique. Ce fait ne lui pardonne pas de s'imposer aux régions et d'accaparer la plus grande partie du temps d'antenne des médias, mais cette rencontre des cultures suscite des discussions stimulantes, permet de mieux comprendre ce qui se passe ailleurs sur la planète, que ce soit en Afghanistan ou en Palestine, à Haïti ou aux États-Unis. Il y a des gens arrivés de partout, et chaque communauté a sa place dans cet amalgame de cultures. À Montréal, je ne me sens pas pour autant Québécois. Je suis un immigré francophone originaire de la Saskatchewan. Je fais partie de tous ces autres venus d'ailleurs qui partagent pourtant un héritage avec les francophones du Québec. Par contre, je constate qu'il y a beaucoup d'éléments que les HQ, les *hors Québec*, ne partagent pas avec les Québécois. Il y a nos différentes réalités, nos différentes sensibilités, nos préoccupations. En ce qui concerne l'identité culturelle, je reste Fransaskois. Ma vision, mon approche, mes thématiques, ma sensibilité, mes intérêts et ma soif de spiritualité font de moi un artiste et un créateur tout à fait particulier.

Port d'attache

Je vois maintenant Montréal comme un port d'attache. Je ne sais pas si un jour il m'arrivera d'être accepté en tant que Fransaskois ici parmi les Québécois. Peut-être que je devrai travailler à me faire une place ailleurs dans la francophonie avant qu'on m'accepte ici. Je ne suis pas prophète. Je ne peux que poursuivre ma route et voir où elle me mènera.

Pour l'instant, je me contente de me préparer à rencontrer les représentants de l'industrie de la musique. Je suis à Montréal depuis déjà deux ans et pourtant, j'ai le sentiment d'être arrivé depuis peu. Je prépare les étapes, j'établis des rencontres, j'essuie des refus, mais je continue à cheminer en exprimant qui je suis et comment je vois la vie. Le cheminement est lent. On dit que l'industrie de la musique au Québec est saturée en ce moment. Il y a toute la question des MP3 et d'Internet qui ont défait les assises des multinationales. Tout est à réinventer. Il faut espérer qu'Internet deviendra un outil qui saura démocratiser le monde de la musique contemporaine.

Personnellement, je cherche à gagner ma vie en chantant. Je suis à Montréal dans ce but. J'ai appris à aimer cette ville, mais je ne sais pas si j'y resterai toujours. Peut-être me faudra-t-il déménager à Paris ou à New York, ou alors retourner dans l'Ouest, ou peut-être aller en Acadie… En bon marchand de tomates, j'espère pouvoir toujours trouver des marchés où l'on voudra de mes concerts et de mes albums. Je suis prêt à me déplacer.

Les choix s'imposeront. Mais le temps passe trop rapidement. Dans quelques années, je me promets de prendre du recul, de revoir mon cheminement. La vie est courte et j'ai d'autres intérêts : l'écriture, par exemple, la recherche, l'enseignement, les communications… d'autres cordes à mon arc… d'autres sentiers à explorer…

Comment communiquer avec

FRANCOPHONIES D'AMÉRIQUE

POUR LES QUESTIONS DE DISTRIBUTION OU DE PROMOTION :
Customer Service Inquiries / Services à la clientèle
University of Toronto Press – Journals Division
5201, rue Dufferin
Toronto (Ontario) M3H 5T8
Téléphone : (416) 667-7810
Télécopieur : (416) 667-7881
Courriel : journals@utpress.utoronto.ca
Site Web : www.utpjournals.com

POUR TOUTE QUESTION TOUCHANT AU CONTENU DE LA REVUE :
Paul Dubé
Directeur
Francophonies d'Amérique
Département des langues modernes
et des études culturelles
Université de l'Alberta
Edmonton (Alberta) T6G 2E6
Téléphone : (780) 492-1207
Télécopieur : (780) 492-9106
Courriel : pdube@gpu.srv.ualberta.ca

POUR TOUTE QUESTION RELEVANT DU SECRÉTARIAT DE
RÉDACTION :
Centre de recherche
en civilisation canadienne-française
Université d'Ottawa
145, rue Jean-Jacques-Lussier
Ottawa (Ontario) K1N 6N5
Téléphone : (613) 562-5877
Télécopieur : (613) 562-5143
Courriel : crccf@uottawa.ca

POUR LES NOUVELLES PUBLICATIONS ET LES THÈSES SOUTENUES :
Francine Bisson
Bibliothèque Morisset
Université d'Ottawa
Ottawa (Ontario) K1N 6N5
Téléphone : (613) 562-5800 poste 3616
Télécopieur : (613) 562-5133
Courriel : fbisson@uottawa.ca